Ascensão e Queda da Maçonaria no Mundo

William Almeida de Carvalho

Ascensão e Queda da Maçonaria no Mundo

MADRAS®

© 2020, Madras Editora Ltda.

Editor:
Wagner Veneziani Costa (*in memoriam*)

Produção e Capa:
Equipe Técnica Madras

Revisão:
Ana Paula Luccisano
Silvia Massimini Felix
Jerônimo Feitosa

**Dados Internacionais de Catalogação na Publicação
(CIP) (Câmara Brasileira do Livro, SP, Brasil)**

Carvalho, William Almeida de
Ascensão e queda da maçonaria no mundo / William Almeida de Carvalho. – São Paulo: Madras, 2020.

ISBN 978-85-370-1211-6

1. Maçonaria 2. Maçonaria – Doutrinas
3. Maçonaria – Filosofia 4. Maçonaria – História
I. Título.

19-28609 CDD-366.09

Índices para catálogo sistemático:
1. Maçonaria: História 366.09
Maria Alice Ferreira – Bibliotecária – CRB-8/7964

Proibida a reprodução total ou parcial desta obra, de qualquer forma ou por qualquer meio eletrônico, mecânico, inclusive por meio de processos xerográficos, incluindo ainda o uso da internet, sem a permissão expressa da Madras Editora, na pessoa de seu editor (Lei nº 9.610, de 19/2/1998).
Todos os direitos desta edição reservados pela

MADRAS EDITORA LTDA.
Rua Paulo Gonçalves, 88 – Santana
CEP: 02403-020 – São Paulo/SP
Caixa Postal: 12183 – CEP: 02013-970 – SP
Tel.: (11) 2281-5555 – Fax: (11) 2959-3090
www.madras.com.br

Índice

Parte I – Ascensão e Queda da Maçonaria no Mundo

1 – Introdução 12

2 – Situação do Declínio da Maçonaria Mundial 19

3 – Os Países de Língua Inglesa 21

    3.1 – Fremasons – An Endangered Species? (Maçons – uma espécie em extinção?) 21

        3.1.1 Lojas individuais 22

        3.1.2 Grandes Lojas provinciais inglesas 24

        3.1.3 Algumas Grandes Lojas nos Estados Unidos, Canadá, Austrália, Irlanda e Escócia 26

        3.1.4 Propostas de conclusão/solução 32

        3.1.5 Conclusão do autor sobre este item 39

4 – Europa, Especialmente a França 44

    4.1 *Finis Latomorum? La Fin des Franc-Maçons* (Finis Latomorum? O fim dos maçons) de Albert Lantoine 45

    4.2 *Fin de la Maçonnerie?* (Fim da Maçonaria?) de Jean Bénédict 47

    4.3 *Le Crépuscule des Frères – La Fin de la Franc-Maçonnerie?* (O crepúsculo dos Irmãos – O fim da Maçonaria?), de Alain Bauer 50

4.4 *La Fin de la Franc-maçonnerie* (O fim da Maçonaria), de Alain Guyard 55

    4.4.1 Introdução 55

    4.4.2 Maçonaria burguesa 56

        4.4.2.1 A Maçonaria filha e serva da burguesia 56

        4.4.2.2 O nihilismo dos valores liberais 57

        4.4.2.3 O nihilismo do liberalismo político 58

        4.4.2.4 O nihilismo do liberalismo econômico 59

        4.4.2.5 O nihilismo do liberalismo religioso 60

    4.4.3 Maçonaria fundamentalista 62

        4.4.3.1 A burguesia, assassina cósmica 62

        4.4.3.2 Princípios da Maçonaria de ultradireita 63

        4.4.3.3 O fundamentalismo maçonico hoje 68

    4.4.4 Maçonaria a golpe de martelo 70

        4.4.4.1 Esoterismo, metafísica, modernidade 70

5 – América Latina, Especialmente o Brasil 73

    5.1 Emancipação política: América Hispânica X América portuguesa 77

    5.2 A crise do Estado patrimonialista na Ibero-América 82

        5.2.1 Conceito de patrimonialismo 82

        5.2.2 Características do patrimonialismo 86

    5.3 O papel da Maçonaria no Estado patrimonialista 91

        5.3.1 Breve perfil dos maçons na América Latina 93

    5.4 – Uma proposta para a Maçonaria latino-americana 94

        5.4.1 – Conceito de moral social 95

        5.4.2 – Aplicação do conceito na América Latina 100

6 – Conclusão 101

7 – Anexos 104
8 – Referências Bibliográficas 106

Parte II – História da Maçonaria: das Origens Corporativas à Maçonaria Moderna

Apresentação 116
Introdução 118
   Objetivos 119
Capítulo 1 – Pressupostos Conceituais 121
   Das Origens Corporativas
   à Maçonaria Moderna 121
     1.1 Informações X conhecimento 121
     1.2 Mitologias maçônicas 122
        1.2.1 Os textos fundadores 123
        1.2.2 Invenções das Tradições 124
     1.3 O impacto do Iluminismo na Maçonaria 128
        1.3.1 Introdução 128
        1.3.2 Iluminismo: o quê, quando, onde e quem 130
        1.3.3 As bases filosóficas, religiosas e ideológicas ... 135
        1.3.4 As instituições do Iluminismo 138
        1.3,5 O Contrailuminismo 143
        1.3.6 Críticas recentes ao Iluminismo 144
Capítulo 2 – História dos Primódios da Maçonaria 146
     2.1 Introdução 146
     2.2 Teorias sobre as origens da Maçonaria 148
     2.3 O paradigma Gould que durou cem anos 167
        2.3.1 A quebra do paradigma 172
Capítulo 3 – As Antigas Obrigações 176
     3.1 As Antigas Obrigações e os primórdios da Maçonaria 177

3.2 Os manuscritos Regius e Cooke 179
    3.2.1 Introdução 179
    3.2.2 Manuscrito Rgius 181
    3.2.3 Manuscrito Cooke 184
3.3 As Antigas Obrigações no início da Era Moderna 187
Capítulo 4 – Origem da Maçonaria: Escócia e Inglaterra 190
  4.1 Escócia 190
  4.2 Inglaterra 200
    4.2.1 Introdução 200
    4.2.2 Fraturas metodológicas e conceituais 205
    4.2.3 O Caso de Elias Ashmole 208
    4.2.4 Os Maçons Aceitos 210
Capítulo 5 – Maçonaria e Templarismo 212
  5.1 Introdução 212
  5.2 Maçonaria e Cavalaria 217
  5.3 Dos Cavaleiros aos Templários 223
  5.4 O Primeiro Grau Templário 224
  5.5 Sistemas maçônicos Templários 227
  5.6 Conclusão 232
Referências Bibliográficas 234
  Básica 234
  Suplementar 241

Parte III – Apêndices e Anexos
Anexo I 246
Anexo II 255
Anexo III 264
Resumo 269
Pequena História da Maçonaria no Brasil 270
    I – Introdução 270

II – Primórdios	271
III – A luta pela independência	275
IV – Adormecimento, reinstalação e um Oriente concorrente	279
V – O ocaso do passeio e a criação dos Beneditinos	282
VI – A República Velha	290
VII – A grande cisão de 1927	296
VIII – A Revolução de 1930	299
IX – De 1930 à transferência da capital	300
X – O movimento militar de 1964	304
XI – A cisão de 1972/73	305
XII – Da redemocratização aos dias atuais	310
Anexo IV	311
Anexo V	314
Freud e a Maçonaria	319
B'nai B'rith	319
Freud na B'nai B'rith	323
Maçonaria no Mundo Islâmico	330
I – Introdução	331
II – Um pouco de história	333
III – A Maçonaria e o Islã	334
IV – Conclusão	336
Uberaba e a Profecia de D. Bosco	340
I – Introdução	340
II – Os goianos mineiramente jantam os mineiros	341
III – A montagem do mito do sonho de d. Bosco	342
Texto de Contribuição	346
À Minha Loja Mãe da Versailles do Cerrado	346
À Minha Loja Mãe de Lahore	349

Parte I

Ascensão e Queda da Maçonaria no Mundo

1 – Introdução

Com as comemorações dos 300 anos da fundação da Grande Loja de Londres e Westminster, faz-se necessário também analisar e fazer um balanço da situação da Maçonaria no mundo.

Antes, porém, seria interessante algumas considerações de ordem teórico-metodológica em relação ao assunto. Em ciências sociais, não há telescópios nem microscópios para a análise dos fenômenos sociais, somente conceitos que deverão ser testados empiricamente para "iluminar" as faixas sombrias da realidade. Se o conceito for útil, avança-se, senão, abandona-se (Demo, 1995).

Outro conceito que muito utilizo é o *insight* emigrado do idioma inglês e proveniente do escandinavo e do baixo alemão (o *Einsicht* e o *Einblick* freudiano do alemão moderno), que significa compreensão súbita e instantânea de alguma coisa ou determinada situação (Abel, 2003).

O *insight* também está relacionado com a capacidade de discernimento, pode ser descrito como uma espécie de miniepifania dos tempos modernos. Nos desenhos, o *insight* é representado com o desenho de uma lâmpada acesa em cima da cabeça do personagem, indicando um momento único de esclarecimento em que se fez luz.

Um *insight* é um acontecimento cognitivo que pode ser associado a vários fenômenos, podendo ser sinônimo de compreensão, conhecimento, intuição. Algo que surge de forma repentina.

O conhecimento, principalmente o conhecimento científico, busca quebrar algum paradigma que o senso comum ou os mitos tenham engendrado na cultura humana. A quebra de paradigma possui um livro seminal sobre as revoluções científicas de Thomas Kuhn (1992), que serviu não só para as ciências físicas, como também para as sociais. A primeira edição em inglês já datava de 1962, na qual se faz uma crítica tanto do empirismo lógico como do racionalismo crítico de Popper (1993). Para Kuhn, é na dimensão histórica que se pode compreender o processo de construção do conhecimento científico. Um dos conceitos mais importantes (e também muito polêmico) na concepção kuhniana de ciência é o de paradigma. Pode-se defini-lo como o conjunto de aspectos filosóficos, sociais, culturais e tecnológicos que consolidam a unidade de uma comunidade científica. Ou seja, o paradigma kuhniano é historicamente situado em uma dada comunidade científica. Um exemplo sempre citado é o do paradigma dos modernos Estados laicos do Ocidente que viabilizaram o desenvolvimento e a consolidação das pesquisas em engenharia genética e células-tronco. Tais pesquisas são impensáveis em um Estado controlado pelo poder religioso. Curioso é notar que inclusive aqueles que hoje são contra tais pesquisas muito provavelmente, no futuro, recorrerão a terapias e tratamentos que estas possibilitarão. Sim, a necessidade e as carências transformam a ciência e os homens.

Outro livro seminal que nos traz um conceito também fundamental para o estudo da Maçonaria é o de Hobsbawm (1984), pois a Maçonaria é prenhe de tradições inventadas como se fossem imemoriais. Hobsbawm afirma na Introdução de seu livro que "nada parece mais antigo e ligado a um passado imemorial do que a pompa que cerca a realeza britânica em quaisquer cerimônias públicas de que ela participe". Todavia, segundo um dos capítulos desse livro, esse aparato, em sua forma atual, data dos séculos XIX e XX. Muitas vezes, "tradições" que parecem ou são consideradas antigas são bastante recentes, quando não são inventadas. Quem conhece os *college*s das velhas universidades britânicas poderá ter uma ideia da instituição dessas "tradições" (em nível local, embora algumas delas – como o *Festival of Nine Lessons and Carols*, Festa das Nove Leituras e Cânticos, realizado anualmente na capela do King's College em Cambridge, na véspera de Natal – possam tornar-se conhecidas do grande público por intermédio de um meio moderno de comunicação de massa, o rádio). Partindo dessa constatação, o periódico *Past & Present*, especializado em assuntos históricos, organizou uma conferência em que se baseou, por sua vez, a presente obra. O termo "tradição inventada" é utilizado em um sentido amplo, mas nunca indefinido. Inclui tanto as "tradições" realmente inventadas, construídas e formalmente institucionalizadas, quanto as que surgiram de maneira mais difícil de localizar em um período limitado e determinado de tempo – às vezes coisa de poucos anos apenas –, e se estabeleceram com enorme rapidez. A transmissão radiofônica real realizada no Natal na Grã-Bretanha (instituída em 1932) é um exemplo do primeiro caso; como exemplo do segundo, podemos citar o aparecimento e a evolução das práticas associadas à final do campeonato britânico de futebol. É óbvio que nem todas essas tradições perduram; nosso objetivo primordial, porém, não é estudar suas chances de sobrevivência, mas sim o modo como elas surgiram e se estabeleceram (Hobsbawm, p. 9). O mito dos Cavaleiros Templários na Maçonaria se encaixa nesse conceito, pois no geral os maçons têm uma visão iluminista do Cavaleiro Templário, esquecendo-se de que eram verdadeiros fanáticos, que acreditavam que se matassem uma meia dúzia de maometanos iriam direto para o céu...

    Utiliza-se neste texto algumas vezes o conceito de classe social, principalmente quando se falar sobre classes médias, pois a Maçonaria se transformou, com o tempo, em um fenômeno típico de classes médias. Um sistema de *classe social* é uma condição social baseada, sobretudo, na posição econômica e na luta de classes (na visão marxista), e na qual as características atingidas podem influenciar, e muito, a mobilidade social. São conjuntos de indivíduos que se relacionam e agem de maneira similar quando sujeitos a constrangimentos e condições semelhantes. No que tange à *estratificação social*, é entendida por alguns autores como diferenciação de determinados estratos hierarquicamente sobrepostos da população, desde os inferiores aos superiores.

Os estudiosos do assunto ainda não encontraram uma definição de classe social consensual, pois não é tarefa nada fácil, ainda mais quando o tema não gera uma definição com o mínimo de aceitação entre estudiosos das mais diferentes tradições políticas, culturais e intelectuais. Todos estão de acordo com o fato de as classes sociais serem grupos amplos, em que a exploração econômica, opressão política e dominação cultural resultam da desigualdade econômica, do privilégio político e da discriminação cultural, respectivamente (Weber, sem negar o econômico, privilegiará o poder).

Marx (1848) e Weber (1999) dividem o cardápio dos conceitos de classe, pois as principais categorias de classe na tradição do pensamento social são: classe social e luta de classes, de Karl Marx, e estratificação social, de Max Weber. De modo geral, no cotidiano, o cidadão comum tende a confundir as definições de classe social. Utiliza-se erroneamente o conceito ao se falar em classe dos políticos, dos generais, dos professores, etc. Nesse caso, o melhor será usar grupos sociais.

A concepção de organização social de Karl Marx e Friedrich Engels se baseia nas relações de produção. Nesse sentido, em toda sociedade, seja pré-capitalista ou capitalista (pois é um fenômeno típico da Revolução Industrial), haverá sempre uma classe dominante, que direta ou indiretamente controla ou influencia o controle do Estado; e uma classe dominada, que reproduz a estrutura social ordenada pela classe dominante e, assim, perpetua a exploração.

Em uma sociedade organizada, não basta a constatação da consciência social para a manutenção da ordem, pois, em termos marxistas, a existência social é que determina a consciência. Em outras palavras, os valores, o modo de pensar e de agir em uma sociedade são reflexos das relações entre os homens para conseguir meios para sobreviver. Assim, as relações de produção entre os homens dependem de suas relações com os meios de produção que, de acordo com essas relações, podem ser de proprietário/não proprietário, capitalista/operário, patrão/empregado, em uma lógica binária que se esvaiu com o desenvolvimento do capitalismo. Os homens são diferenciados em classes sociais. Aqueles homens que detêm a posse dos meios de produção apropriam-se do trabalho daqueles homens que não possuem esses meios, sendo que os últimos vendem a força de trabalho para conseguir sobreviver. A luta de classes nada mais é do que o confronto dessas classes antagônicas. Essa é a concepção marxista de classe social. Em suma, classe social está ligada ao conceito de propriedade privada: o presidente da Federação Brasileira dos Bancos (Febraban) é de uma classe, enquanto o presidente do Sindicato dos Metalúrgicos é de outra.

Com o desenvolvimento do capitalismo industrial e da modernidade, a linguagem comum confunde com frequência o uso do termo *classe social* com *estrato social*. Para Weber, a estratificação das classes sociais é estabelecida conforme a distribuição de determinados valores sociais (riqueza, prestígio, educação, etc.) em uma sociedade, como: castas, estamentos e classes.

Em Weber (1999), as classes constituem uma forma de estratificação social, em que a diferenciação é feita a partir do agrupamento de indivíduos que apresentam características similares, por exemplo: negros, brancos, católicos, protestantes, homem, mulher, pobres, ricos, etc.

Em se tratando de dominação de classe, estabelecer estratos sociais conforme o grau de distribuição de poder em uma sociedade é tarefa bastante árdua, porque o poder sendo exercido sobre os homens, em que uns são os que o detêm enquanto outros o suportam, torna difícil considerar que esse seja um recurso distribuído, mesmo que de forma desigual, para todos os cidadãos. Assim, as relações de classe são relações de poder, e o conceito de poder representa, de modo simples e sintético, a estruturação das desigualdades sociais. Para Weber, o juízo de valor que as pessoas fazem umas das outras, e como se posicionam nas respectivas classes, depende de três fatores: poder, riqueza e prestígio, que nada mais são que elementos fundamentais para constituir a desigualdade social.

As classes médias possuem propriedades: casa, carro, casa de campo, etc., mas são pequenas propriedades que não as colocam nos altos estratos da sociedade.

Passa-se agora a se refletir neste texto sobre o conceito de elite. Depois dos estudos clássicos de Pareto (1935), Mosca (1984), Wright Mills (1982), Bottomore (1974), Michels (1982) e outros, já existe um certo consenso sobre as principais características da teoria das elites. Assim, ser de elite é ter uma certa centralidade no sistema, maior poder de informação em comparação com os membros do grupo, maior facilidade em transacionar com outras elites, maior capacidade de articulação intra e extraelite. Assim, a sociedade é prenhe de microelites nas diversas classes sociais. Não se deve, pois, confundir elite com classe dominante, pois as elites permeiam todas a sociedade de alto a baixo. Pode-se ainda fazer uma divisão entre elites estratégicas e elites convencionais. As elites estratégicas possuem maior capacidade de articulação macroglobal e sistemas de inteligência próprios. As elites estratégicas encontram-se no sistema político, econômico, militar, religioso, acadêmico, cultural e têm a capacidade de ter uma leitura de seu país: de onde está e para onde poderá ir e como elas podem acelerar essa trajetória. O restante das elites seriam as convencionais. Por exemplo: o lixeiro da minha rua não faz parte da elite dos lixeiros de Brasília, mas o presidente e os diretores do sindicato dos lixeiros integram a elite dos lixeiros.

No Brasil, em estudo inédito, afirma-se (Carvalho, 2015) que até 1930 a Maçonaria era uma elite estratégica que apontava caminhos para o país. Depois de 1930, a Maçonaria se tornou uma elite convencional que não mais influi, de maneira marcante, nos destinos do Brasil.

Como última abordagem nesta introdução, comenta-se sobre o conceito de Maçonaria. Em termos acadêmicos não existe a Maçonaria, e sim as diversas Maçonarias. Os maçons em geral usam-na sempre com maiúscula, causando certas contradições difíceis de equacionar. Por exemplo: temos no Brasil independente o conflito entre os maçons José Bonifácio de Andrada e Silva (monarquista constitucional) e Joaquim Gonçalves Ledo (republicano). Quando o primeiro-ministro monarquista José Bonifácio manda prender o republicano Gonçalves Ledo por estar tramando contra o regime, os historiadores maçônicos, adeptos da Maçonaria, dizem que o

Irmão José Bonifácio é perjuro, pois está perseguindo a Maçonaria na pessoa do Irmão Gonçalves Ledo... Quando se usa o conceito das Maçonarias, fica muito mais inteligível o conflito. Diga-se o mesmo sobre o Ir∴ Simón Bolívar. Quando já quase no final da vida houve um atentado contra ele, perpetrado por alguns maçons antibolivarianos, os historiadores adeptos da Maçonaria afirmam: a Maçonaria tentou assassinar o Ir∴ Bolívar... Quando Bolívar os prendeu e mandou fuzilar, diziam: Bolívar é perjuro, pois mandou prender a Maçonaria... Marco Morel, um dos maiores maçonólogos (historiador não maçom), utiliza sempre o conceito plural: as Maçonarias (Morel, p. 240, especialmente o cap. 8 – "Luzes, sombras e divisão entre Maçonarias").

Após esta breve introdução, passa-se agora a analisar a situação de declínio da Maçonaria em diversas regiões do mundo, um assunto tabu, raramente analisado nas diversas revistas e sítios maçônicos. Os dados brutos, a não ser para os Estados Unidos, não são públicos nem em livros nem na Internet. As discussões públicas sobre o tema declínio também são raríssimas. O objetivo aqui é o de trazer à baila um tema estratégico para o futuro da Maçonaria nos próximos anos.

2 – Situação do Declínio da Maçonaria Mundial

Neste capítulo, divide-se a situação da Maçonaria mundial em três regiões: a) os países de língua inglesa; b) a Europa continental; e c) América Latina.

Nos países de língua inglesa, que sofrem as maiores perdas quantitativas, procuraram-se estudos que analisassem a percepção das elites maçônicas sobre o assunto. O texto escolhido, um dos raros tornados públicos, foi o de John Belton e Kent Henderson, intitulado "Freemasons – An Endangered Species?" (Maçons – Uma Espécie em Extinção?) publicado em 2000 na *Ars Quatuor Coronatorum*, os anais de pesquisa da Loja Quatuor Coronati de Londres, a mais antiga e a mais famosa do mundo. Foi um choque não só o tema, o estilo, como também as discussões sobre o assunto. Salienta-se aqui que os dados estão um pouco desatualizados, mas são apresentados mais pelos comentários sobre como a elite maçônica dos países analisados percebem o fenômeno das evasões. Os que percebiam o fenômeno das evasões se dividiam sobre qual seria a explicação para suas causas: se a) ingênuas ou b) sociologicamente significativas. Convém salientar que os textos públicos sobre essas explicações são raros na internet. Os dados brutos mais atuais serão apresentados em cada capítulo das três regiões analisadas.

Quanto à Europa continental, deu-se uma preferência para os textos franceses que apresentam uma visão mais profunda e abrangente sobre o tão momentoso assunto. Foram quatro os autores escolhidos:

- Albert Lantoine: "Finis Latomorum? La Fin des Franc-Maçons?" (1950);
- Jean Bénédict: "Fin de la Maçonnerie?" (2001);
- Alain Bauer: "Le Crépuscule des Frères: La Fin de la Franc-maçonnerie?" (2005) e
- Alain Guyard: "La Fin de la Franc-maçonnerie" (2003).

Os franceses procuram lançar a culpa maior na Maçonaria inglesa por seu estilo religioso e oligárquico, apesar de reconhecerem que também em seu arraial as coisas não andam tão excelentes.

No tocante à América Latina, o Brasil foi o *locus* privilegiado na abordagem do problema. Enquanto a Maçonaria está minguando no mundo, na América Latina ainda está crescendo. Parece aqueles cantores que já entraram em decadência nos grandes centros metropolitanos, mas continuam com o prestígio intacto nas províncias do interior.

3 – Os Países de Língua Inglesa

3.1 "Freemasons – An Endangered Species?" (Maçons – uma espécie em extinção?)[1]

Um dos poucos estudos sérios sobre a decadência da Maçonaria nos países de língua inglesa é o do inglês BELTON em conjunto com o australiano HENDERSON (2000), ambos membros da Loja de pesquisas Quatuor Coronati de Londres. Será a base para este tópico.

Belton e Hendersen não atacam o problema de frente apresentando uma série de subterfúgios sobre o declínio de membros, principalmente nos Estados Unidos. Dizem que o problema se acentua a partir de meados da década de 1960 até o presente de suas análises (p. 114). Afirmam que o fenômeno se acentua nos Estados Unidos a partir da década de 1980 e seria resultado de mudanças estruturais na população, sobretudo no trabalho e na residência. E que somente na década de 1990 essa redução no número de adeptos foi objeto de pesquisa acadêmica (p. 114). Faria parte de um fenômeno da diminuição da participação cívica no país nas áreas de caridade, esporte, política, social e fraternal, gerando uma degeneração da vida comunitária norte-americana. Após descreverem, a nosso ver de maneira um tanto quanto ingênua, perguntam se não seria necessário uma renascença, pois a Maçonaria conta com 300 anos e é o maior corpo não político e não religioso no mundo. Afirmam ainda que muitas

---

[1]. BELTON, John; HENDERSON, Kent. Freemasons – An Endangered Species? *Ars Quatuor Coronatorum – AQC*, London, v. 113, p. 114-150, 2000. Disponível em: <http://kenthenderson.com.au/m_papers10.html>. Acesso em: 15 jul. 2017.

Grande Lojas (GLs) estão buscando uma solução nos seguintes temas: a) uma "nova abertura"; b) marketing; e c) uma série de atividades para reter os membros e atrair novos aderentes (p. 115).

Após tentar caracterizar as causas do declínio como decorrentes dos problemas do enfraquecimento da cultura cívica na sociedade moderna, passam a delimitar quantitativamente a falta de recrutamento de novos membros e a evasão contínua. Analisam em seguida algumas Lojas individuais, as Lojas Provinciais inglesas e as GLs dos países de língua inglesa.

3.1.1 Lojas individuais

Belton e Hendersen apresentam uma tabela da Loja Mellor 3844 situada em Derbyshire, na Inglaterra, nos últimos 50 anos.

Tabela 1
Análise dos membros e datas da Loja Mellor 3844

Período	Nº de Candidatos	Novos Membros	Idade Média dos Candidatos	Nº de Anos para chegar ao Veneralato	Média de Anos para Abandonar/Exclusão	% de Abandono/Exclusão
1945-49	4	0	39.5	10.5	23.0	100%
1950-54	13	0	41.1	11.8	25.6	54%
1955-59	10	0	42.8	11.0	16.6	70%
1960-64	10	3	41.5	9.6	17.2	80%
1965-69	6	2	37.2	10.0	16.0	50%
1970-74	10	3	42.7	8.3	13.4	60%
1975-79	8	2	33.4	8.5	9.8	75%
1980-84	10	3	47.4	7.0	8.3	40%
1985-89	8	4	39.5	5.5	5.3	50%
1990-94	7	2	39.1	N/A	3.7	38%

Fonte: John Belton, 'The Missing Master Mason'1 [viii] and the Membership Register of Mellor Lodge 3844 EC as at Jan 1999.

Uma análise tradicional dos membros da Loja tende a visualizar uma mudança a cada ano e normalmente indica quem foi iniciado, se faleceu ou se evadiu durante aquele ano. A média de idade para renunciar ou ser excluído é abissal, pois cai de 23 anos em 45-49 para 3,7 em 90-94. O último quadro também não é nada animador.

Passam, então, a repetir essa análise de uma Loja para um conjunto de Lojas, englobando Canadá, Austrália e em uma amostra mais ampla.

Tabela 2
Período médio para Abandonar/Exclusão após o período de Iniciação

Período	Mellor #3844 England	Mellor2 [xiv] #1774 England	Welbeck #2890 England	Concord #124 Alberta	Granite #446 Ontario	Cooroora #232 Q'sland	Lord Salton #98 Q'sland	Ashlar #19 Montana
1945-49	23.0	15.4	18.0	15.7	12.5	20.4	N/A	17.8
1950-54	25.6	20.2	26.2	17.4	14.7	16.8	26.3	18.8
1955-59	16.6	14.5	13.4	13.2	16.1	13.6	21.3	14.3
1960-64	16.1	17.6	10.0	12.6	14.4	16.2	17.0	14.5
1965-69	16.0	13.8	19.7	12.0	15.6	15.3	16.0	15.3
1970-74	13.8	10.6	13.3	10.8	14.2	N/A	12.8	11.7
1975-79	9.8	8.1	11.0	8.4	7.6	9.0	9.8	9.6
1980-84	8.3	8.2	10.7	6.5	8.8	4.5	8.3	6.5
1985-89	5.3	2.5	6.2	4.8	7.8	6.0	5.0	N/A
1990-94	3.7	3.8	4.5	N/A	4.0	4.3	4.0	N/A

Fonte: Belton, 'The Missing Master Mason'3 [xv] and Lodge Membership Registers.

A amostra ampliada mantém a mesma constância com a Loja Mellor. O problema agora começa a se generalizar para a Maçonaria de língua inglesa.

Tabela 4
% de Abandono/Exclusão após o período de Iniciação

Período	Mellor #3844 England	Mellor #1774 England	Welbeck #2890 England	Concord #124 Alberta	Granite #446 Ontario	Cooroora #232 Q'sland	Lord Salton #98 Q'sland	Ashlar #19 Montana
1945-49	100%	61%	33%	56%	31%	44%	N/A	39%
1950-54	54%	71%	25%	59%	28%	83%	25%	43%
1955-59	70%	73%	33%	64%	36%	89%	30%	51%
1960-64	80%	64%	8%	72%	31%	63%	73%	41%
1965-69	50%	50%	27%	40%	31%	50%	50%	43%
1970-74	60%	64%	25%	65%	18%	nil	70%	60%
1975-79	86%	89%	31%	62%	19%	100%	62%	47%
1980-84	40%	67%	36%	74%	47%	100%	40%	60%
1985-89	50%	29%	50%	28%	25%	100%	25%	N/A
1990-94	38%	75%	44%	N/A	23%	37%	43%	N/A

Fonte: Belton, 'The Missing Master Mason' and Lodge Membership Registers.

Concluem (p. 118) com algumas inferências: a) idade média para iniciação: variação mínima nos últimos 50 anos; b) anos para chegar a Venerável Mestre: redução de +10 anos para 5-7 anos; c) diminuição por exclusão e não pagamento: aumento nos últimos 15 anos.

Encerrada a fase de análise das Lojas individuais, passam a analisar as Grandes Lojas.

3.1.2 Grandes Lojas provinciais inglesas

O Relatório da Loja Provincial de Derbyshire afirma que os membros diminuíram em média 11,8% na última década (p. 119) e concluem que, se novas Lojas não fossem abertas, o declínio seria de 17,8%.

O Relatório da Grande Loja Provincial de Essex divulga que a perda de membros foi de 11% a 18% (p.120).

O Relatório da Grande Loja Provincial de East Lancashire não fica atrás neste colapso quantitativo. Os autores adotaram um critério de analisar a diminuição do número de obreiros considerando:

a) evasão normal; b) mortalidade; e c) as duas combinadas entre 1997 (dados reais) até 2010 (com projeção de dados de 1998 em diante). A Tabela 4 mostra as evasões sem mortalidade (p. 120):

Tabela 4

ABANDONO	1997 real	1998 estimado	2002 estimado	2007 estimado	2010 estimado
Nº de Maçons	10.529	9.900	7.800	6.000	5.100
% Acumulado		6%	26%	43%	51%

Agora a Tabela 5 de mortalidade:

Mortalidade	1997 real	1998 estimado	2002 estimado	2007 estimado	2010 estimado
Nº de Maçons	10.529	10.300	9.300	8.000	7.200
% Acumulado		2%	12%	24%	32%

E as duas juntas: Tabela 6 (4+5)
Tabela 6

Mortalidade e Abandono	1997 real	1998 estimado	2002 estimado	2007 estimado	2010 estimado
Nº de Maçons	10.529	9.689	7.593	5.727	4.825
% Acumulado		8%	28%	46%	54%

Nota-se que, quando a Tabela 6 combina os fatores de mortalidade e evasão, fica claro que a evasão é o fator determinante. Existe uma diminuição em torno de 5,7 a 6,4% ao ano.

É possível, entretanto, mergulhar um pouco mais profundamente nos dados, e em particular nos dados de evasão, e para aqueles que se evadem ou são excluídos em relação ao tempo em que estão na Ordem. Somente os de "cabelos brancos" continuam...

East Lancashire – Abandono após Anos na Loja

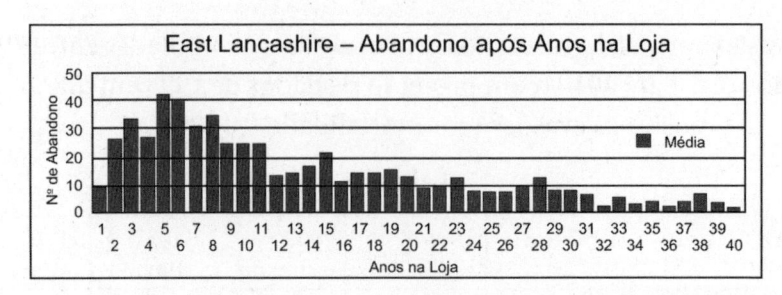

[Gráfico de barras mostrando Nº de Abandono por Anos na Loja, de 1 a 40 anos, com legenda "Média"]

Os dados também mostram uma taxa de evasão em torno de 25% em cinco anos, 43% em dez anos e 51% em 2010. É um indicador de que o interesse na Ordem entre seus novos membros piora rapidamente, e, no caso das exclusões, indica significativa redução do interesse nos últimos dois anos antes da exclusão...

A emissão de certificado pela GLUI demonstra uma estável redução nos últimos 15 anos e, na época do relatório, extrapolou para 2010. A redução gira em torno de 4% ao ano composto pelas iniciações, como se verifica neste último gráfico.

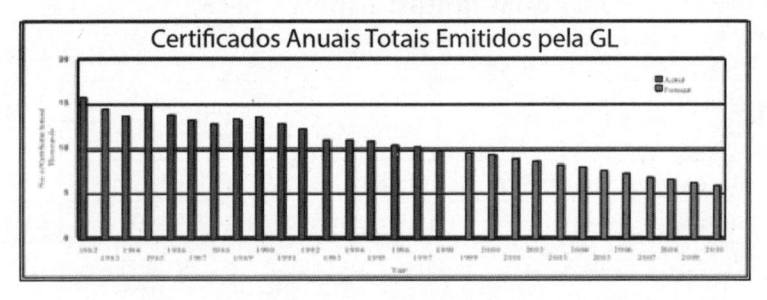

Certificados Anuais Totais Emitidos pela GL

[Gráfico de barras mostrando certificados anuais emitidos ao longo dos anos]

3.1.3 Algumas Grandes Lojas nos Estados Unidos, Canadá, Austrália, Irlanda, Escócia

Belton (p. 122) constata que a pesquisa deles demonstrou que não existe uma comunicação entre as diversas GLs dos países de língua inglesa sobre esse problema crucial da diminuição do número de membros. Os diversos relatórios das GLs simplesmente vão para suas respectivas bibliotecas. Existe uma premissa implícita de que o problema das outras GLs são diferentes e não se tem muito a aprender com outras jurisdições. A pesquisa demonstrou que isso é uma premissa errônea.

Começando com a GL de New Jersey em seu *Bi-centenary Book* de 1987: em 1959 a GL possuía 107.649 membros e 298 Lojas, que diminuíram em 1986 para 59.017 e 205 Lojas. Isso representa um declínio de 45% nos membros e 30% nas Lojas. Em 1995, os membros desabaram para 44.992, representando uma queda de 24% em nove anos (p. 122). As explicações sobre o fenômeno são incrivelmente ingênuas se comparadas com as do continente europeu, principalmente as francesas, como se verá mais adiante. Algumas explicações: deterioração das cidades, perda ou falta de adequado espaço para reuniões, escassez de parques para estacionamento, falta de segurança pessoal, êxodo urbano para os subúrbios e área rural, aumento do individualismo, etc.

A GL da Irlanda, em seu relatório de 1994, não ataca diretamente o problema, levantando alguns nas áreas de: i) imagem maçônica; ii) filiações; iii) caridade; iv) política da Ordem; e v) comunicação e desenvolvimento administrativo. Exorta os membros a serem mais positivos nos assuntos maçônicos...

A GL da Nova Zelândia apresenta também um quadro dantesco de desfiliações:

Tabela 7

Ano	Nº de Membros Atuais (a)	1982 Membros da GL Previsão (b)	1996 Membros Previsão (a)	Membros Atuais da Loja	1996 Loja Previsão
1963	47.137			424	
1970	44.219			430	
1975	41.493			433	
1980	37.466			428	
1985	33.076			417	
1986		32.800			
1990	25.912			377	
1991		29.520			
1995	20.444			344	
1996		26.528			
2000			15.300		304
2001		23.912			
2005			10.000		185

Fonte: (a) Pottinger. *New Zealand Freemasonry in 2005*; (b) Busfield (1986) and GL reports.

Busfield (p. 123) nota, com alguma ironia, que o Relatório da Condição do Comitê da Ordem de 1982, ao apresentar uma queda de 25% de membros entre 1963 e 1982, e prevendo ainda um decréscimo de 30% até 2001, concluía que tudo estava bem...

A GL de Alberta, no Canadá, em seu Plano para Renovação Estratégica de 1997, apresenta uma série de fatos interessantes que poderiam ser comparáveis com os da Inglaterra e da Austrália. Em 1995 havia 263 Iniciações, mas somente 211 completaram os três Graus, ou seja, 20% não foram além do primeiro Grau. Convém ainda salientar que (p. 125) a GL opera uma mistura de rituais tipo Webb[2] (arranjo de Loja e ritual da maioria das Lojas nos Estados Unidos) em algumas Lojas e tipo Emulação (rituais mais comuns na Inglaterra) em outras.

Tabela 8
Grande Loja de Alberta – Membros: Estatístiva de 1995

Anos	Membros	Candidatos	Evasões	Mortes	Lojas	No. Médio por Loja
1987	12.730	332	533	308	156	81
1988	12.234	284	626	324	156	78
1989	11.824	281	551	283	155	76
1990	11.408	318	571	311	156	73
1991	10.989	290	529	309	153	71
1992	10.657	290	521	223	146	73
1993	10.303	296	534	250	145	71
1994	9.986	260	478	231	145	69
1995	9.641	262	486	245	144	67
1996	9.308	263	446	263	141	66

Fonte: Grand Lodge of Alberta: *Draft Strategic Plan for Renewal* (1997).

As evasões mantêm o quadro geral até aqui analisado.

---

2. Thomas Smith Webb (1771-1819), autor do famoso *Freemason's Monitor or Illustrations of Masonry*, livro que tem um significante impacto no desenvolvimento dos rituais maçônicos nos Estados Unidos, especialmente no Rito de York. Webb tem sido chamado de "Pai Fundador do Rito Americano ou de York".

A GL Unida de New South Wales apresentou em 1992 um relatório intitulado "O Desafio das Mudanças na Associação em New South Wales", contendo uma análise dos últimos 50 anos e as soluções propostas. O número de associações atingiu um pico em 1958 com 135 mil membros, caindo drasticamente para 40 mil em 1991 e 34 mil em 1995. Um decréscimo de 25% entre 1958 e 1995 (p. 127). Foram tentadas, nesse período de queda, diversas medidas, a nosso ver ingênuas e ineficazes, tais como: i) desenvolvimento de políticas para melhorar a imagem da Maçonaria; ii) reintrodução da revista *NSW Freemason*; iii) formação da Loja de Pesquisas de NSW; iv) tentativas de melhorar o relacionamento entre os Irmãos, entre as Lojas e entre estas e a GL, com envolvimento das famílias; v) reforço na área de educação; vi) novas brochuras, vídeos e folhetos sobre a Ordem; vii) criação de um fundo para construir novas Lojas e centros maçônicos; tudo isso em vão... Medidas para incrementar novas filiações produziram resultados desapontadores.

A GL da Escócia apresenta um problema peculiar que distorce as estatísticas: uma vez iniciado um membro, se ele pagar uma determinada taxa, entrega-se um Cartão de Membro Remido para toda a vida, tendo ele frequentado ou não sua Loja... Assim, membros passam décadas sem frequentar suas Lojas que às vezes possuem 400 afiliados que só recebem cartinhas com o programa anual e sem frequência. Se o Secretário da Loja não é assíduo, membros que morreram décadas atrás continuam a receber correspondência e são contados como membros (p. 128). Os poucos relatórios que se debruçam sobre esse declínio apresentam as causas ingênuas de sempre. As estatísticas sobre filiação são inexistentes... pelo menos na internet.

Na análise da GL de Victoria, Belton (p. 129) faz menção a um trabalho de Peter Thornton intitulado "Nove entre Dez Maçons Atacarão Moscou no Inverno",[3] recordando que Carlos XII da Suécia em 1709, Napoleão em 1812 e Hitler em 1941, tentaram tomar Moscou no inverno e falharam. Thornton faz então menção do grande afluxo

---
3. THORNTON, Peter. Nine Out of ten Freemasons Would Attack Moscow in Winter. In: *Proceedings of the 1992 Australian Masonic Research Council Conference*, Melborne, p. 27-30.

de candidatos à Maçonaria após a Guerra dos Bôeres à Primeira e a Segunda Guerras Mundiais; como a Maçonaria ajudou a reintegrar na sociedade os soldados advindos desses conflitos bélicos, inculcando-lhes os valores maçônicos. Comparando com os dias atuais, Thornton pergunta: a Maçonaria está em declínio? E responde com um sonoro *não*. Apresenta uma série de perorações sobre a Maçonaria: i) os ensinamentos morais e éticos que ela apregoa não foram alterados e serão sempre parte de uma sociedade democrática e civilizada; ii) não se pode consertar o que não foi quebrado; iii) se a GL for autocrática, que o seja, mas forte e não fraca... Não é necessário tomar Moscou neste inverno, e sim aprender com as lições da história.

Após encerrar essa análise das GLs do países de língua inglesa, os autores passam a tentar tirar uma lição geral desse declínio de membros. A primeira pergunta é se diferentes práticas protegem contra o declínio. Enumeram algumas práticas: grande ou pequeno número de maçons nas Lojas; diferentes rituais – Webb ou Emulação; candidatos com grande trabalho a fazer *versus* candidatos mais folgados; iniciações individuais ou coletivas; pequenas ou grandes taxas de contribuição; sessões longas ou curtas; etc. A conclusão fatídica é de que o declínio dos membros independe desses usos e costumes, pois todos estão declinando acentuadamente nos países de língua inglesa.

Outra pergunta: fatores internos exacerbam o declínio? Por ser uma organização tradicionalista, será a causa? Nem sempre foi assim. No século XVIII, era uma nova organização que emergia com vigor enquanto o poder tradicional das igrejas declinava, permitindo à Maçonaria esposar uma série de valores morais e sociais, naquela época revolucionários. O mundo mudou, agora aqueles valores que eram revolucionários se tornaram parte do Estabelecimento.[4] Os autores apontam com uma lógica diabólica o que estaria acontecendo: aqueles valores em uma sociedade que foi se tornando tradicionalista, começaram como *costume e prática*, foram se transformando em *tradição ou convenção* e se cristalizaram, com o correr do tempo, em *landmark*

---

4. Finalmente está se saindo das explicações ingênuas para algo mais substancioso (N. do A.).

da Loja, da GL e da Ordem em geral. "O problema central é que a Maçonaria e mudança não são consortes felizes..."

Finalizando esta parte, os autores fazem um comentário último sobre os padrões de declínio em outras organizações, tais como igrejas, grupos fraternais, filantrópicos, cívicos, etc. Dizem que a Igreja da Inglaterra (p. 130) sofreu uma redução de 50% de seus membros nos últimos 50 anos. Isso, segundo eles, explicaria em parte o declínio quantitativo maçônico, pois existe certa competição entre a Maçonaria e essas outras organizações.

Antes de refletirem sobre uma possível Renascença maçônica, apresentam ainda considerações sociológicas sobre o fato de que a Maçonaria não é um grupo homogêneo. Regras que podem servir para um grupo não funcionarão em outros. Eis então a cubagem desses grupos e suas diversas interações.

O primeiro grupo seria o da elite dirigente maçônica que estaria comprometida em preservar o *status quo*, com a consequente proteção e manutenção de seu poder, privilégio e posição. Os líderes teriam assim uma perspectiva que não seria necessariamente compartilhada pela maioria dos membros. Consideram irrelevante se isso é verdade ou não. A percepção é que é relevante.

Conseguem antever um segundo grupo de uma contraelite: os reformistas que lutariam por mudanças para tentar estancar o declínio. Essa contraelite percebe os líderes atuais da Ordem como insensíveis e até mesmo reacionários. Lutam para colocá-los de lado por causa de suas opiniões defasadas.

O terceiro grupo seria o dos tradicionalistas, para os quais as mudanças seriam anátemas, pois cada tradição ou costume da Loja se transformou em um *landmark* da Ordem que deve permanecer inalterado e inalienável. Embora não formem um grupo de grandes proporções, tendem a ser membros longevos e que mantêm uma permanência ativa e duradoura.

O quarto grupo é o da maioria silenciosa que não tem uma agenda própria nem muita frequência, e simplesmente paga suas anuidades. Nas Lojas de língua inglesa são a seiva vital financeira e cordatos em apoiar propostas razoáveis nas Lojas (p. 132). É a turma do "garfo e faca" dos banquetes da Ordem.

O quinto grupo seria o dos Mestres Maçons demissionários e ausentes. Alguns pagam e aparecem de vez em quando nos banquetes sem muito compromisso. São cometas visitantes. A Maçonaria não vale seu precioso tempo.

Finalmente, o sexto grupo seria o dos quinta-essencialistas, um grupo quase invisível e que acredita piamente nos valores maçônicos. É a turma que sempre apregoa: a Maçonaria é perfeita, o que estraga são os maçons. Eles experimentaram diversas frustrações sobre a "Inaceitável Face da Maçonaria", pois são críticos ferozes de pequenos erros nos IIr. e têm um prazer sádico em criticá-los; adoram provocar os ciúmes internos e estimular os conflitos, etc.

3.1.4 Propostas de conclusão/solução

Para encerrar o artigo, os autores buscam levantar as possíveis soluções ao problema, observando, contudo, que não existe uma panaceia que resolva o assunto.

O receituário seria o seguinte:

- Os IIr. nas Lojas devem tomar a iniciativa de fazer as coisas e não ficar esperando pela aprovação prévia das GLs.

- "Irmão, você tem permissão para pensar." Normalmente o fluxo de comunicação dentro da estrutura maçônica tem sido tradicionalmente mais de comando do que de solicitação. O resultado tem sido a tendência para ambos – Lojas e maçons – de não pensar por eles mesmos, mas seguir fielmente as instruções vindas de cima.

- "Estruturas de gestão das GLs ultrapassadas ou desatualizadas?" O desenvolvimento organizacional da Maçonaria nas GLs do Reino Unido ocorreu historicamente, no século XVIII, quando a autocracia, ou pelo menos a oligarquia, era o padrão de gestão política. A democracia liberal como se entende hoje era basicamente desconhecida ou, no mínimo, não admirada. Esse legado permeou a estrutura maçônica dos dias atuais, tornando a Maçonaria hodierna refém dessa estrutura "militar", na qual o fluxo de comunicação somente é direcionado em uma única direção: para baixo... As GLs foram então formadas dentro deste modelo autocrático nos últimos 200 anos, primeiro na Europa e nas áreas emancipadas do antigo Império Britânico e, depois, se espraiando para o resto do mundo. Somente nos Estados Unidos e em menos escala no Canadá, sob influência dos Estados Unidos, foram as GLs concebidas de uma maneira mais *democrática*, refletindo assim os padrões políticos da sociedade na qual estão inseridas. Mesmo assim, o declínio nos Estados Unidos tem sido mais do que comparado com os outros países de língua inglesa, indicando que a tipologia do governo maçônico não tem efetivamente influência nesse fenômeno do declínio.

Esse estilo autocrático/oligárquico de gestão não gerou problemas no passado, primeiro, porque sua base estava em consonância com os valores da sociedade em geral; com sua ossificação tornou-se mais um *landmark* da Ordem (p. 133). Os novos membros, mais recentemente, formados em valores mais pluralísticos de uma sociedade mais democrática, têm dificuldades em compartilhar esses valores de gestão e comunicação antiquados. Assim, fica "explicado" por que os novos membros deste século XXI sentem-se facilmente isolados ou inconscientes dessas decisões que podem afetá-los, advindas dos altos escalões da Ordem, e que eles não têm influência sobre elas.

- **Abertura interna *versus* externa.** Muitas GLs colocaram grande ênfase na necessidade de abertura, mas puramente em um senso de comunicação para fora, para o mundo exterior em geral. A primeira reação observada em muitas GLs é a negação de que existe um problema. Invariavelmente isso tem sido seguido por uma relutância em reconhecer que exista um declínio quantitativo dos membros, mas que, quando não se tem mais jeito de negar, a causa é sempre externa à organização (p. 134).

Observando o comportamento de muitas GLs, nota-se que somente quando o problema se torna agudo é que se busca timidamente considerar soluções internas. O fim do século XX apresenta uma evolução para formas mais democráticas de gestão.

- Educação maçônica e os maçons europeus. Os autores discutem se o declínio é mais próprio da Maçonaria dos países de língua inglesa do que dos europeus, chegando à conclusão de que o fenômeno é universal. Evidentemente, em alguns países o número de maçons está aumentando, também na Europa. No entanto, em alguns países europeus, onde os maçons estão crescendo, partiram de um número relativamente pequeno de maçons, o que torna o fenômeno em parte explicável, como por exemplo na Turquia (p. 134). Os "continentais" (europeus) têm um tipo de recrutamento diferente dos países de língua inglesa. A diferença seria, pois, enquanto os países europeus que estão crescendo se defrontam com o problema de reter seus membros, os países de língua inglesa sofrem o declínio tanto no recrutamento quanto na retenção dos já recrutados. Boa parte das Obediências europeias sofre com o que se pode chamar de "elitismo", ou seja, um critério rigoroso de seleção, acompanhado de pagamentos financeiros elevados. O que é fácil e barato atrai menos do que o contrário. Para atingir a plenitude maçônica se demora em média um ano nos países de língua inglesa, enquanto nos europeus se demora bem mais.

- O novo Ir. europeu normalmente avança para o segundo Grau em torno de um ano, e para chegar a Mestre não leva menos que cinco anos. O iniciado europeu, para obter promoção, tem de se adaptar aos seguintes critérios: i) reuniões semanais; ii) ativa participação em sessões de educação maçônica; iii) é submetido a um extenso exame verbal; e iv) prestar exames escritos sobre seu entendimento do conteúdo e ensinamentos maçônicos. Comparativamente, o ordinário adepto dos países de língua inglesa é submetido a pouca educação maçônica, com foco exclusivo no que eles chamam de "Valsa Maçônica" (p. 135), também conhecida como "Alimentando a Máquina de Salsicha" dos Graus 1, 2 e 3. Isso leva ao fenômeno chamado de "Maçom Porta Giratória"[5] que recebe seus três Graus em muito pouco tempo, sem entender muito o que significam e acabam ficando perdidos nas Lojas. Os autores concluem que os europeus já perceberam que a educação é a chave para a retenção de novos membros.

- O papel das Lojas de Pesquisa em Transmitir Educação Maçônica. Os meios de transmitir uma forma mais significativa de educação maçônica somente agora começam a fazer sentido. As GLs da Escócia e do East Lancashire começaram a entender que as Lojas de pesquisam podem auxiliar com palestras mais consistentes e professores mais aprofundados no assunto. Convém ainda relembrar, contudo, que as referidas Lojas de pesquisas estão sofrendo da mesma doença do declínio... Nos Estados Unidos, o Masonic Service Association existe para prover material de educação, mas infelizmente tal organização inexiste no Reino Unido e em outros países de língua inglesa.

No artigo citado da internet de Belton (2000) não consta um debate do final da exposição dos membros de proa da Quatuor Coronati. Tais reflexões constam somente do livro da AQC. Convém refletir sobre algumas observações daqueles membros. Alguns menos notáveis, porém mais velhos, apresentam as seguintes observações com claro sinal de rejeição da conclusão dos autores: não é verdade que os membros dirigentes estão interessados em preservar

---

5. Os jovens recém-iniciados observam os velhos destroçando o ritual, longos e enfadonhos discursos, comidas só encontradas nos aniversários de crianças, o que os leva a tornarem-se Maçons Porta Giratória. Disponível em: <http://kenthenderson.com.au/m_pa-pers01.html>. Acesso em: 21 jul. 2017.

o *status quo*; a comunicação entre a GL e os membros individuais tem melhorado e continua melhorando; a estrutura hierárquica não tem tradicionalmente sido associada mais com comando do que com solicitação; não existiu autocracia nem oligarquia na estrutura de comando na transição do século XVIII para o XIX; a Maçonaria tem mudado continuamente e sem problemas nos últimos três séculos e meio, como continuará a mudar no futuro previsível; não há nenhuma evidência para acreditar que os maçons são uma "espécie em extinção", somente porque existem alguns declínios; etc.

Convém, entretanto, refletir sobre algumas observações de Trevor Stewart, de Yasha Beresiner e outros.

a) Trevor Stewart[6] começa agradecendo o toque de clarim dado pelos autores (p. 141). Levanta quatro pontos que gostaria de endossar e ampliar. Primeiro ponto: nos mais de 110 anos de existência da Loja de Pesquisa, são raríssimos os trabalhos feitos a quatro mãos, mas parabeniza os autores pelo trabalho; segundo: os autores vivem em polos opostos do mundo: um na Inglaterra e outro na Austrália, conseguindo trabalhar graças aos modernos meios digitais de comunicação; terceiro: o texto foge aos padrões da Loja Quatuor Coronati, que são basicamente discursivos, pois estão cheios de gráficos, tabelas, quadros estatísticos, etc. Apesar de quebrar essa tradição, já é o momento de aceitar essa nova dinâmica de exposição; quarto e mais importante: esse trabalho assinala um significativo ponto de partida, não só na metodologia e expressão, mas também na escolha do tema. Muitos veem os trabalhos publicados nos Anais como sendo concernentes com a realização de escavações na arqueologia da Maçonaria. Constata que a pesquisa apresentada foca os aspectos do presente e do futuro; salienta, contudo, que essas áreas também devem ser objeto de pesquisas. Levanta uma série de pesquisas profanas sobre a mudança de comportamento nos jovens ingleses, concluindo que

---

6. Trevor Stewart é um conferencista aposentado que foi educado nas Universidades de Birmingham, Sheffield, Durham e Newcastle. Seu trabalho acadêmico abrange a literatura inglesa no século XVIII e sua tese doutoral foi sobre o clube fechado dos maçons iluministas que viviam no norte da Inglaterra. Tem dado conferências nos Estados Unidos, Bélgica, França, Alemanha, Romênia, Grécia, Escócia e Inglaterra. É Past Master da Quatuor Coronati.

são: i) menos envolvidos e comprometidos com o processo democrático; ii) menos leais e menos instruídos sobre sua comunidade, suas nações e a Europa; iii) menos comprometidos em respeitar os outros, em obedecer às leis e menos preocupados em ser um exemplo para os outros; iv) muito menos gostam de ajudar os outros ou tornam-se voluntariamente ativos em suas comunidades locais. Pergunta-se então: como pessoas com esse perfil e valores podem ser convidadas para ingressar na Maçonaria?

Pelo exposto, nota-se que a análise de Steward é bem parcial e pouco profunda. Suas propostas são mais de gestão do que de uma análise mais acurada. Vejam-se os seguintes exemplos quando Steward aponta os indícios salutares e encorajadores do que tem sido feito, pelo menos na Inglaterra (p. 144):

- a recente reestruturação das funções administrativas no gabinete do Grande Secretário;
- a institucionalização de uma política de "abertura" pela nomeação em tempo integral de um Diretor de Comunicação encarregado de relações públicas;
- um plano em discussão para a totalidade da administração da GLUI para fora de Londres, economizando dinheiro nos custos administrativos, abrindo espaço para mais Lojas, etc.;
- digitalização das atividades;
- redução do número dos cargos honoríficos ou não e dos paramentos maçônicos.[7]

Como se vê, temas meramente administrativos ou de comportamento... E já começa a preparar o espírito para uma instituição bem menor, pelo menos em termos quantitativos, no futuro, quando afirma que em toda a história da Europa Ocidental tem sido demonstrado

---

7. Quanto aos parâmentos maçônicos, cita um artigo publicado no *The Times* de 4 de setembro de 2000 intitulado: "Os Maçons Atacam a Obsessão dos Paramentos". (Qualquer semelhança com o Brasil é mera coincidência!)

que as instituições não se expandem indefinidamente. O ciclo vital das instituições seria: nascimento (1717 na Maçonaria), florescimento e decadência (tempos atuais)...

b) Yasha Beresiner

Apresentam-se agora os comentários de meu amigo Yasha Beresiner.[8] Elogia o trabalho pela importância e fascinante temática. Deixa, entretanto, uma indagação: a Loja de Pesquisa é o fórum mais apropriado para a discussão desse assunto? Somos uma Loja de Pesquisas e qualquer comentário nos trabalhos será visto como recomendação, no máximo, ou como uma crítica, no mínimo. Salienta que o intento da Loja não é de recomendar nem criticar, por não ser sua função (p.146).

Não obstante, e considerando o aspecto educacional do que foi dito, ele gostaria de aprofundar três assuntos referentes às Lojas inglesas em geral e às londrinas em particular:

- o conceito de preceptor da Loja de Instrução (LDI). Tem-se aqui uma compreensiva e completa rede, com ênfase na área de Londres, para a educação dos Irmãos em cada Loja. O sistema LDI é muito bem desenvolvido na Inglaterra, menos o de Preceptores (professores), que foram infelizmente negligenciados. Talvez uma gestão melhor desse item faltante pudesse ajudar, e muito, na disseminação de informação e educação dos Irmãos individuais;

- avanços nos primeiros três Graus. Diferentemente dos Irmãos em muitos países europeus, um aprendiz (1º Grau) necessita fazer nada mais do que aprender um conjunto de respostas de poucas questões no sentido de ser aclamado por ter respondido bem às perguntas, dando ao novo Irmão admitido um pouco mais de crédito e iniciativa, permitindo-lhe

---

8. É um dos mais famosos e respeitáveis historiadores maçônicos. Past Master da Quatuor Coronati em 1997/8. Nasceu na Turquia em 1940. Educou-se nas escolas públicas inglesas; formou-se em advocacia pela Hebraica de Jerusalém, onde serviu no regimento de paraquedistas (em 1963 casou-se com sua sargento no exército). Tem uma extensa carreira maçônica, escreveu diversos livros e centenas de artigos sobre Maçonaria. Escreve regularmente na *Freemasonry Today*, a revista oficial da GLUI.

preparar seus próprios comentários e expressões antes de propor-lhe novos compromissos;

- tempo de nossas reuniões. Muitas Lojas desencorajam o comparecimento dos Irmãos e o recrutamento de novos jovens membros, começando as reuniões da tarde muito cedo desnecessariamente, principalmente em Londres.

Yasha aqui fica, a nosso ver, na periferia operacional do problema do declínio e das evasões.

Vários outros Irmãos da AQC fizeram suas intervenções, mas sempre seguiram o mesmo ramerrão operacional.

3.1.5 Conclusão do autor sobre este item

Apesar de haver poucas análises que aprofundem o fenômeno do declínio numérico, isso não quer dizer que haja uma pequena consideração sobre o assunto. Em 5 de junho de 2014, o duque de Kent, Grão-Mestre da GLUI, soltou uma nota na prestigiosa revista *Freemasonry Today* explicando por que o recrutamento e a retenção devem ser a obrigação de todos, independentemente de posição na Ordem. "Se você for indicado para ou promovido em altos cargos, eu gostaria de enfatizar que duas de nossas tarefas básicas são o recrutamento e a retenção."[9] Informa ainda que as pesquisas realizadas pelo *Membership Focus Group*, que trata do assunto, presidido pelo presidente do Comitê de Propósitos Gerais, são de suma importância. Avisa que é inaceitável a alta taxa de evasão nos três Graus simbólicos e durante os primeiros dez anos. Relata ainda que o propósito do *Membership* é analisar as estatísticas e elaborar propostas para estancar a perda de membros.

---

9. Disponível em: <http://www.freemasonrytoday.com/ugle-sgc/ugle/hrh-the-duke-of-kent-on-the-importance-recruitment-and-retention>. Acesso em: 22 jul. 2017.

Os dados brutos atuais mostram um verdadeiro *tsunami* de declínio nos países de língua inglesa, como se pode observar pela figura a seguir:

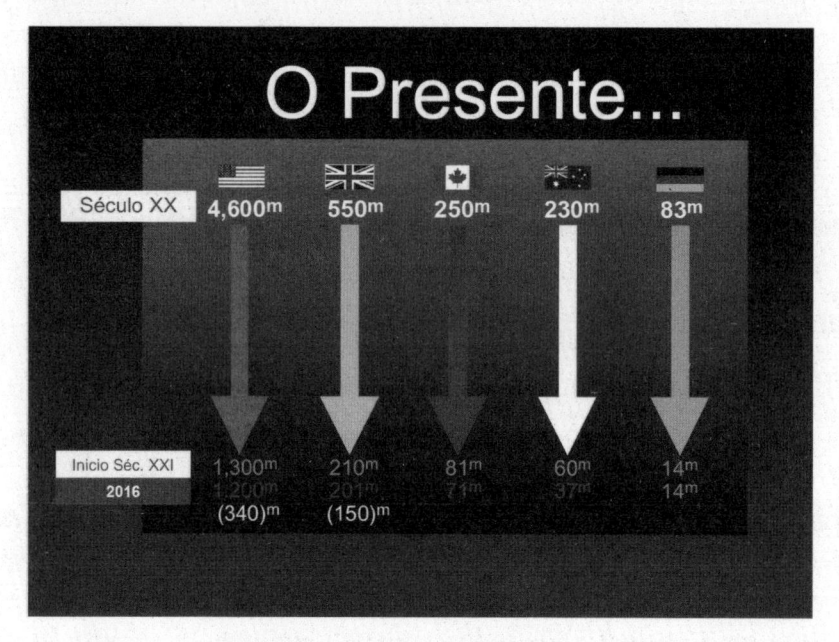

O Presente...

	🇺🇸	🇬🇧	🇨🇦	🇦🇺	▬
Século XX	4.600m	550m	250m	230m	83m
Início Séc. XXI	1.300m	210m	81m	60m	14m
2016	1.200m	201m	71m	37m	14m
	(340)m	(150)m			

Fonte: List of Lodges, 2016.

Os Estados Unidos tinham em meados do século passado algo em torno de 4,6 milhões de maçons. Caíram para 1,3 milhão e caminham rapidamente para 1,2 milhão.

O *Masonic Service Association* dos Estados Unidos apresenta o quadro analítico dos maçons norte-americanos desde 1924 até 2015.

ANO	EUA	ANO	EUA TOTAL	ANO	EUA TOTAL
1924	3,077,161	1955	4,009,925	1986	2,839,962
1925	3,157,566	1956	4,053,323	1987	2,763,828
1926	3,218,375	1957	4,085,676	1988	2,682,537
1927	3,267,241	1958	4,099,928	1989	2,608,935
1928	3,295,872	1959**	4,103,161	1990	2,531,643
1929	3,295,125	1960	4,099,219	1991	2,452,676
1930	3,279,778	1961	4,086,499	1992	2,371,863
1931	3,216,307	1962	4,063,563	1993	2,293,949
1932	3,069,645	1963	4,034,020	1994	2,225,611
1933	2,901,758	1964	4,005,605	1995	2,153,316
1934	2,760,451	1965	3,987,690	1996	2,089,578
1935	2,659,218	1966	3,948,193	1997	2,021,909
1936	2,591,309	1967	3,910,509	1998	1,967,208
1937	2,549,772	1968	3,868,854	1999	1,902,588
1938	2,514,595	1969	3,817,846	2000	1,841,169
1939	2,482,291	1970	3,763,213	2001	1,774,200
1940	2,457,263	1971	3,718,718	2002	1,727,505
1941	2,451,301	1972	3,661,507	2003	1,671,255
1942	2,478,892	1973	3,611,448	2004	1,617,032
1943	2,561,844	1974	3,561,767	2005	1,569,812
1944	2,719,607	1975	3,512,628	2006	1,525,131
1945	2,896,343	1976	3,470,980	2007	1,483,449
1946	3,097,713	1977	3,418,844	2008	1,444,823
1947	3,281,371	1978	3,360,409	2009	1,404,059
1948	3,426,155	1979	3,304,334	2010	1,373,453
1949	3,545,757	1980	3,251,528	2011	1,336,503
1950	3,644,634	1981	3,188,175	2012	1,306,539
1951	3,726,744	1982	3,121,746	2013	1,246,241
1952	3,808,364	1983	3,060,242	2014	1,211,183
1953	3,893,530	1984	2,992,389	2015*	1,161,253
1954	3,964,118	1985	2,914,421		

NOTA: *Indica o ponto mais baixo ** Indica o ponto mais alto

Fonte: <http://www.msana.com/msastats_02to03.asp>.

O ponto alto foi o ano de 1959, quando apresentou o total de 4,1 milhões de maçons, e o mais baixo se verifica no último ano analisado, 2015, com 1,16 milhão de maçons.

A visão em gráfico seria a seguinte:

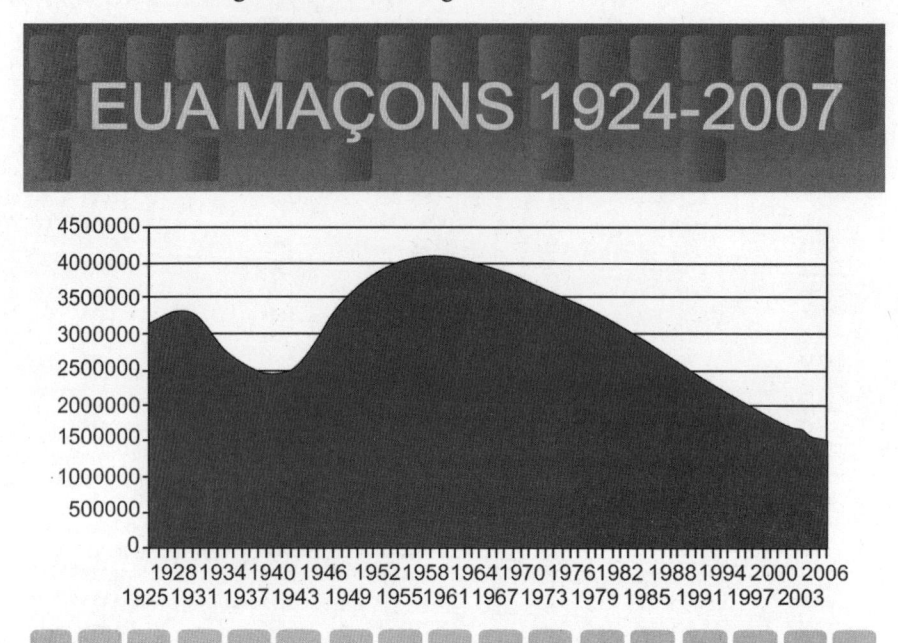

EUA MAÇONS 1924-2007

Fonte: <http://bessel.org/masstats.htm>.

A tabela a seguir apresenta o percentual de maçons em relação à população dos Estados Unidos, confirmando a regra:

População Maçônica X População dos EUA 1930-2000

Censo	População EUA	Maçons EUA	% de Maçons
1930	123,202,264	3,216,307	2.66%
1940	132,164,569	2,457,263	1,86%
1950	151,325,798	3,644,634	2,41%
1960	179,323,175	4,099,219	2.29%
1970	203,302,031	3,763,213	1.85%
1980	226,564,199	3,251,528	1.44%
1990	248,709,873	2,531,643	1.02%
2000	281,421,906	1,841,169	0.65%

Tabela do Censo dos EUA e da Associação de Serviço Maçônico da América do Norte
Fonte: <http://freemasoninformation.com/2009/06/there%E2%80%99s-a-hole-in-our-bucket/>.

Se o quadro é negro, os diagnósticos sobre as causas do fenômeno deixam a desejar por serem, com raras exceções, superficiais e ingênuos. As explicações e os diagnósticos dos franceses, por exemplo, como se verá a seguir, são bem mais sofisticados e profundos.

4 – Europa, Especialmente a França

O diagnóstico do continente europeu vai se ater aos franceses, que possuem uma visão bem mais sofisticada do que os ingleses para explicar o declínio da Maçonaria, como se verá a seguir. Serão comentados os livros e o artigo dos seguintes Irmãos:

- Albert Lantoine: *Finis Latomorum? La Fin des Franc-Maçons?* (1950);
- Jean Bénédict: "Fin de la Maçonnerie?" (2001);
- Alain Bauer: *Le Crépuscule des Frères: La Fin de la Franc-maçonnerie?* (2005);
- Alain Guyard: *La Fin de la Franc-maçonnerie* (2003).

Deixa-se o livro de Alain Guyard para o fim deste capítulo por apresentar uma visão mais sistematizada sobre a crise da Maçonaria, fruto, segundo ele, de uma crise civilizacional. Sua visão abrangente – pode-se não concordar com ela – apresenta observações heterodoxas do fenômeno das evasões maçônicas e suas causas.

4.1 *Finis Latomorum? La Fin des Franc-Maçons* (Finis Latomorum? O fim dos maçons), de Albert Lantoine[10]

Este pequeno livro (opúsculo), publicado há mais de 50 anos, é hoje uma raridade (o meu custou quase 250 dólares); apresentava uma radiografia da Maçonaria que se tornou comum nos dias de hoje. Lantoine, aristocrático como sempre, faz uma descrição dos principais problemas da Maçonaria, já em seu índice, tais como: a política, a propaganda, a decadência, o remédio, a inutilidade das obediências francesas, as relações internacionais, a ortodoxia dos trabalhos, a utilidade passada das obediências francesas, a falência das obediências francesas, da independência das Lojas, frivolidades dos ritos e a conclusão.

Em termos históricos, constata que a Maçonaria na França já nasceu subversiva:

> "quando muitos de seus altos dignitários vieram implantar a Ordem em nosso país e enriquecer seu próprio quadro de matrículas das Lojas que eles criaram, não podiam ignorar que toda Sociedade – seja qual fosse, salvo a Academia [francesa] – estava interditada no Reino [de França]. Essa nova Sociedade, que além do mais tinha a pretensão de ser secreta, se encontrava por sua própria existência – e com a cumplicidade da Inglaterra – a se insurgir contra o rei".[11]

---

10. Nasceu em Arras (1869-1949) na mesma casa de Robespierre. Escritor maçom e ensaísta francês. Venerável Mestre da Loja Jerusalém Escocesa, historiador oficial renomado da Grande Loja da França, membro do Conselho Federal da GLF, bibliotecário do Supremo Conselho do REAA, membro ativo da Loja n. 4 do "Droit Humain". Defendeu o comportamento político do maçom como liberal e tolerante. Combateu a política "impura" e, a seu ver, a decadência da Maçonaria se devia à "propaganda" e ao "enfeudamento" ao regime político da Terceira República. O remédio seria a supressão da centralização das Lojas. Amigo de Oswald Wirth. Escreveu o monumental *História da Franco-Maçonaria Francesa, Hiram Coroado de Espinhos, Carta ao Soberano Pontífice*, e o *Finis Latomorum* é seu livro póstumo. Tinha uma visão aristocrática da Maçonaria. O fim de Lantoine foi triste. De uma família rica, ficou pobre com a invasão alemã na França. Os alemães pilharam seus documentos, coleções e biblioteca. Tentou suicidar-se em 1948 se atirando no Sena. (Prefácio de Daniel Ligou *in* Lantoine, 1981).
11. LANTOINE, Albert. *Finis Latomorum? La Fin des Francs-maçons?* Paris: Éditions de l'Ermite, 1950, p. 19. As citações transcritas foram retiradas desta obra.

Ao analisar a ambiência na formação e na consolidação da Maçonaria na França, não deixa de alertar:

"dado que a Maçonaria francesa não pode abstrair a ambiência, que sua vida, tolerada e não oficialmente reconhecida, depende do humor sempre instável dos governantes, ela sofre dessa tutela larvar"(p. 20).

Destaca o papel estratégico do liberalismo como ideologia da Ordem:

"destaque essencial: o liberalismo não desmente o conceito de tolerância imposto pela Bíblia da Ordem; ele não é o monopólio de um partido. Todos os fervores políticos fraternizam sobre as 'colunas' do Templo: imperialistas, monarquistas, republicanos, todos deixam no vestiário suas opiniões respectivas"(p. 21).

Constata que, no tocante à propaganda, ela enriquece materialmente a Maçonaria, mas a empobrece moralmente (p. 28). Como desvio da fraternidade, denuncia a vulgarização da Ordem. Exemplifica com o sinal de socorro que deveria ser destinado, sobretudo em caso de guerra, a provocar a generosidade do maçom inimigo e que somente os mestres teriam seu conhecimento (p. 31).

Como sinal de seu aristocratismo, faz um símile da Maçonaria com o Catolicismo. Cita São Francisco de Sales, que sentia saudades do tempo do Cristianismo antigo: "quando os cálices eram de madeira, os sacerdotes eram de ouro". Nesse tempo, a Igreja contava com fiéis; hoje, com partidários. Ela também, a Igreja, conheceu a deserção das elites. Somente se encontrará a Palavra Perdida nas "obscuras claridades" das catacumbas (p. 33).

Não chama a Maçonaria de sociedade secreta nem de discreta, mas fechada (a Maçonaria não é secreta, a não ser por seu comportamento interior – p. 37).

Diz com todas as letras: "com o advento do regime republicano de 1871 começa a decadência da Maçonaria francesa"(p. 38). Essa decadência se acentuará na medida em que a demagogia triunfa sobre a democracia.

Não deixa de reconhecer, contudo, o papel que a Maçonaria exerceu no tocante à abolição do clericalismo, ou seja, a influência do clero nos assuntos de Estado (p. 82). Esse papel ativo, contudo, que as circunstâncias a obrigaram a tomar, acabou. Ela não está mais na ordem do dia, e, sem ser cruel, ela não conta mais (p. 83).

Conclui dizendo que:

"o remédio que nos preconizamos tem uma decadência indiscutível – provocado depois de anos pelo comportamento lamentável de parte da Ordem e recentemente pelo desânimo que tem causado a certos Irmãos os tormentos de toda sorte que tem valido quatro anos de ocupação alemã – será possível substituir a Maçonaria na estima das elites?"(p. 97)

A visão de Lantoine tem a ver mais com uma profecia *avant la lettre* do que com uma análise sociológica mais aprofundada das causas da decadência da Maçonaria.

4.2 "Fin de la Maçonnerie?" (Fim da Maçonaria?), de Jean Bénédict[12]

Jean Bénédict, em seu artigo, começa afirmando que faz mais de 50 anos que Albert Lantoine, de maneira profética, dizia que terminou o papel ativo da Maçonaria, que as circunstâncias a obrigavam a tomar. Ela não está mais na ordem do dia e, sendo cruel, ela não conta mais. Os partidos políticos não necessitam mais dela. Eles a consideram mesmo com humor indulgente que nós testemunhamos ao lado dos velhinhos que se obstinam em entender que sua hora passou (Lantoine, p. 83).

---

12. Nascido em 1928, estudou nos Estados Unidos, Alemanha e Suíça. Foi iniciado em 1973 na Loja Liberdade, de Lausanne, ligada à Grande Loja Suíça Alpina – GLSA, onde ocupou diversos postos até chegar ao veneralato. Jean Bénédict é autor de diversos artigos e trabalhos de erudição, publicados na *Revue Alpina*. Membro fundador e presidente de honra do Grupo de Pesquisa Alpina – GPA, criado em 1985 em Berna, reconhecido pela GLSA em 2002. O GPA edita a revista *Masonica*.

Aquilo que era restrito a segmentos da elite maçônica parece que hoje é partilhado pelo grande público. Mais de 50 anos depois e, sobretudo, no mundo maçônico, os gritos de alarme se fazem ouvir, exprimindo as inquietudes. As evasões, principalmente no mundo anglo-saxão, são alarmantes. Na Alemanha e na Suíça, apesar de não ser tão profunda quanto nos países de língua inglesa, é preocupante.

A Maçonaria opera em dois domínios: i) o trabalho do indivíduo sobre ele mesmo; e ii) sua ação sobre o mundo. Aqui se instala a dicotomia fundamental. Dependendo da ênfase que se dê a cada um desses domínios, seguirá um comportamento diametralmente oposto, seja no que concerne ao indivíduo, à Loja ou à obediência. Se se prioriza o indivíduo, com o risco de parecer egoísta, o maçom se fecha à sociedade. Não se coloca em dúvida o trabalho individual, mas a presença do maçom no mundo está em crise, no tocante aos valores sociais da Maçonaria, de sua cultura em relação à sociedade civil. Cada vez menos pessoas se interessam sobre o que ela tem a dizer.

Duas são as causas dessa falta de importância atual apontadas pelo maçom Arved Hübler:[13]

- A primeira reside no perfil intelectual dos Irmãos: no nascimento da Maçonaria especulativa, contavam-se inúmeros maçons entre os grandes espíritos da época, engajados em ação social, intelectual e política. Desde a metade do século XIX, as Lojas se tornaram clubes (como Rotary, Lions, etc.) onde se buscam, sobretudo, as honrarias. Tornou-se assim o lugar de encontro da pequena burguesia. Os políticos, os artistas e os executivos da economia brilham por sua ausência. Se o caráter da igualdade é agradavelmente reforçado, perde-se a antiga natureza elitista da Ordem;

- A segunda é relativa ao caráter humanitário da Maçonaria que é doravante realizado. Um Irmão, fundador da Maçonaria especulativa que, por milagre, observasse nossa sociedade,

---

13. Arved Hübler: "Die Loge als Oberammergau der Aufklärung, über das Ende der Freimaurerei und was danach kommt", TAU, I/2001, QC Bayreuth, pp. 41-46 *apud* Bénédict (2001).

constataria que os valores pelos quais ele lutava entraram largamente nos costumes sociais: os Direitos do Homem, a igualdade de direitos, o desenvolvimento da personalidade, a democracia, etc. ficaram banalizados, mesmo que existam ainda algumas lacunas. O problema teórico e intelectual foi resolvido, assim a Maçonaria humanitária tornou-se supérflua. Sem dúvida existe muito ainda a fazer, mas os problemas práticos são agora objeto de organismos profanos institucionais: a assistência social, o seguro-saúde, pensão vitalícia, a Anistia Internacional, os Médicos sem Fronteiras, os partidos políticos, os "pastores", etc.

Assim, uma "plataforma" maçônica fundada sobre os valores do Iluminismo (ver Anexo) tornou-se supérflua, visto que os políticos têm tido largamente a ocasião de os defender contra os detentores do poder político, religioso e feudal.

Continua a questão crucial de saber se o fim, nobre e exigente, de portar a herança das Luzes no meio pequeno-burguês (respeito pela democracia e pelo próximo, as obras caritativas, a fraternidade e outros ideais maçônicos) pode ser alcançado pela Ordem. Parece que não, visto que nem nossos meios de comunicação nem nossos temas de estudos podem agir sobre o mundo profano como um todo, nem em extensão nem em profundidade.

Finalmente a Maçonaria se resume a uma associação – nostálgica – para a conservação da tradição, justamente capaz de aumentar o ego de algumas pessoas sem lustre e com motivos para se fantasiarem com os aventais e alfaias maçônicos, um pouco como os grupos folclóricos. Assim, o movimento maçônico será alçado ao último estágio de seu desenvolvimento, visto que as questões modernas da atualidade não são mais suscetíveis de encontrar uma resposta adulta, nem na terminologia nem em uma pretensa filosofia maçônica. Hübler cita ainda a técnica genética, a invasão da informação pela internet, a globalização que destrói as particularidades culturais regionais e tantos outros temas que ficam sem resposta. Todas essas questões não encontram mais solução por meio de uma concepção clássica, esclarecida e humanitária do mundo e do homem (p. 16).

À medida que o contexto muda, torna-se imperativo reformular as ideias e os conceitos, o que poucos ousam fazer, e isso se traduz em um conservantismo esclerosado. Bem ao contrário, segundo Hübler, convém reativar o impacto do ritual e do simbolismo a fim de encontrar a verdade aplicável à época presente, graças aos ensinamentos dos Antigos. Hübler concorda com Lantoine que a Maçonaria deve retomar sua "força e vigor", pois ela tinha um magnífico instrumento intelectual e moral no passado para analisar o mundo e o homem. Não se deve cair no sentimentalismo tão frequente nas Lojas atuais e que é um fator de fraqueza.

Hübler não propõe em definitivo uma tomada de consciência que envolva uma nova formulação de nossas ideias, adaptada à nossa época. Pode-se esperar algo de novo nessa seara?

Se a famosa profecia de Malraux – o século XXI será aquele da espiritualidade – se realizar, não nos restará mais que apertar os parafusos, ou seja, contar unicamente com a qualidade em detrimento da quantidade. Lá também não há nada de novo sob o sol: tem-se falado frequentemente sobre as condições úteis e necessárias para as Lojas simbólicas, e somente elas asseguram a perenidade de nossos processos iniciáticos e de nossos ideais. Nada mudou; nada mudará. A iniciação é extratemporal e universal. Finis Latomorum? NÃO.

4.3 *Le Crépuscule des Frères: la Fin de la Franc-Maçonnerie?* (O crepúsculo dos Irmãos: o fim da Maçonaria?), de Alain Bauer[14]

Bauer gasta metade de seu livro descrevendo a gênese da Maçonaria inglesa, a saga do Grande Oriente de França (GOF ou GODF) no qual foi Grão-Mestre, os conflitos entre a Maçonaria inglesa e francesa.

---

14. Nascido em 1962, descendente de família judaica perseguida nos pogroms da Europa Oriental. Filiado desde os 15 anos ao Partido Socialista. Professor de criminologia aplicada na Sorbonne, na Escola de Oficiais da Gendarmeria Nacional, no Conservatório Nacional de Artes e Ofícios e consultor em segurança. Autor de cerca de 30 livros sobre Maçonaria e cerca de 40 sobre criminologia. Foi consultor de segurança e de terrorismo. Foi Conselheiro da Ordem – GODF, e adjunto de Grão-Mestre Philippe Guglielmi de 1996 a 1999, posteriormente Grão-Mestre do Grande Oriente de França – GODF de 2000 a 2003. Demitiu-se de todas as suas responsabilidades no GODF em 2005. Comendador da Légion d'Honneur, Oficial da Ordem Nacional do Mérito, Comendador das Artes e Letras.

Constata que entre as duas guerras a Maçonaria sofreu uma crise mundial (Bauer, p. 71). De 6 ou 7 milhões de Irmãos e algumas irmãs recenseados entre os anos 1940-50, dos quais 4 milhões nos Estados Unidos e quase 1 milhão na Inglaterra, restam hoje algo em torno de 1 milhão. Nos Estados Unidos, uma boa parte paga uma quantia maior e fica como membro por toda a vida, apesar de não mais frequentar a Loja. Na Inglaterra, um Irmão médio coloca os pés na Loja cinco ou seis vezes por ano, no melhor dos casos, duas vezes ou menos para participar de banquetes...

Na França, a situação é um pouco melhor, pois existem (2005) algo em torno de 140 mil Irmãos e irmãs e as iniciações continuam estáveis. Contudo, quantitativamente, a Maçonaria desaparece pouco a pouco, vítima de sua incapacidade de se renovar no mundo anglo-saxônico. Mas na Europa, o espaço maçônico liberal, adogmático, laico, não consegue sempre compensar as perdas, e a representação no mundo asiático é ínfima (p. 73). Ilhas subsistem nos países francófonos e sinais encorajadores existem na América do Sul. A África continua gangrenada pela corrupção, malgrado alguns sinais alentadores nas elites estatais para encontrar a mensagem original.

Discute, em seguida, o conceito inglês da regularidade (*regularity*) que é causa de conflito entre a Maçonaria francesa e anglo-saxônica. Regularidade, irregularidade, reconhecimento, clandestinidade, etc. são conceitos que os maçons adoram discutir. O conflito inglês-francês culmina em 1877 quando a Grande Loja Unida da Inglaterra (GLUI) declara irregular o Grande Oriente de França (GOF). Em 1929, a GLUI publica seus princípios de reconhecimento das obediências estrangeiras em número de oito. Em 1913, cria-se a Grande Loja Nacional Francesa (GLNF) que recebe o reconhecimento de Londres. Fica então consolidada uma linha de divisão entre duas Maçonarias: a regular anglo-saxônica e a continental, latina e de influência francesa. É a primeira que, por todo o mundo, está moribunda, pois toda Maçonaria que segue seu exemplo compartilha sua sorte. A tal ponto que doravante, tanto na Inglaterra quanto nos Estados Unidos, os francos-maçons inteligentes e sinceros dirigem suas vistas para a velha Europa no intuito de reexaminar outro modelo maçônico: o modelo francês (p. 83).

Caracteriza então o modelo francês dando um bosquejo sobre o mesmo. Diz-se frequentemente que a característica da Maçonaria anglo-saxã é o seu apego aos princípios religiosos e que o trabalho das Lojas parece como de uma capela interconfessional. É um pouco verdade. Mas se justamente na Inglaterra as igrejas se esvaziam a uma grande velocidade, por que as Lojas ficariam abarrotadas? Os maçons ingleses estão passando mais tempo nos *pubs* do que nas Lojas. Os maçons ingleses que visitam a França dizem que as Lojas se esvaziam porque os quarentões que querem mudar de ideia e esquecer o estresse do trabalho e da vida cotidiana podem ir ao teatro ou ao cinema, que são bem mais baratos do que a Maçonaria. Outros invocam a organização arcaica, opaca, autocrática e rígida de uma Grande Loja da qual nada, ou quase nada, passa por eleição, e um Grão-Mestre vitalício nomeia durante décadas os principais responsáveis. Tanto isso é verdade que "Grande Loja-Mãe", como ela gosta de ser chamada, sofreu uma cisão. Certamente que a Grande Loja Regular da Inglaterra (http://www.rgle.org.uk/RGLE.htm) ainda é minúscula, e talvez não sobreviva. Pouco importa: é a primeira vez que tal acontecimento se produz desde 1823... (p. 86).

Sabe-se que a referência pública e cotidiana aos princípios religiosos é um traço cultural inglês e não necessariamente uma profissão de fé; não se sabe por que os maçons ingleses, filhos de uma nação que contou com inúmeros filósofos de renome e de sábios muitas vezes iconoclastas (de Locke a Darwin), recusam-se a debater as grandes questões da condição humana. Jamais se discutiu isso em Lojas, mas eles talvez estejam se preparando para discutir.

A Maçonaria francesa poderia agora desistir de seus princípios? Na França, a Maçonaria está engajada em uma luta de liberação dos indivíduos. Pioneira da democracia interna, do sufrágio universal, da abolição da escravidão, das liberdades individuais e públicas, de uma justiça equitativa, do direito de escolha para as mulheres, das leis sociais, da liberdade de opinião ou associação, da laicidade, do direito de morrer com dignidade, da liberdade de pesquisa, etc., a Maçonaria conseguiu, depois de três séculos, influenciar o progresso das sociedades. Ainda resta muito a fazer, as obediências maçônicas não conseguiram ainda se reformar para agir verdadeiramente, tanto no concerto europeu quanto no mundial.

Essa dificuldade de apreender o universal, apesar de a Maçonaria, pelo seu caráter único da iniciação, ser a primeira sociedade globalizada da História, constitui a principal ameaça para o futuro da Ordem (p. 87).

A Maçonaria francesa, coetânea das Luzes, liquidada sob o Terror, Maçonaria de Estado sobre o Império, construtora dos valores da República em 1848 e de suas instituições depois de 1871, dizimada durante a colaboração, se fez cada vez mais discreta durante longo tempo. Nesse início de milênio, a Maçonaria na França e no mundo está dividida, dispersa, em plena crise moral e de estruturas (p. 89).

Quanto ao desafio cultural da Maçonaria francesa, convém salientar que cada século tem sua Maçonaria. No século XVIII, ela foi povoada de grandes aristocratas, e depois de bons burgueses. Foi em seu seio que todos se esforçaram para criar uma nova sociabilidade,[15] até então inusitada, capaz de remover barreiras em uma sociedade ainda prejudicada pelos interditos de castas, de opiniões e de crenças. E porque ela foi um dos espaços emblemáticos de realização dessa necessidade coletiva, então sentida pela sociedade europeia, que a Maçonaria foi tão brilhante, tão criativa e por vezes tão temida no século das Luzes (p. 134).

Após a Revolução, na qual ela foi uma das causas involuntárias e paradoxalmente uma das primeiras vítimas, exposta à hostilidade dos governos autoritários e de uma intolerância religiosa, ela tornou-se o cadinho natural de um combate que durou quase um século, para o estabelecimento da República e da construção de um Estado laico.

---

15. O conceito de sociabilidade tem sido muito utilizado nos trabalhos acadêmicos sobre Maçonaria desde a publicação do livro seminal de AGULHON, Maurice. *Pénitents et Francs-Maçons de l'Ancienne Provence*. Paris: Fayard, 1968. (N. do A)

Enfim, nas convulsões políticas e guerreiras do começo do século XIX, durante 40 ou 50 anos, ela foi sob muitos aspectos o último baluarte de certos valores essenciais, como a liberdade de pensamento e o respeito da dignidade humana. Eis por que em 1940, pela primeira vez em sua história, tentou-se erradicá-la. Ela não conseguiu se levantar completamente dessa queda de 1940.

Visto isso, surge a pergunta: a que serve hoje a Maçonaria? Qual é no presente seu vetor cultural, suscetível de substituir a dinâmica das Luzes que ela carregava há três séculos, ou aquele ideal republicano e laico há cem anos?

Parece que os mais brilhantes espíritos de nossa época não são mais tentados a pertencer à Maçonaria, que apaixonava no passado; hoje o que se vê são membros de classe média acomodados. Assim, a Maçonaria deve urgentemente reinvestir no campo cultural, reestruturando e revivescendo o debate em suas Lojas, renovando sua temática e fazendo, enfim, um compartilhamento do fruto de seu trabalho a todos aqueles que se apaixonam pela reflexão e que se interrogam, mesmo fora das Lojas.

A literatura maçônica, ou aquilo que assim se chama, é, no mais das vezes, de uma mediocridade e de uma pobreza aflitivas. Nas livrarias, os livros maçônicos são encontrados juntos daqueles que falam sobre tarô, Óvnis, parapsicologia. Ela não deveria merecer uma sorte melhor (p. 141). Existe um público ávido em saber coisas sérias sobre a Maçonaria. Depois de 30 anos na França, enquanto as igrejas estão desertas e os seminários vazios, as Lojas ainda se mantêm com certo elã.

Os maçons franceses de hoje tentam realizar um velho sonho de inspiração cristã que a Maçonaria carregou depois do começo do século XVIII e que se formula assim: *"O outro é meu Irmão"*.

Resta dizer que a vitória histórica da Maçonaria sobre o ultramontanismo e a intolerância católica do século XIX não foi uma vitória doutrinal, muito menos política, mas antes de tudo uma vitória cultural e ética. Em face de todas essas aflições, angústias e desafios de nosso tempo, que se impõem a cada um de nós, se a Maçonaria não souber elaborar um projeto cultural não terá vida muito longa.

4.4 *La Fin de la Franc-Maçonneria* (O Fim da Maçonaria), de Alain Guyard[16]

Guyard (2003) apresenta sua *Weltanschauung* maçônica e os problemas da Maçonaria no livro mencionado. Convém aqui estender um pouco mais os comentários e transcrições pela visão filosófica (não é preciso concordar com ela) e original de Guyard. O livro é composto das seguintes partes: i) introdução; ii) Maçonaria burguesa; iii) Maçonaria fundamentalista; e iv) Maçonaria a golpe de martelo.

4.4.1 Introdução

Começa dando seu recado: "A burguesia conhece hoje uma extensão planetária de seus valores, e os sinais precursores de sua asfixia; e como a Maçonaria foi a matriz na qual a burguesia tomou consciência de sua existência, a Maçonaria entra hoje por sua vez em agonia".[17] Que diferença da visão anglo-saxônica, não só por ser de *gauche*, mas também por apresentar a crise maçônica dentro da crise da civilização moderna. A Maçonaria, que apresentou no início da burguesia em ascensão uma proposta reformista religiosa e política e, em alguns casos, até mesmo revolucionária, hoje se encontra amortecida e dopada, pois está sendo superada pela crise da mundialização (os franceses não gostam do termo globalização, pois o consideram anglo-saxão).

Não se deve então se assustar com os escândalos[18] que regularmente respingam na Venerável Ordem, principalmente os de corrupção. Os escândalos maçônicos seriam o espelho no qual a filosofia liberal pode e deve contemplar seus próprios limites (p. 10). Para fugir dessa extinção da Maçonaria liberal na Europa e, principalmente na

---

16. Filósofo francês nascido em 1966. Após seus estudos de filosofia e de pesquisas consagrados ao imaginário no Centro Bachelard de Dijon, Glasgow e Mayence, estudou no Centre National de la Recherche Scientifique (CNRS). Escreveu em 1990 uma tese consagrada à alquimia, intitulada *Résurgence de l'imagination magico-religieuse chez Bachelard ou Bachelard le passeur d'Hermès*. É também autor de peças teatrais. Conhecido também sob o nome literário de Alain-René Königstein, de René Witzhard, de Un Académicien sans académie e de Lazare Vilain. Disponível em: <https://fr.wikipedia.org/wiki/Alain_Guyard>. Acesso em: 23 jul. 2017.
17. GUYARD, Alain. *La Fin de la Franc-maçonnerie*. Paris: EDIMAF, 2003. p. 9.
18. Escândalos de corrupção pululavam na Maçonaria francesa nos últimos anos. (N. do A.).

França, boa parte dos maçons busca retornar a um estado de civilização escoimado pela revolução da modernidade. Refugiam-se no tradicionalismo – muitas vezes fundamentalista, imaginando-se estar ao abrigo das mutações bruscas do tempo presente. Guyard apresenta, assim, um quadro quantitativo em 2003: 60 mil maçons franceses nas Obediências liberais contrapondo-se aos 30 mil das Obediências dogmáticas que querem promover um retorno à metafísica tradicional nos assuntos religiosos por meio da defesa de Cristo e de seus emissários (p. 11). Negam o conflito capital *versus* trabalho, reforçam a política de identidade nacional e negam algumas conquistas da Revolução Francesa.

Os dois paradigmas dominantes na Maçonaria – burguesismo (liberalismo) e fundamentalismo – são os signos precursores que abalam a Maçonaria e a sociedade em geral. Passa a analisar então esses dois paradigmas e uma terceira saída para que ela não faleça.

4.4.2 Maçonaria burguesa

4.4.2.1 A Maçonaria filha e serva da burguesia

Segundo Guyard, a Maçonaria nasceu nas convulsões de um século que viu a aristocracia ser despojada de seu poder por uma burguesia nascente, que buscava criar e estabelecer um espaço privado (ver Habermas).[19] Descreve a Maçonaria moderna nascendo nos subúrbios londrinos, composta de aventureiros. As Lojas se tornam o espaço onde se balbuciam os novos sonhos, banhados por uma nova sociabilidade. Pequenos comerciantes, vendedores de estofados, mercadores de madeiras, curas embriagados pelas efusões sentimentais de Rousseau, aristocratas convivendo com plebeus, novos ricos, sem sangue azul, ávidos de encontrar um espaço, e protetores, aventureiros da bolsa de valores e agentes de câmbio (p. 22). Não queriam mais ter um direito recebido do alto em filiação direta com Deus e sob controle episcopal do sagrado, mas vindo de baixo, deles mesmos. Buscando valores mais igualitários, começaram a sonhar com sua nova soberania que demitisse a antiga, a milenária, soberania

---

19. HABERMAS, Jürgen. *Mudança Estrutural da Esfera Pública*. Rio de Janeiro: Tempo Brasileiro, 1984.

de Deus. Eis que o direito de propriedade substitui aquele de Deus. Compreende-se, pois, que desde a Declaração dos Direitos do Homem e do Cidadão de 1789, a propriedade torna-se um *direito inalienável e sagrado*. A propriedade coloca bolas pretas para a divindade. "Hosanah, Hosanah! Existe somente a Propriedade, e o Burguês é o seu Profeta" (p. 22).

A Loja será o espaço que servirá para essa substituição dos valores do *Ancien Régime* para os novos valores burgueses. Mimando a aristocracia e a nobreza de toga e beca, substituindo a missa por uma bricolagem dos rituais, deixando livre curso para a fantasia, os burgueses realizam a experiência subjetiva da dessacralização das ferramentas simbólicas pela qual o regime feudal, aristocrático e religioso, teatralizava seu poder real sobre a sociedade. Estava em marcha a desconstrução do *sagrado institucional*. A dessacralização do sagrado não se pode fazer senão substituindo os ritos, nos quais a fonte é considerada como divina e imemoriável (missa dominical, sagração do rei, festas votivas nas áreas rurais, etc.), por outro sagrado de substituição, feito por homens, ao sabor de suas fantasias e de sua vontade histórica, humana e relativa. A nova imaginação não tem limites: rituais de um novo gênero que consagram um Inspetor-Geral do Templo de Salomão; Grande Sacerdote de Zorobabel; sublime Príncipe do Segredo Real, e outros gracejos do mesmo porte. Hoje em dia isso não causa mais escândalo, mas na época era revolucionário...

4.4.2.2 O niilismo dos valores liberais

A Maçonaria começou alardeando os valores da burguesia, que estão consubstanciados no liberalismo – político, filosófico, religioso, econômico –, buscando com isso substituir os valores do *Ancien Régime*. Contudo, o que se assistiu historicamente não foi à substituição dos velhos pelos novos valores, mas a uma erosão dos valores antigos, sem serem substituídos por novos valores. A sociedade tradicional era fortemente cimentada em torno das pedras angulares, que foram primeiramente a de sangue e a de guerra – para segurar o conjunto do corpo social – e secundariamente, o clero – que unia misticamente o corpo de Cristo. *Dieu et mon Droit*. Desse modo, o feudalismo atrelava poderosamente a unidade tradicional do sabre e do aspersório,[20] cimentando o conjunto do corpo social (o povo), o corpo político (a nobreza) e o corpo místico (Cristo no meio dos homens graças à Igreja). O liberalismo burguês vai erodir esses três corpos unidos antes na mesma fusão metafísica. O corpo social será dissolvido pelo individualismo egoísta: o povo, como entidade una e indivisível, sob o olhar do rei e de Deus, foi sendo desconstruído em pequenas unidades de consumo (as famílias) e de produção (as fábricas). O corpo político é dissolvido pela possibilidade de uma reivindicação democrática, mais adaptada à extensão do regime de crescimento. O corpo místico, enfim, é dissolvido pela burguesia que sustentará o relativismo moral e a indiferença religiosa. Sob esse bordão, o teísmo se transforma em deísmo e depois em ateísmo pelo pecado da indiferença (para que serve a religião quando estamos mergulhados nos negócios?) (p. 29).

Assim, a Maçonaria que difunde seus *ideais* não o faz de maneira positiva, promovendo os novos valores burgueses e liberais, que deveriam substituir os antigos. Ela dissolve e desloca os valores tradicionais, diminui sua área de influência e reduz seu alcance. A Maçonaria não é então uma instituição para a invenção dos valores modernos que deveriam substituir os antigos. Ela é como o liberalismo, uma empresa de aniquilação de valores, de todos os valores, uma desativadora sistemática da operatividade dos valores religiosos, mercantis e políticos tradicionais.

4.4.2.3 O niilismo do liberalismo político

Carl Smith[21] dizia com razão que não há projeto político do liberalismo, porque o liberalismo tem por projeto o desaparecimento

---

20. Aspersório (latim: *aspergillum*; *aspergere* – aspergir) é um pequeno objeto onde se coloca água benta para o sacerdote aspergir o povo, lugares e objetos a ser abençoados.
21. Carl Schmitt (1888-1985) foi um jurista, filósofo político e professor universitário alemão. É considerado um dos mais significativos e controversos especialistas em direito constitucional e internacional da Alemanha do século XX. Sua carreira foi manchada por sua proximidade com o regime nacional-socialista. Seu pensamento foi influenciado, em parte, pela teologia católica, tendo girado em torno das questões do poder, da violência, bem como da materialização dos direitos. Além de direito constitucional e internacional, sua

da política (p. 31). A sociedade pré-moderna, tradicional, dispõe de uma forte coesão política. A pressão da cidade é tal que, do alto, ela se imbrica na cidade de Deus e busca aperfeiçoar as analogias e, embaixo, ela organiza com tal cuidado os deveres do homem inscrito na cidade e no cosmos. A entrada na modernidade se faz com uma ruptura cósmica considerável. Maquiavel estuda a política, integrando a possibilidade e mesmo a necessidade de uma contradição entre a moral e o exercício do poder, e, um pouco depois, Montesquieu reclama contrapoderes para refrear o abuso que está inevitavelmente no cerne da autoridade. Pouco a pouco, é todo um universo político, harmonioso, coerente e divino que desaparece. Para deixar espaço a quem? Ao indivíduo. Se na pessoa, na política tradicional, deve se fazer a fusão com um cosmos sacralizado, no mundo moderno, o indivíduo busca, ao contrário, afirmar com força sua independência e sua vontade contra todas as solidariedades, cósmica, religiosa, política ou societal. Por consequência, para responder a essa demanda separatista da parte do indivíduo, a política liberal se ocupa prioritariamente em desemaranhar os liames tecidos sabiamente pela política tradicional (p. 32). O resultado é a dissolução das antigas solidariedades aldeãs, arcaicas, familiais e comunitárias. O indivíduo, essa invenção concluída pela burguesia, logo que ela conquista a posição dominante no século XVIII, é esse ser atomizado, mononuclear, aliando-se à vontade dos contratos com outros átomos, eles também em queda livre no vácuo do espaço público. Sempre se considerou o contrato uma invenção política absolutamente nova, do qual vão derivar o mercado e a democracia. Para Guyard, o contrato não é uma ruptura com as formas políticas anteriores, mas, ao contrário, uma figura diluída e desbotada do pacto arcaico.

4.4.2.4 O niilismo do liberalismo econômico

O segundo aniquilamento de valor foi feito no espaço econômico e mercantil. Na sociedade tradicional ocidental, na época medieval,

---

obra abrange outros campos de estudo, como ciência política, sociologia, teologia, filologia germânica e filosofia. Ademais, de sua produção literária constam não somente textos de natureza jurídica ou política, mas também sátiras, relatos de viagem, investigações em história intelectual e exegeses de textos clássicos da língua alemã. (N. do A.)

o valor de troca era transbordado em toda parte por um sobrevalor, por uma elevação da despesa e não do ganho. Um dia em cada quatro não se trabalhava. Não para recuperar as forças produtivas esgotadas pelo esforço do trabalho, mas para fazer a festa e consumir os produtos acumulados. A noção do tempo é circular, pois o retorno do sol, das colheitas e do Cristo ressuscitado é periódico. A sociedade deve retornar a ela mesma, apagando as dívidas e as acumulações. A modernidade apresenta um tempo linear, sem fim, sempre acumulando... Assim, o crescimento econômico é uma obrigação em razão da metafísica do tempo sob o qual repousa a modernidade. Nesse mundo cristocêntrico, o tempo é circular, as festas e as estações vão e vêm, os deuses ressuscitam e o sol sempre aparece vitorioso em sua luta contra as trevas, no dia seguinte. Eis por que a capitalização financeira e a usura são impossíveis na sociedade tradicional, visto que os deuses lavam cada ano a dívida do mundo. A economia de mercado se encontra nas antípodas dessa *estética econômica* (p. 42) e o capitalismo, convertendo homens, coisas e valores em mercadorias, os "horizontaliza", transforma-os em condição do aumento do lucro. Daí para a devastação ecológica é um passo.

4.4.2.5 O niilismo do liberalismo religioso

O terceiro aniquilamento de valor perpetrado pelo liberalismo é o religioso. Na sociedade tradicional, a religião aparece como o cimento, o liame que permite, em seguida, que a identidade política possa existir. Por isso a religião estará na linha de tiro do liberalismo. Mas ela não será aqui atacada no plano das ideias que veicula, sobre seus dogmas e sua ortodoxia, mas sobre sua função social de amálgama da sociedade. A Igreja sofre assim, contra toda a expectativa, a pulverização e uma sorte de suave e regular implosão de parte do pensamento liberal que não colocará em causa o sentimento divino, mas recusará que ela tenha tal influência social. A passagem do teísmo, com suas cerimônias maníacas e procedimentais, seus ouros e seus aparatos, ao deísmo, como puro sentimento, íntimo e individual, vem de lá. De Rousseau a Voltaire, passando por Montesquieu, é evidente que a entrada nos tempos modernos é também o encolhimento de Deus fora da esfera pública e seu entrincheiramento no coração solitário do fiel. Finalmente, o Protestantismo não pode ser outra coisa do que o *coitus interruptus* e a retração do pênis divino fora da matriz social e política (p. 44). Assim nasce a laicidade, uma forma da retirada de Deus para fora do ventre da política.

Mas existe outra coisa que permitia o religioso e que desapareceu com o liberalismo. Em seu tempo, a sociedade tradicional, com seus transes, seus loucos proféticos, seus psicotrópicos e seus carnavais, utilizava a religião para modificar o campo de percepção do profano, permitindo-lhe experimentações dos mundos metafísicos. Quer se trate de fantasmas derivados da ingestão de psicotrópicos derivados do trigo, ou de delírios psicóticos da pobreza substituindo o êxtase aos orgasmos, a realidade fenomenológica é indubitável: o mundo tradicional dos homens está na encruzilhada dos caminhos dos deuses, dos anjos e dos demônios (p. 45). Existem, pois, experiências de dimensões interiores, espirituais, que são constitutivas da natureza humana e que não podem ser encerradas nos limites profanos do entendimento, e que a autoridade eclesiástica organiza e rege a fim de dar sentido e sabor. Isso o liberalismo não pode entender e, portanto, irá desmontar em duas etapas. Primeiramente, ele irá desativar o vigor das experiências extáticas em um quadro estritamente ortodoxo. Já se viu como irá agir: convertendo o teísmo em deísmo e o fervor popular coletivo em sentimentalismo íntimo e solitário. Assim a Igreja perde seu poder porque o êxtase se torna raro, pois Deus se retira das multidões e se recolhe no íntimo das pessoas. Segundo, considerando que o apelo extático é constitutivo da natureza humana, o liberalismo irá buscar encantar uma parte do monopólio da Igreja, dando assim uma versão do êxtase e remendando, por sua vez, uma ciência das alterações de consciência. Serão primeiramente os psicotrópicos profanos, como os *antidepressivos* nos quais a polissemia é rica de sentido e que são distribuídos pelo corpo médico para dar aos cidadãos profanos sua microdose de beatitude (p. 46). Serão também, enfim, as grandes concentrações esportivas, em que o fervor religioso tem por função exaltar as almas até lhes proporcionar um frenesi de insensibilidade à dor e ao gosto do sangue. Culmina tudo isso com o delírio pela velocidade dos jovens automobilistas que morrem dentro dessas máquinas de aço de matar lançadas velozmente em vias anônimas, ou seja, a mudança de velocidade é substituída pela mudança de regime ontológico (p. 46).

4.4.3 Maçonaria fundamentalista

4.4.3.1 A burguesia, assassina cósmica

A guilhotina da Revolução não se ocupou somente de cortar a cabeça do rei e com ela toda uma classe que terminou no cesto da história; pensar assim é omitir que, na mentalidade tradicional, a morte do rei assume imediatamente as características de um drama cósmico. Para os tradicionalistas, o drama da Revolução não foram somente os arroubos de Danton e as restaurações religiosas de Robespierre, mas também que se jogou no coração do movimento político francês um *cataclismo* de dimensões cósmicas. Para os intelectuais do tradicionalismo, o corte das cabeças coroadas representou um *signo*, no sentido hermético e metafísico, de uma Queda da História, de uma passagem para a humanidade de um estado não somente político ou social, mas sobretudo ontológico (p. 73). Aos olhos dos reacionários integrais, os males e os remédios são da mesma natureza: o burguesismo matou a magia de um mundo acabado em que os homens, os deuses e o cosmos simpatizavam e se comunicavam entre si. Para esses intelectuais integristas, a subversão foi mais do que econômica e/ou sociológica, antes de tudo teve um caráter cósmico. Uma das consequências fundamentais da modernidade é, segundo eles, a perda do contato com o divino, a obturação dos canais que permitiam anteriormente a comunicação com as dimensões sacrais. Uma vez que o rei foi destituído, como manifestação do direito divino sobre o povo, significa que a vida perde a aura sagrada que o envolvia, nutria-o e o banhava. Eis assim por que o principal pecado de que é culpada a burguesia continua a ser, aos olhos dos reacionários integristas, o desencantamento do mundo, sua profanação, a perda da sacralidade; em uma palavra, a desorientação metafísica e sua desespiritualização. Reduzida, depois da reforma protestante e do cartesianismo, à posição de coisa extensiva, anônima, ocupando um volume dado no espaço dado, a matéria perde seu mistério, sua sensibilidade. Ela não é mais a morada na qual dormem os deuses da natureza, ela se torna estrangeira às solicitações da alma humana e se faz substância infinita disponível para um lucro infinito (p. 75).

4.4.3.2 Princípios da Maçonaria de ultradireita

A palavra de ordem de todo tradicionalismo é *Para trás, a todo vapor*, por razões históricas e metafísicas. Trata-se de preparar uma reforma cultural – e em seguida política –, cujo fim é refundar a civilização a partir de eixos que foram invertidos na virada do século XVIII. Isso porque toda escola filosófica tradicional é necessariamente reacionária,[22] na qual há a recusa não somente da ideologia do progresso, mas também porque ela quer retornar no tempo, muitos séculos antes, quando a sociedade tradicional não tinha sido alterada pelas mutações do modernismo (p. 84). Assim, todo tradicionalismo é reacionário e fundamentalista, no sentido primeiro do termo, ou seja, ele quer remontar às peças fundamentais do quebra-cabeças. E os fundamentos, para que possam ter uma base incontestável, devem ser de uma legitimidade completamente soberana e fora de toda crítica. Isso porque os fundamentos dessa experiência sagrada da existência são de natureza divina. O rito permite, assim, a frequência do tempo sagrado dos deuses, que a regra foi dada aos homens em uma pureza e uma luz tais que eles não têm opção a não ser segui-la por serem os Eleitos, escolhidos por Deus para viver segundo essa via, a única que não leva ao caminho da perdição.

Como decorrência, desenha-se no espaço político os princípios de uma teocracia ou, se quiserem, uma ditadura religiosa, ditadura que não é tirania, mas totalitarismo. Nesse plano político vaise encontrar a contestação romântica alemã das Luzes colocando a comunidade (*Gemeinschaft*) acima da sociedade (*Gesellschaft*). Prefere-se então uma

---

22. Reacionária, mas não conservadora. Evola dizia ferinamente que os conservadores são uma espécie de crustáceo, duros no exterior, moles no interior... Giulio Cesare Andrea Evola (Roma, 1898/1974), mais conhecido como Julius Evola, foi um filósofo esotérico, escritor, pintor dadaísta e poeta italiano do século XX, em cuja obra têm se inspirado algumas correntes esotéricas contemporâneas e escritores tradicionalistas. Evola considerava suas posições e valores espirituais como aristocrata, tradicionalista, masculino, heroico e desafiadoramente reacionário.

concepção "organicista" da nação, ou holista, antevista como a emanação do espírito e da alma, as mais profundas de um povo, de sua *Kultur*, e não como o triunfo de grandes princípios abstratos e universais *à la française*, de uma *Zivilisation* (p. 86).

Quais seriam então os princípios da Maçonaria de ultradireita? Ela é tradicionalista, pois busca enterrar a modernidade – seja ela datada de 1314, de 1492, de 1530, de 1789 ou de 1848 –, retornando às formas arcaicas e tradicionais, aquelas das sociedades holística e orgânica em que a consciência individualizada é diminuída, ou dissolvida inteiramente pelo pertencimento a uma casta. Pode-se ainda afirmar que o programa político dos reacionários integrais é o de restituir o sentido do heroísmo aos seres humanos tombados na trivialidade burguesa. Eis a chave que permite explicar e compreender o sucesso da ultradireita nas Lojas tradicionalistas: estas seriam o último espaço *consagrado* onde os símbolos regressam a uma aliança possível entre o chefe político da Loja – garantia da, ordem cósmica, a Loja é um microcosmo natural atravessado pelas mesmas forças que o macrocosmo no exterior – e os Irmãos *trabalhando à glória do GADU*.

Existe, contudo, uma diferença conceitual entre ultradireita e extrema direita. A extrema direita é essencialmente populista e nacionalista, enquanto a ultradireita é aristocrática e imperial. Na verdade, o que caracteriza essencialmente a extrema direita é que ela visa à tomada do poder, por um golpe de Estado ou pela via eleitoral. Essas duas etapas são absolutamente contestadas pelos ultradireitistas. Eles desprezam, com efeito, soberanamente a ideia de uma tomada do poder. Que legitimidade é essa, que vai apelar ao povo pela via eleitoral? A única legitimidade advinda da moldura da filosofia política da ultradireita só pode vir de Deus ou no mínimo de uma conexão – um *Pontifex*. O sagrado não suja as mãos com essa modernidade do voto...

A segunda via, conquistar ou manter o poder pela força, causa arrepio na ultradireita, pois isso significa que seu status *dominante* não é *natural*. Se, para se manter no topo, Deus e seus emissários têm necessidade de recorrer à violência, é porque isso não é natural, necessitando acudir a dispositivos artificiais (violência, propaganda, etc.) para estabelecer uma coesão entre Deus, elite iniciada, povo e natureza.

Compreende-se agora melhor por que um pensador da ultradireita, Julius Evola, escreveu um opúsculo esclarecedor, *Le Fascisme Vu de Droite* (O Fascismo Visto da Direita) em que mostra um desdém e um desprezo soberano pelo mussolinismo, notadamente pelo populismo do *Duce*, pelos esforços que ele promovia para desenvolver a adoração de sua pessoa, demonstrando assim que não se identificava naturalmente com ele e que não era o *Pontifex* tão almejado para reconciliar os opostos alquímicos e políticos tão cobiçados pelos tradicionalistas. Como consequência, Evola confessa quanto o fascismo seria um fenômeno de *gauche* (p. 91).

Constatou-se a relação íntima entre Maçonaria e Iluminismo. Entretanto, o Iluminismo do século XVIII não só é aquele da Razão e dos salões literários com os libertinos, mas também o do magnetismo, da magia e do ocultismo. Grupos se reuniam em cenáculos ultrassecretos para convocar os anjos e hipnotizar algumas dondocas da nobreza feminina, para esperar o Paracleto e o retorno do Cristo-Rei. Saint Martin se via como um anjo assexuado junto do Paraíso e sussurrava a meia dúzia de discípulos com uma voz efeminada que o reino do amor estava próximo (p. 94). É toda uma coorte de tradicionalistas: o antirrepublicano Saint Yves d'Alveydre, o teocrata Saint Martin, a sinarquia[23] vichyssoise do Império, ou o guenonismo

---

23. Sinarquia é um termo político utilizado para designar o poder exercido por uma elite secreta. É uma corrente de pensamento que tem suas raízes na visão mística de Joseph-Alexandre Saint-Yves d'Alveydre (1842-1909). Desenvolveu-se entre as duas guerras mundiais nos meios das escolas influenciadas pelo esoterismo martinista. Seus partidários sonhavam exercer o poder em nome de suas competências técnicas e sob a autoridade política de um "colégio de grandes iniciados" que, ignorando a luta de classes, transcenderiam a clivagem direita-esquerda. Existiram diversos grupos de reflexão sobre o assunto, mas o mais significativo foi o X-Crise em 1931. Sob a iniciativa de Jean Coutrot, tecnocratas pensaram em uma economia planificada para responder à crise de 1929. Sob o marechal Philippe Pétain, os partidários da sinarquia justificaram a "necessária continuidade do Estado" para continuar sua carreira e preservar os interesses de potentes trusts, dentre os quais o banco Worms. Adaptando-se ao poder pessoal do ex-marechal, eles abandonaram toda referência a um "colégio de Sábios" e outros fantasmas martinistas para se acantonar na defesa de sua corporação. Em Vichy, as facções rivais do Estado francês se acusaram mutuamente de complô sinárquico. Em 17 novembro de 1941, o ex-marechal instituiu uma "Fondation française pour l'étude des problèmes humains", no qual o prêmio Nobel de Medicina,

da Ação Francesa (Königstein, *L'Erreur*, p. 4). Encontram-se lado a lado e nos mesmos combates o esoterismo e o fascismo (Evola, Von Sebottendorff, Reuss), o antiparlamentarismo e o tradicionalismo (Saint Yves, Guénon)[24], a contrarrevolução e o ocultismo (Papus e Mestre Philippe na corte do Tzar) (Königstein, *op. cit.*, p. 5). A galeria desses personagens pitorescos é infindável: Willermoz, Cagliostro, Swedenborg, Josepf de Maistre, Martinez de Pasqually, Savallete de Lange, Brunswick, Saint German, Dom Pernety, Salzman, Barão Hund, Chefdebien, etc. Viam-se as velhas marquesas históricas do *Ancien Régime* desfalecendo de amor por esses charlatães simpáticos do Século das Luzes...

Fala-se, nessa época, com seriedade de uma suposta "ciência maçônica", e em congressos maçônicos como o de Wilhelmsbad, em 1782, proclamava-se:

> "A Maçonaria iluminista revela então seu programa: utilizar a Maçonaria como uma escola prática de alta magia para fazer vir os anjos e contatar Deus, e para ser um lugar

---

Alexis Carrel, foi o presidente. Essa instituição sinárquica foi animada por Alfred Sauvy, presidente da "Alliance Population et Avenir", e por Gustave Thibon. Ela ambicionava inventar uma "antropotenia". Depois da Libération, essa corrente de pensamento, depurando toda referência ao Estado francês, investiu na criação da ENA e do Commissariat au Plan. Disponível em Réseau Voltaire: <http://www.voltairenet.org/article1676.html>. Acesso em: 11 ago. 2017.

24. René Guénon (1886-1951) foi um intelectual francês do século XX que influenciou sobremaneira as visões místicas do ser humano. Segundo Guyard, seria o Marx do esoterismo (Könisgtein, op. cit., p. 1). Sua influente obra pode ser classificada em três vertentes: a exposição da metafísica tradicional, a crítica ao materialismo e individualismo do mundo moderno e a explicação do simbolismo tradicional das diversas civilizações tradicionais. Guenón publicou 17 livros durante sua vida, além de dez coletâneas postumamente. Esses livros referem-se a uma gama diversificada de temas, como: a metafísica, o simbolismo e a crítica social. Ele influenciou vários intelectuais de diversos campos do conhecimento, como Mircea Eliade, Raymond Queneau, André Breton, Jean Baylot e Aleksandr Dugin. Autor universalista, esposava a tese da "unidade transcendente das religiões", ou seja, que as diversas tradições religiosas mundiais têm um fundamento metafísico e espiritual convergente. A partir de 1930, viveu no Cairo, onde praticou o Islã como sua religião pessoal e onde era conhecido como xeique 'Abd al-Wahid Yahya. Ao lado da prática do esoterismo islâmico, ou sufismo, Guénon prosseguiu expondo a doutrina da universalidade da verdade, como se pode verificar em livros como *Símbolos Fundamentais da Ciência Sagrada* e *O Reino da Quantidade e os Sinais dos Tempos*. Os escritos de Guénon enfatizam o declínio intelectual do Ocidente desde a Renascença e expõem as superstições da ciência e do "progresso". A maior parte de suas teses mostra maior concordância com a autêntica doutrina tomista do que muitas opiniões de cristãos pouco instruídos. (*The Weekly Review*, Londres, 1942).

de recrutamento para um Cristianismo transcendental estendido a todas as cortes europeias. Nessa perspectiva, não há nas Lojas a não ser solitários com os cérebros embaçados pelas aparições divinas, planejadores de uma Europa regenerada pela fé em Jesus Cristo e desvencilhadas das ameaças ateias da Revolução" (apud Guyard, p. 96).

Tais são os paradoxos do Iluminismo e a gênese da ultradireita.

Outra figura reverencial dessa época é a de Joseph de Maistre, o ultramontanista autor de *Soirées de Saint Pétersbourg* (Noites de São Petersburgo), comensal de papas, ligado aos *Chevaliers Bienfaisants de la Cité Sainte* (Cavaleiros Benfeitores da Cidade Santa). Culmina sua carreira maçônica como Grande Profeta, o mais alto Grau do Rito Escocês Retificado.

Encontra-se ainda no martinismo a figura mística de Martinez de Pasqually, o português das Antilhas, buscando a chave de uma magia indigesta destinada a devolver aos maçons os poderes de Adão, antes que fosse corrompido pelo pecado. Isso tudo parece um sincretismo *new age avant la lettre*, transbordante de sentimentalismo um pouco tolo, da escuta do Anjo interior, da espera do Apocalipse, da esperança no coração de Jesus Cristo, etc. (p. 102).

As figuras de Saint Martin e Joseph de Maistre (o São Paulo do fundamentalismo) são basilares na criação da ultradireita. Encontram-se no coração do martinismo os três conceitos-chave da metafísica de ultradireita: tradição, reação e fundamentalismo. Tradição, visto que o martinismo busca a restauração do homem em seu estado de impecabilidade, por meio da negação do corpo e da recusa da queda na História. Reação, visto que os rituais martinistas têm a função de proceder a uma *reintegração*, que é ao mesmo tempo um dado religioso e político; religioso, visto que a reintegração é aquela do homem no seio divino; político, porque Saint Martin, inventando o conceito de sinarquia, quer estabelecer uma teocracia absolutista de iniciados na qual o povo seria absolutamente submisso. Fundamentalista, enfim, porque o martinismo retorna aos fundamentos mesmos daquilo que ele crê ser, como visto anteriormente, a "ciência maçônica", cujo fim é o de estabelecer sobre toda a humanidade uma sorte de Cristianismo sintético e ecumênico. Eis, então, a razão por que ele recruta e infiltra nas Lojas maçônicas para desenvolver o sentido crístico que lhe parece ser a pedra de toque da Maçonaria (p. 105).

Convém, para finalizar esta parte, relatar um fato que causou ojeriza nas hostes dos fundamentalistas: o triunfo do positivismo maçônico da linha republicana (antifundamentalista) a partir de 1870. Nessa época, o Grande Oriente de França (GODF) aboliu a crença no GADU porque lhe parecia que deveria se armar contra as congregações católicas ainda hostis à República francesa.

4.4.3.3 O fundamentalismo maçônico hoje

Acreditar que a posteridade do guenonismo parou e se esgotou na década de 1950 é alimentar dois sonhos. A bem da verdade, houve uma renovação do fundamentalismo maçônico cristão logo após 1968, notadamente graça aos escritos de Jean Baylot.[25] O homem, chefe de polícia de Paris, passa subitamente do GODF para a GLNF invocando uma necessidade imperiosa de retornar à Bíblia e à tradição. Produziu uma obra polêmica – *La Voie Substituée* (A Via Substituta) –, na qual pretende mostrar que a entrada da Maçonaria na modernidade política vai de par com sua degenerescência. Além do mais, especifica que essa subversão iniciática – o termo é tomado de Guénon – acompanha o desenvolvimento da Maçonaria egípcia, criando um novo tipo de Maçonaria mística que tomava emprestimo em

---

25. Jean Baylot foi um político e maçom francês (1897-1976). Ele se consagrou à Maçonaria. Em 1938, foi eleito pela primeira vez membro do Conselho da Ordem do Grande Oriente da França (GOF), foi reeleito duas vezes mais na década de 1950, culminando como Grão-Mestre Adjunto. Em 1959, tornou-se dignatário da Grande Loja Nacional Francesa (GLNF), -Grande Orador (1961-1963), Segundo Grande Vigilante (1963-1965). Em 1948, funda em Marselha a Loja "Rectitude", trabalhando no Rito Escocês Retificado (RER) e, em 1953, em Paris a Loja "L'Europe unie", aberta aos Irmãos perseguidos da Europa do Leste, tornando-se seu Venerável. Com Paul Naudon, Jean Granger, Pierre Mariel, Jean Saunier e outros funda em 1964 a Loja de Estudos e Pesquisas da GLNF, a famosa Villard de Honnecourt nº 81. Influenciado pelas leituras das obras de René Guénon e de Oswald Wirth, em 1968 publica *La voie substituée* (A Via Substituta), obra sobre a evolução do Grande Oriente da França no século XIX na qual denuncia os erros do GOF nos anos de 1800 a 1870, e que teve uma grande repercussão nos meios maçônicos franceses, recebendo acerbas críticas nos meios da Maçonaria "liberal", mas muito apreciada no seio da Maçonaria "regular" e tradicional.

motivos do Paganismo. A doutrina é muito exatamente – e até mesmo servilmente – aquela de Guénon. O mérito de Guénon, contudo, é o de fazer um exercício de aplicação concreta aplicando o diagnóstico da decadência ocidental e da subversão contrainiciática dos centros espirituais à Maçonaria europeia, sobretudo no século XIX. Acompanham Guénon nessa jornada Palou, Servier, Gay e Julius Evola (p. 116). Essa plêiade de maçons esotéricos introduziu uma cultura "pagã" na Maçonaria continental a partir de 1930 até os dias atuais. Essa Maçonaria rejeita visceralmente a burguesia, a modernidade e a liberdade de consciência, como já visto anteriormente.

Não se contesta a inteligência dos tradicionalistas, a qualidade de análise da crise ocidental. Menos sobre a identificação dos sintomas e sobre o diagnóstico da doença do que sobre o remédio que se deve dar o alarme. Quem conhece um pouco de história não romanceada da Maçonaria especulativa sabe bem que a honorável sociedade, filha das Luzes, conheceu durante sua história violentos assaltos, orquestrados pela força da reação – no sentido metafísico e depois político. Em certo sentido, tendo em vista a dominação dos *Antients* na Inglaterra a partir do século XIX e depois da terraplanagem da Grande Loja da Inglaterra pela Grande Loja dos *Antients* em 1813, vale reescrever a história da Maçonaria, fazendo-se passar por mística e tradicionalista. Em suma: não há uma via tradicional e original e depois uma via substituta que a arremeda e falsifica. Existem sim duas concepções de política: uma emancipadora e progressista – original na Maçonaria –, e outra hierárquica e conservadora – posterior e reativa. Os dois campos se enfrentam e sua linha ideológica abrange no fio do tempo as relações de força entre um campo anglo-saxão, reacionário e religioso, e um campo franco-latino, laico e progressista (p. 121).

Em que consiste o erro hoje? É o de que a nova barbárie é supostamente emboscada nas fronteiras do Império liberal, sob a forma polimorfa e endógena do terrorismo e do selvagem. Jovens ignaros e integristas políticos passam a ser as ameaças contra as quais o Ocidente deve se garantir, ameaças que vêm todas do exterior. Ainda mais hoje que o islamismo substitui o bolchevismo.

Será preciso, nos anos futuros, ficar atento a qual rumo tomará a filosofia maçônica, e é provável que os esquemas fundamentalistas, identificados neste livro, renasçam com vigor. Convém recordar que o Império Romano não caiu sob os golpes das hordas hirsutas e analfabetas dos bárbaros que viviam ao longo das fronteiras. A elite do Império arruinou sua saúde e se prostrou em uma languidez moral, com suas festas suntuosas, seus filósofos céticos, que desfilavam pelos salões aristocráticos, seus retóricos mundanos que pregavam a confusão de gêneros, se fantasiando em bestas impiedosas, em escravos e mudando de sexo. De onde vem então a ruína do Império? Daquilo que a fina flor da decadência romana, aborrecida pela dúvida sobre seus próprios valores, começou a *duvidar da dúvida*, e foi hipnotizada por uma loucura oriental, intolerante e histérica, radical e irracional, odiando a dúvida, a cortesia e o ceticismo: o Cristianismo. Assim sucumbiu o Império. Sua elite, corrompida pela utopia restauradora e histérica do cristianismo, fechou as escolas de filosofia onde se aprendia a colocar em xeque as certezas, se interditavam os cultos politeístas, se condenavam as liberdades amorosas e gastronômicas. As fronteiras estavam sempre bem guardadas, mas o Império desaparecia, porque sua elite, fadigada por seu langor relativista e liberal, queria provar as histerias cósmicas do integrismo monoteísta (p. 125).

4.4.4 Maçonaria a golpe de martelo

4.4.4.1 Esoterismo, metafísica, modernidade

Encerrando seu diagnóstico, Guyard constata que a Maçonaria, em sua doença, sofre de dois excessos: i) de modernismo e ii) de tradicionalismo. Boa parte da Maçonaria francesa se apresenta como um clube político no qual a reivindicação dos direitos prevalece, tanto que o costume do ritual é completamente perdido, o que é normal quando se sonha que o hábito ritualizado é a repetição coletiva agindo somente como uma *obrigação*. No extremo oposto, por reação, sucumbe às sereias da fusão holística, e opera até a perda da consciência individual pela mística da Loja e pela fusão do povo com seus guias (p. 130). O autor recusa os dois excessos e propõe uma terceira via. Propõe, a nosso ver, fundar um esoterismo que a modernidade possa admitir, ou se quisermos defender uma tradição útil ao espírito de ruptura antitradicional que está no cerne da modernidade.

Aqui se deve fazer um parêntesis nessa confusa terceira via de Guyard. Sabe-se que os filósofos recentes franceses foram assustadoramente influenciados pela fenomenologia alemã, especialmente a de Husserl[26] e a de Heidegger,[27] combinada com conceitos hauridos do marxismo. Quando Guyard afirma que:

> "A natureza começa a ser pensada separadamente da divindade, enquanto a sociedade se separa progressivamente do poder que a rege. No primeiro caso, a ciência começa a nascer, por Galileu, que conseguiu reduzir a natureza a dados numerados despidos de toda significação religiosa, e no segundo caso, a política moderna se constitui, notadamente em parte graças a Maquiavel ou a Gropius..." (p. 134),

está prestando seu tributo a Husserl:

> "Devemos considerar agora como da maior importância uma substituição, que está em efetivação já em Galileu, do único mundo efetivo, o que é realmente devido à medida da percepção, do único mundo alguma vez experienciado e experienciável – a nosso mundo da vida

---

26. Edmund Gustav Albrecht Husserl (1859-1938) foi um matemático e filósofo alemão que estabeleceu a escola da fenomenologia. Ele rompeu com a orientação positivista da ciência e da filosofia de sua época. Elaborou críticas do historicismo e do psicologismo na lógica. Não se limitando ao empirismo, mas acreditando que a experiência é a fonte de todo o conhecimento, ele trabalhou em um método de redução fenomenológica pelo qual um assunto pode vir a conhecer diretamente uma essência. Sua *opus magnum* é *A Crise das Ciências Europeias e a Fenomenologia Transcendental – Uma Introdução à Filosofia Fenomenológica*. Rio de Janeiro: Grupo Editorial Nacional – GEN, 2012.
27. Martin Heidegger (1889 – 1976) foi um filósofo, escritor, professor universitário e reitor alemão. Ele é visto como o ponto de ligação entre o existencialismo de Kierkegaard e a fenomenologia de Husserl. Sua preocupação maior foi de elaborar uma análise da existência, ou seja, esclarecer o verdadeiro sentido do ser. Sua *opus magnum* é *Ser e Tempo*. Tradução de Fausto Castilho. Campinas; Rio de Janeiro: Editora da Unicamp; Vozes, 2012.

cotidiano – pelo mundo matematicamente substruído das idealidades".[28]

Em suma, até onde Husserl critica o positivismo do mundo moderno, Guyard o acompanha; daí que a crítica tanto do fundamentalismo como da modernidade, segue as pegadas de Husserl. O *niilismo dos valores* é também husserliano quando este critica o positivismo em que as ciências europeias decaíram. Mas a proposta de saída do impasse em Husserl é muito bem fundamentada ao propor uma fenomenologia transcendental.

E por aí afora, o tributo a Husserl continua, "o mal é a *racionalização* do mundo, que reduz a natureza a uma equação algébrica e galileana, o homem em mercadoria, a política em economicismo, a experiência visionária em teologia... um mundo mais matematizável, mais racionalizável..."(p. 140).

A terceira via de Guyard cambaleia ao propor uma vaga volta às origens da Razão com Sócrates. A racionalidade grega é uma racionalidade aberta, não afirmação da redução do mundo a uma identidade algébrica, mas especulação, reflexão sobre o mundo até constatar racionalmente que nenhuma razão é suficiente para restituir a razão. Maravilha da racionalidade grega, que testemunha que o mito não pode dizer as coisas, mas também, e sobretudo, que a própria razão assinala sua impotência em designar o mistério das coisas... (p. 142).

No final, chega ao delírio ao dizer: "liberar o esoterismo de seu monopólio de extremadireita, e o reinvestir na cultura de esquerda, isto é, poder dar à subjetividade moderna os meios de se conduzir à racionalidade desequilibrada que só salvará o Ocidente de sua redução em código de barras tão negros e filiformes como os raios dos pijamas de Buchenwald" (sic) (p. 147).

Concluindo, finalmente, as críticas de Guyard são provocadoras, mas sua terceira via deixa a desejar.

---

28. Husserl, op. cit., p. 38.

5 – América Latina, Especialmente o Brasil

A América Latina é o verdadeiro oásis da Maçonaria. Enquanto apresenta vertiginosa queda quantitativa no mundo todo, especialmente nos países de língua inglesa, a Maçonaria apresenta índices invejáveis de crescimento na América Latina.

Observe-se o quadro a seguir que apresenta uma amostra do crescimento da Maçonaria no Brasil e alguns países da América Latina nos últimos cinco anos (2011-2016):

GRANDE CORPO	PAÍS	CRESCIMENTO Lojas	CRESCIMETO MEMBROS
GL Pernambuco	Brasil	30%	55%
GL Roraima	Brasil	18%	40%
GL Paraguai	Paraguai	64%	39%
GL Rio Grande do Norte	Brasil	17%	33%
Grande Oriente do Brasil	Brasil	6%	25%
GL Paraná	Brasil	20%	23%
GL Argentina	Argentina	66%	22%
GL Paraíba	Brasil	7%	21%
GL Conhuila "Benito Jurarez"	México	28%	20%
GL Alagoas	Brasil	10%	18%

GL Bolívia	Bolívia	25%	18%
GL Rio Grande do Sul	Brasil	10%	16%
GL Santa Catarina	Brasil	7%	16%

Fonte: ISMAIL, Kennyo. *Panorama Comparativo da Maçonaria no Mundo: 2011-2016*. Disponível em: http://www.noesquadro.com.br/wp-content/uploads/2016/08/UM-PANORAMA-COMPARATIVO-DA-MA%C3%87ONARIA-NO-MUNDO-Kennyo-Ismail.pdf>. Acesso em: 7 ago. 2017.

Kennyo tem uma visão otimista sobre esses dados, pois conclui apresentando "a América Latina como terreno fértil e esperança da Maçonaria mundial" (p. 41). Sou mais pessimista, pois vejo esse fenômeno no contexto das novas classes médias visando entrar no mercado de consumo simbólico e, de acordo com as necessidades sociais da pirâmide de Maslow,[29] buscando suprir suas necessidades de afeto e companheirismo. Já disse antes que esse fenômeno tem certa semelhança com aqueles cantores medalhões e decadentes que já não criam mais *frisson* no mundo desenvolvido do Atlântico Norte, mas que ainda encantam as plateias da periferia do sistema.

O gráfico a seguir de Mollès apresenta a Maçonaria chegando tarde à América Latina e procurando recuperar o tempo perdido. Assim como se assistirá na sociologia das religiões ao fenômeno da ascensão meteórica do Protestantismo na América Latina e daqui a uns 15 anos sua decadência, a Maçonaria poderá estar sofrendo da mesma síndrome.

---

29. MASLOW, Abraham H. *Motivation and Personality*. Nova York: Harper Collins, 1970.

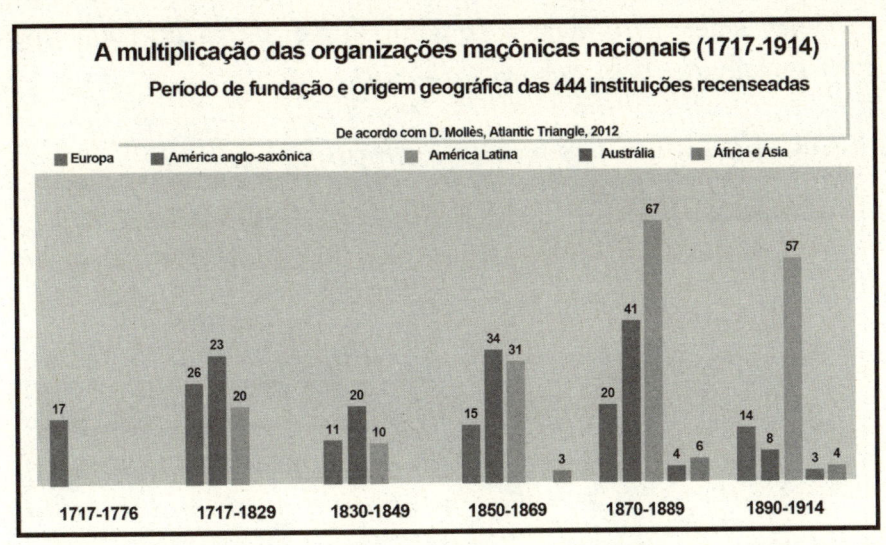

A multiplicação das organizações maçônicas nacionais (1717-1914)
Período de fundação e origem geográfica das 444 instituições recenseadas

De acordo com D. Mollès, Atlantic Triangle, 2012

Fonte: MOLLÈS, Dévrig. *Le "Triangle Atlantique": Émergence et expansion de la Sphère Maçonnique Internationale*. Une Analyse Statistique (1717-1914). Disponível em: <https://nuevomundo.revues.org/67498#tocto2n2>. Acesso em: 7 ago. 2017.

Uma última comparação entre a esfera maçônica europeia e latino-americana, também proporcionada por Mollès, demonstra a chegada posterior da Maçonaria latino-americana ao contexto maçônico mundial.

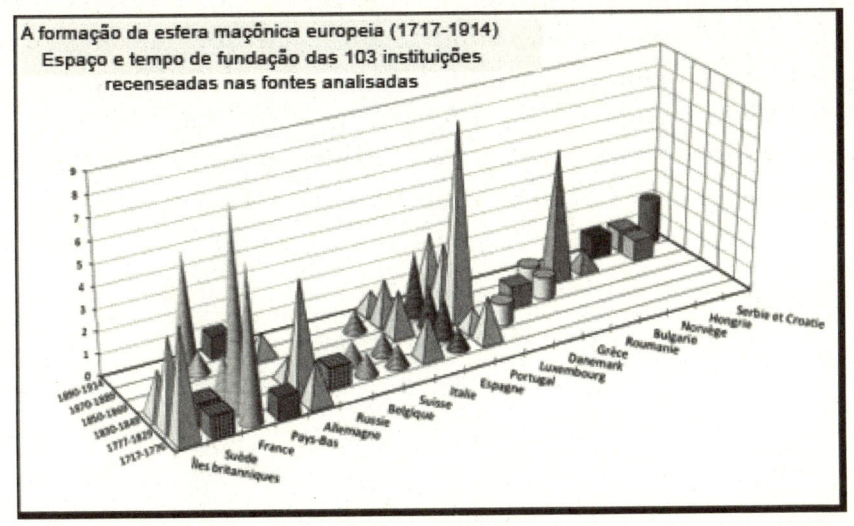

A formação da esfera maçônica europeia (1717-1914)
Espaço e tempo de fundação das 103 instituições recenseadas nas fontes analisadas

Fonte: MOLLÈS, Dévrig. *Le "Triangle Atlantique": Émergence et Expansion de la Sphère Maçonnique Internationale*. Une Analyse Statistique (1717-1914). Disponível em: <https://nuevomundo.revues.org/67498#tocto2n2>. Acesso:. 7 ago. 2017.

Nas Américas, o México é o ponto fora da curva, pois tem uma certa semelhança com os Estados Unidos.

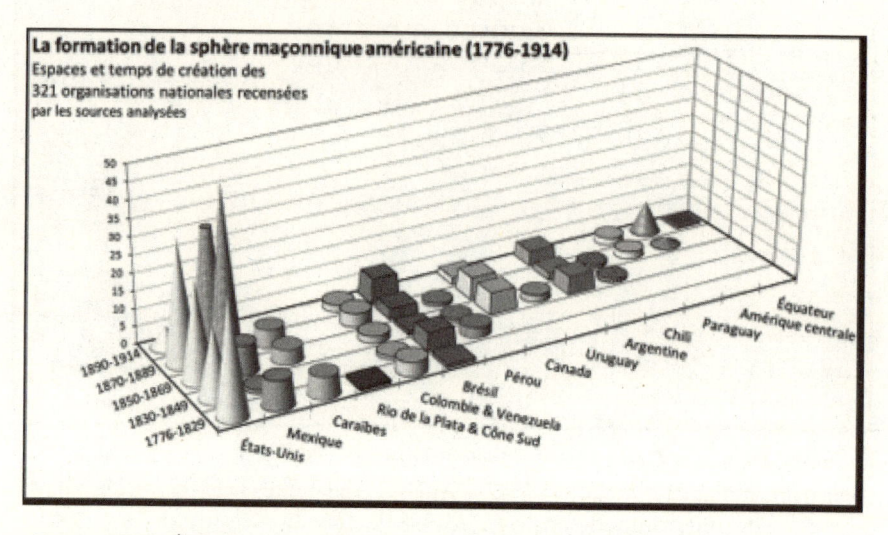

La formation de la sphère maçonnique américaine (1776-1914)
Espaces et temps de création des 321 organisations nationales recensées par les sources analysées

Fonte: MOLLÈS, Dévrig. *Le "Triangle Atlantique": Émergence et Expansion de la Sphère Maçonnique Internationale*. Une Analyse Statistique (1717-1914). Disponível em: <https://nuevomundo.revues.org/67498#tocto2n2>. Acesso em: 7 ago. 2017.

Os países desenvolvidos do Atlântico Norte conseguiram passar do feudalismo para a sociedade capitalista moderna com seus custos e benefícios. A exceção foi os Estados Unidos que já nasceram modernos. Todos, enfim, saíram de uma sociedade tradicional e se transformaram em uma sociedade moderna, sob o influxo de um Iluminismo vigoroso. Vivem hoje em uma sociedade pós-moderna, como demonstram os estudos de Benjamin, Lyotard, Habermas, Bauman, Anderson, Gellner, Giddens, Harvey, Hall e tantos outros.

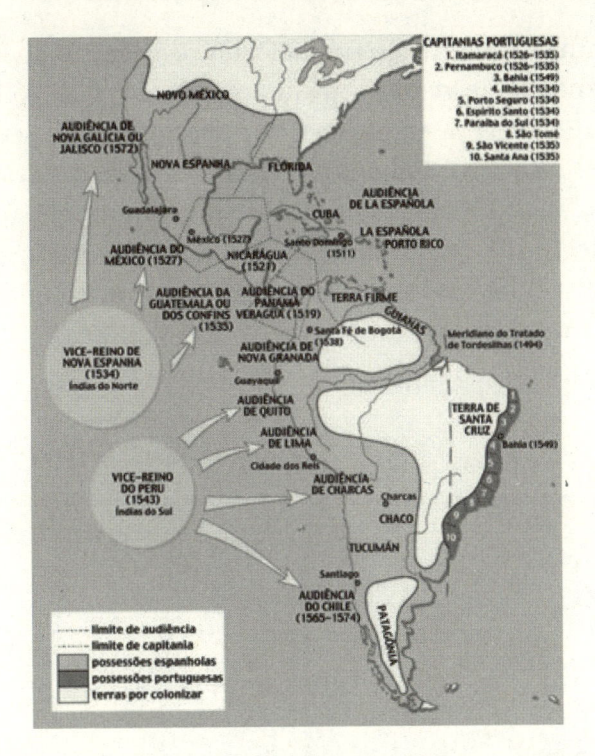

Vice-Reinos: Nova Espanha, Nova Granada, Peru e Prata.

Fonte: <http://player.slideplayer.com.br/19/6089171/#>.
Acesso em: 7 ago. 2017

Os países da América Latina, com Iluminismo raquítico, não conseguiram completar o salto da sociedade tradicional para a sociedade moderna e ficaram no meio do caminho. Esse meio do caminho foi permeado pelo patrimonialismo e por esse Iluminismo raquítico. O patrimonialismo com todas as suas sequelas será estudado a seguir.

Antes, porém, vamos fazer um aposto, descrevendo como foram os processos de emancipação política entre a América Portuguesa e a América Hispânica.

5.1 Emancipação política: América hispânica X América portuguesa

A emancipação política da América hispânica e da América portuguesa revela diferenças notáveis que serão demonstradas neste item.

A Península Ibérica apresenta fortes resistências ao Iluminismo e à modernidade, terreno propício à expansão da Maçonaria, pois Espanha e Portugal já eram impérios decadentes no século XVIII. Segundo John Lynch, "tínhamos um caso raro na história moderna: uma economia colonial dependente de uma metrópole subdesenvolvida" (Bettel, p.19). A consolidação tardia da Maçonaria, principalmente na Espanha, possui uma característica que a diferencia das Maçonarias no resto da Europa.

A América Espanhola no século XVIII apresentava o seguinte quadro:

América Espanhola no século XVIII

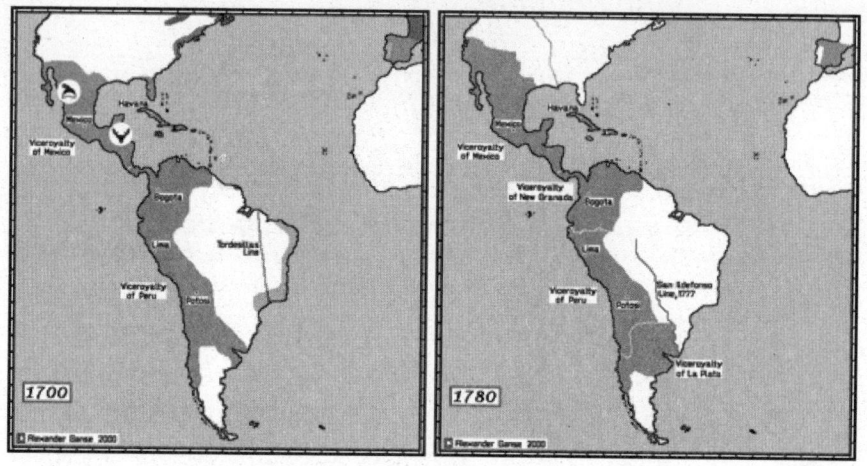

América Espanhola no Século XVIII (1700 e 1780).

Fonte: <https://www.thinglink.com/scene/337624877940867074>. Acesso em: 3 ago. 2017.

O sonho de Simón Bolívar era criar os Estados Unidos da América espanhola, copiando a ideia da América inglesa que tinha acabado de se emancipar.

A elite política que forjou o Império brasileiro, no século XIX, tinha consciência da importância da integridade do território nacional. Fato que muitas vezes os analistas posteriores descuraram em parte. Essa diferença no processo de emancipação teria profundas consequências no futuro dos países da América ibérica. Segundo

José Murilo de Carvalho, essa diferença concentra-se em dois pontos básicos: i) a manutenção da unidade política no caso brasileiro deveu-se muito à homogeneidade ideológica e de treinamento da elite imperial; inexistia o mesmo frente à elite dos *criollos*,³⁰ fato que explica, em parte, a fragmentação territorial da América espanhola; ii) o tipo de sistema político implantado no Brasil e no restante da América espanhola. "Ao passo que a grande maioria dos países oriundos da ex-colônia espanhola passava por longo período anárquico e muitos só chegavam a organizar o poder em bases mais ou menos legítimas graças a lideranças de estilo caudilhesco, a ex-colônia portuguesa, se não evitou um período inicial de instabilidade e rebeliões, não chegou a ter uma única mudança irregular e violenta de governo (não considerando como tais a abdicação e a antecipação da maioridade), e conservou sempre a supremacia do governo civil."³¹

Os *criollos* republicanos nas Américas encetaram uma luta contra vários inimigos: i) os espanhóis; ii) a Igreja Católica; iii) os monarquistas e, com a libertação dos escravos, a iv) aristocracia *terrateniente*. Nesse embate revolucionário, segundo Clodfelter, na Grã-Colômbia morreram mais de 100 mil pessoas (civis e militares) em uma população de 300 mil de 1810 a 1825.³² Essa verdadeira hecatombe, para não dizer etnocídio, atrasou em muito o desenvolvimento dos países emancipados pelos hispano-americanos. O processo brasileiro difere bastante: i) o combate aos portugueses foi episódico e não resultou em um genocídio como na Grã-Colômbia; ii) manteve-se a Igreja Católica como religião de Estado; e iii) impediram-se instituições republicanas precoces, forjando-se o Estado-Nação, e somente quando o processo já estava maduro, proclamou-se a República. Um dos custos foi a manutenção da escravidão durante todo o período monárquico. José Murilo de Carvalho chega mesmo a afirmar que "nesse sentido, o interesse em manter a escravidão pode

---

30. Eram os filhos de espanhóis nascidos nas Américas.
31. CARVALHO, José Murilo de. *A Construção da Ordem* – A Elite Política Imperial & Teatro das Sombras – A Política Imperial. Rio de Janeiro: Civilização Brasileira, 2003. p. 12.
32. CLODFELTER, Michael, *Warfare and Armed Conflict*: A Statistical Reference to Casualty and Other Figures, 1618-2000. 2. ed. North Carolina: MacFarland & Com. Publisher, 2002 (http://users.erols.com/mwhite28/wars19c.htm).

ter ajudado na manutenção da unidade do país. A unidade, avalizada pela monarquia, era meio eficaz de preservar a ordem".[33]

A América espanhola apresentava o seguinte quadro:

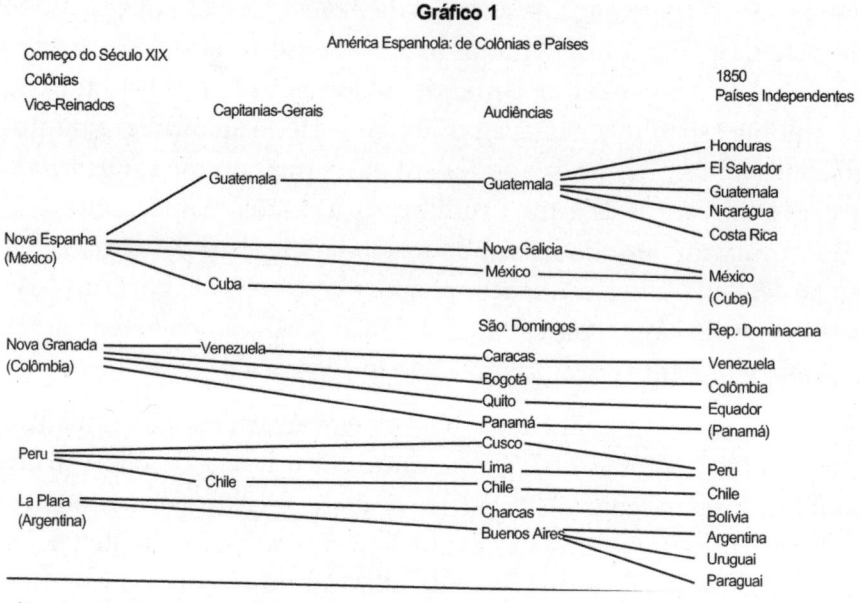

Gráfico 1
América Espanhola: de Colônias e Países

Começo do Século XIX Colônias Vice-Reinados	Capitanias-Gerais	Audiências	1850 Países Independentes
Nova Espanha (México)	Guatemala, Cuba	Guatemala, Nova Galicia, México	Honduras, El Salvador, Guatemala, Nicarágua, Costa Rica, México, (Cuba)
Nova Granada (Colômbia)	Venezuela	São Domingos, Caracas, Bogotá, Quito, Panamá	Rep. Dominicana, Venezuela, Colômbia, Equador, (Panamá)
Peru	Chile	Cusco, Lima, Chile	Peru, Chile
La Plata (Argentina)		Charcas, Buenos Aires	Bolívia, Argentina, Uruguai, Paraguai

(Fonte: CARVALHO, 2003, p. 16).

Nota-se pelo gráfico que, nos seus primórdios, a América Espanhola possuía quatro vice-reinados: Nova Espanha (México), Nova Granada (Grã-Colômbia), Peru e La Plata (Argentina); quatro capitanias-gerais: Guatemala, Cuba, Venezuela e Chile; e 13 audiências: Guatemala, Nova Galícia, México, São Domingos, Caracas, Bogotá, Quito, Panamá, Cusco, Lima, Chile, Charcas e Buenos Aires. Com as guerras de independência, os nacionais entraram em conflito com a metrópole, com a Igreja Católica, implantaram a república e se fragmentaram em 18 países: Honduras, El Salvador, Guatemala, Nicarágua, Costa Rica, México, Cuba, República Dominicana, Venezuela, Colômbia, Equador, Panamá, Peru, Chile, Bolívia, Argentina, Uruguai e Paraguai. Como se disse, o sonho de Simón Bolívar era o de criar

---
33. CARVALHO, José Murilo de, op. cit,. 18.

uma federação, tipo dos Estados Unidos da América do Norte, que englobasse todos os Estados emancipados da Coroa espanhola.

A decisão de proclamar a independência com a República reforçou as tendências autonomistas dos vice-reinados e das capitanias-gerais, criando desunião, governos militares, conflitos sangrentíssimos e guerras intermináveis contra uma Coroa espanhola subdesenvolvida. Desse conflito entre os *criollos* e a Coroa espanhola, a grande vencedora foi a Coroa inglesa.

Enquanto isso, o Brasil apresentava um quadro diametralmente oposto, como se observa no gráfico a seguir:

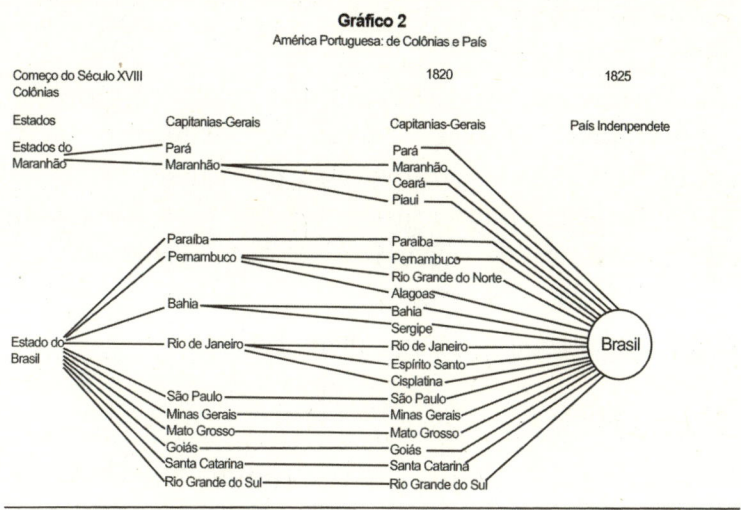

Gráfico 2
América Portuguesa: de Colônias e País

Começo do Século XVIII — Colônias — Estados
- Estados do Maranhão
- Estado do Brasil

1820 — Capitanias-Gerais
- Pará
- Maranhão
- Paraíba
- Pernambuco
- Bahia
- Rio de Janeiro
- São Paulo
- Minas Gerais
- Mato Grosso
- Goiás
- Santa Catarina
- Rio Grande do Sul

1820 — Capitanias-Gerais
- Pará
- Maranhão
- Ceará
- Piauí
- Paraíba
- Pernambuco
- Rio Grande do Norte
- Alagoas
- Bahia
- Sergipe
- Rio de Janeiro
- Espírito Santo
- Cisplatina
- São Paulo
- Minas Gerais
- Mato Grosso
- Goiás
- Santa Catarina
- Rio Grande do Sul

1825 — País Independente
- Brasil

(Fonte: CARVALHO, 2003, p. 17).

O gráfico mostra que todas as províncias confluíram para formar o Brasil. Pode-se afirmar que a América Portuguesa confirmou o sonho de Simón Bolívar de manter a integridade do território nacional.

Convém antes salientar que o brasileiro nunca se sentiu à vontade com a maneira pela qual o Brasil se emancipou, intuindo que a Independência fora pouco mais excitante que a tramitação de um processo burocrático. Não tivemos nem Carabobo, nem Ayacucho, nem travessia dos Andes, nem Bolívar, nem San Martin, figuras romanticamente libertárias.

O processo de emancipação brasileiro foi bastante diverso da América Espanhola. Aqui, colocou-se uma coroa na cabeça do filho do rei português, manteve-se a Igreja Católica como religião de Estado e consolidou-se a monarquia constitucional, com um mínimo de derramamento de sangue se comparado com a América espanhola. Convém, entretanto, salientar que, no período de formação do Estado Nacional, na Regência, no qual a nação correu o risco de esfacelamento territorial, houve derramamento de sangue com as revoltas regionais, que foram estancadas com a maioridade de d. Pedro II. Anos mais tarde, quando o Estado Nacional já estava mais consolidado, implantou-se a República, também com um mínimo de derramamento de sangue. Isso tem seus custos e benefícios: essa obra fantástica de engenharia institucional legou, contudo, ao Brasil certa passividade com uma tendência a resolver os conflitos mais pela conciliação do que pelo confronto.

De qualquer modo foi-nos legado um patrimônio político-institucional da maior relevância. Trata-se, no século XXI, de forjar o Estado Moderno e desconstruir o Estado Patrimonialista que teima em vigorar até hoje no Brasil. Temos de nos transformar de súditos em cidadãos, como os movimentos de rua dos tempos atuais parecem querer demonstrar.

5.2 A crise do Estado patrimonialista na Ibero-América

5.2.1 Conceito de patrimonialismo

O conceito de patrimonialismo já está bem desenvolvido nas ciências sociais. Começando por Weber, Wittfogel, Faoro, Leal, Uricoechea, Schwartzman, Sarfatti, O'Donnell, Nunes e tantos outros.

Assim, o termo "patrimonialismo" nas ciências sociais tem sua origem nos trabalhos clássicos de Max Weber, e foi utilizado para caracterizar uma forma específica de dominação política tradicional, em que a administração pública é exercida como patrimônio privado do chefe político. Já Maquiavel estabelecia duas formas fundamentais de organização da política: i) uma mais descentralizada, do "príncipe e seus barões"; e outra ii) mais centralizada, do "príncipe e seus súditos". No seu uso mais recente, o termo "patrimonialismo" costuma vir associado a outros como "clientelismo" e "populismo", por oposição ao que seriam formas mais modernas, democráticas e racionais da gestão pública, também analisadas por Weber em termos do que ele denominou de "dominação racional-legal", típica das democracias ocidentais. Assim, o patrimonialismo é a característica de um Estado que não possui distinções entre os limites do público e os limites do privado. Foi comum em praticamente todos os absolutismos.

O monarca gastava as rendas pessoais e as rendas obtidas pelo governo de forma indistinta, ora para assuntos que interessassem apenas a seu uso pessoal (tais como compra de roupas ou itens de despesa da Casa Real), ora para assuntos de governo (como a construção de uma estrada). Como o termo sugere, o Estado acaba se tornando um patrimônio de seu governante.

Tal postura se instaurou na Europa no início da era medieval pelos germanos que invadiram Roma. Os romanos tinham por característica a república, forma na qual os interesses pessoais ficavam subjugados aos da república. Os bárbaros, que aos poucos foram dando forma ao Império decadente, tinham o patrimonialismo como característica, no qual o reino e suas riquezas eram transmitidos hereditariamente, de forma que os sucessores usufruíam dos benefícios do cargo, sem pudor em gastar o tesouro do reino em benefício próprio ou de uma minoria, sem prévia autorização de um senado.

Já existe forte evidência histórica de que os impérios coloniais português e espanhol, constituídos na Idade Média, eram muito mais próximos do arranjo do "príncipe e seus súditos" do que do "príncipe e seus barões", mais típico dos países europeus onde prevalecia o poder feudal da nobreza, que fazia dos reis o *primo inter pares*, e, como tal, com poder político limitado. A Inglaterra é paradigmática nesse sentido. Inversamente, os dois países ibéricos são apresentados como modelos paradigmáticos do patrimonialismo estatal. A evolução dessas duas formas de dominação política, em Weber, eram alternativas a partir do tipo mais básico de dominação, a patriarcal, em que o poder político (e também econômico, religioso e militar) representava diferentes manifestações do poder do patriarca sobre seu clã. Existe um estudo clássico no Brasil sobre esse poder patriarcal: o de Vitor Nunes Leal.[34] Com a ampliação do poder, em uma sociedade de recursos escassos (pré-industrial), uma forma de exercer esse poder era por meio de sua distribuição entre chefes locais de diferentes origens, que se vinculavam ao patriarca ou príncipe por acordos e laços de lealdade e reciprocidade. Quando o príncipe detinha as rédeas do poder, seja via militar, seja pela atividade comercial ou pela exploração organizada de recursos naturais, os barões deixavam de existir ou perdiam sua força, e a delegação de poder, se havia, era feita em termos da fidelidade estrita ao príncipe – o chefe de sua estrebaria passava a comandar o exército, o cozinheiro, as finanças, e seu confessor, a Igreja. A análise tradicional weberiana pensa as sociedades modernas como oriundas dos arranjos políticos medievais, embora os sistemas políticos patrimonialistas, do Egito e principalmente da China, tenham sido historicamente muito mais importantes, como pode ser visto na obra também clássica de Karl Wittfogel.[35]

Um dos pioneiros no estudo do patrimonialismo no Brasil foi o jurista Raymundo Faoro,[36] bastante influenciado por Weber. Convém salientar que as análises sociológicas de cunho weberianas se contrapõem à análise marxista na interpretação dos fenômenos sociais.

Assim, patrimonialismo na sociologia weberiana correspondia a um tipo de dominação política tradicional caracterizada pelo fato de o soberano organizar o poder político de maneira análoga a seu poder doméstico. Esse modo de exercício da autoridade sofre modificações ao longo da história. De uma perspectiva puramente histórica, tanto é possível que ele evolua em direção a formas de governo que adotam a democracia representativa quanto simplesmente modernize a administração burocrática sem caminhar nesse sentido.

---

34. LEAL, V. N. *Coronelismo, Enxada e Voto*: o Município e o Regime Representativo no Brasil. São Paulo: Editora Alfa-Omega, 1975.
35. WITTFOGEL, K. A. *Oriental Despotism* – A Comparative Study of Total Power. New York, Vintage Books, 1981.
36. FAORO, Raymundo. *Os Donos do Poder*: a Formação do Patronato Político Brasileiro. Porto Alegre: Globo, 1984.

Essa forma administrativa, o estado patrimonial, teria prevalecido na Rússia e nos países do Leste Europeu, tal foi a compreensão de Max Weber. A leitura weberiana foi substancialmente enriquecida pelos weberianos brasileiros, que a tornaram muito mais complexa ao aplicá-la às circunstâncias ibero-americanas.

Para a América Latina, um estudo clássico é o de Magali Sarfatti.[37]

Assim, o conceito weberiano de patrimonialismo teve uma aplicação robusta no Brasil, na América ibérica e na própria Península Ibérica, onde sofreu uma ampliação pelos estudiosos brasileiros.

Simon Schwartzman[38] foi outro estudioso que deu ao tema grande atenção, sendo seu mérito olhar a organização burocrática nacional buscando encontrar as bases do autoritarismo brasileiro.

A grande contribuição ao estudo do patrimonialismo brasileiro encontrou um requintado analista em Antonio Paim,[39] que associou o projeto modernizador do patrimonialismo brasileiro às reformas pombalinas e tirou daí maiores consequências.

Outro autor clássico da compreensão do patrimonialismo brasileiro foi Wanderley Guilherme dos Santos,[40] para quem a vertente modernizadora do patrimonialismo se arvora na condutora da modernização das instituições políticas, notadamente as liberais.

Ricardo Vélez Rodríguez,[41] um brasilianista colombiano do grupo de Paim, outro estudioso do patrimonialismo brasileiro, explicou que historicamente este se desenvolveu como uma espécie de "centripetismo privatizante", estruturado em torno da figura do monarca, e tendo sido herança política de um meio cultural igualmente absorvente, a cultura muçulmana. Ali, como na sociedade ibérica, a religião

---

37. SARFATTI, Magali. *Spanish Bureaucratic-patrimonialism in America*. Berkeley: Institute of International Studies, Univ. of California, 1966.
38. SCHWARTZMAN, Simon. *Bases do Autoritarismo Brasileiro*. São Paulo: Campus, 1988.
39. PAIM, Antonio. *A Querela do Estatismo*. Rio de Janeiro: Tempo Brasileiro, 1978.
40. SANTOS, Wanderley Guilherme. *Ordem Burguesa e Liberalismo Político*. São Paulo: Duas Cidades, 1978.
41. VÉLEZ RODRÍGUEZ, Ricardo. *Patrimonialismo e a Realidade Latino-Americana*. Rio de Janeiro, Documenta Histórica, 2006.

universalista e o dirigente protetor constituem o contraponto de uma vida insegura e instável.

5.2.2 Características do patrimonialismo

No livro mencionando – Ricardo Vélez apresenta as 13 características do patrimonialismo, que seriam as seguintes:

1. Senhores de terra e mandatários reais são mais fortes que a sociedade. Sem poder social, a população não tem representação e torna-se marginal na dinâmica político-administrativa.

2. O Estado, embora maior que a sociedade, não possui instância pública de bem-estar social. Simon Schwartzman define bem a questão: para outros povos, a política é um meio de melhorar os negócios, aqui ela é o grande negócio.

3. Complexo de clã: a solidariedade social só se estende ao grupo parental. Ocorre a privatização do Estado.

4. Supõe-se o Estado como garantidor da riqueza da nação. A tributação nesses países converte-se em confisco. A poupança e o investimento são dificultados.

5. Autoritarismo e terrorismo político se justificam pela tese de que o Estado precisa de poder total para solucionar os problemas.

6. O corporativismo desenvolve-se como forma macro do complexo de clã. Defende-se irracionalmente a classe ou grupo em detrimento do bem geral.

7. A cidadania, ou seja, o direito do indivíduo, não vale nada. Só o pertencimento a um grupo de poder constitui direito. É um refinamento da lei do mais forte.

8. O aparelho jurídico se adapta, tornando-se permissivo para o Estado e rigoroso contra os inimigos do Estado, o povo.

9. Partidos se organizam em função de grupos pessoais de poder.

10. Aretórica política desvia da representatividade direta e cidadania para a idealização total da nação no carisma do governante.

11. Estabelece-se a ética privada ou de grupo como norma. A essência do patrimonialismo é a corrupção da noção de Estado como esfera do público.

12. Teologia da pobreza, inclusive teologia da libertação.

13. Tendências modernizadoras esporádicas baseadas no tecnicismo ou burocratização do Estado patrimonial.[42]

A título de exemplo, podem-se citar no Brasil o número de advogados e a despesa dos órgãos que empregam advogados, como o Judiciário e o Ministério Público. A caixa-preta do judiciário começa a ser desvendada no Brasil.[43] O Brasil possui o judiciário mais caro do mundo.

O percentual de despesas do Judiciário em relação ao PIB é escandalosamente alto no Brasil. Enquanto a maioria dos países oscila entre 0,12 e 0,30%, o gasto brasileiro chega a fantásticos 1,30% do PIB, como se vê no próximo gráfico. É o mais caro do mundo.

---

42. VÉLEZ RODRÍGUEZ, Ricardo. .op. cit., f.67-74.
43. Conselho Nacional de Justiça. *Justiça em Números – 2016*. Disponível em: < http://www.cnj.jus.br/files/conteudo/arquivo/2016/10/b8f46be3dbbff344931a933579915488.pdf>. Acesso em: 11 ago. 2017.

JUDICIÁRIO NO BRASIL (1)

Gráfico 3. Despesa do Poder Judiciário como (%) percentual do Produto Interno Bruto, países selecionados

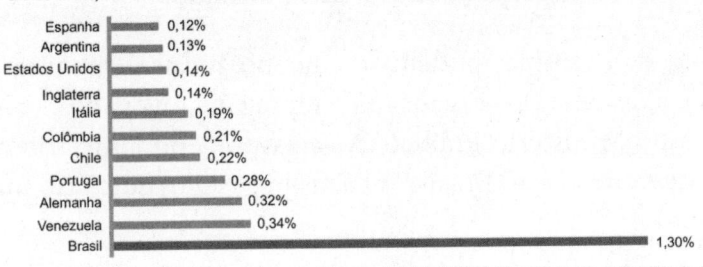

- Espanha: 0,12%
- Argentina: 0,13%
- Estados Unidos: 0,14%
- Inglaterra: 0,14%
- Itália: 0,19%
- Colômbia: 0,21%
- Chile: 0,22%
- Portugal: 0,28%
- Alemanha: 0,32%
- Venezuela: 0,34%
- Brasil: 1,30%

Fontes: CNJ 2014: European Commission for the Efficiency of justice (CEPEJ) 2014, 32; Centro de Estudios de Justicia de las Américas (CEJA) 2007; National Center for State Courts (INCSC) 2012: Supreme Court of the United States (SCOTUS) 2012.

O Ministério Público não fica atrás:

MINISTÉRIO PÚBLICO (2)

Gráfico 4. Despesa do Ministério Público como percentual (%) do Produto Interno Bruto, países selecionados

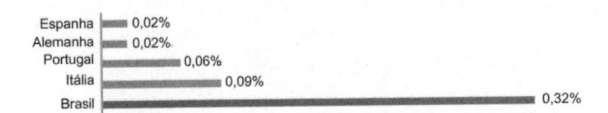

- Espanha: 0,02%
- Alemanha: 0,02%
- Portugal: 0,06%
- Itália: 0,09%
- Brasil: 0,32%

Fontes: European Commission for the Efficiency of Justice (CEPEJ) 2014, vários (cf. nota de rodapé n. 10).

A soma dos dois – Judiciário mais Ministério Público:

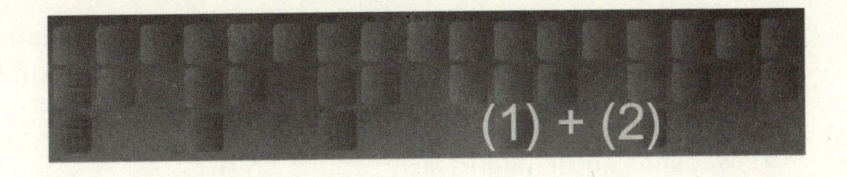

Gráfico 5. Despesa do Ministério Público como percentual (%) ao Produto Interno Bruto, países selecionados[12]

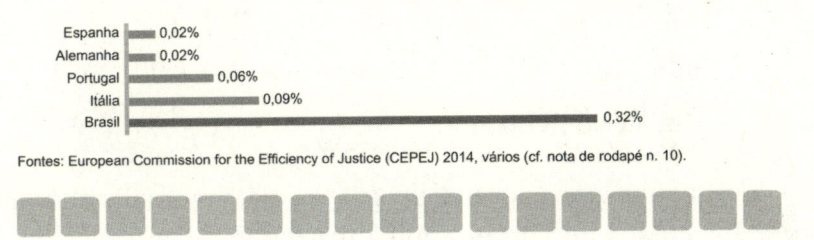

- Espanha: 0,02%
- Alemanha: 0,02%
- Portugal: 0,06%
- Itália: 0,09%
- Brasil: 0,32%

Fontes: European Commission for the Efficiency of Justice (CEPEJ) 2014, vários (cf. nota de rodapé n. 10).

Essas burocracias corporativistas do Estado patrimonialista detêm uma soma invejável de poder dentro da máquina estatal. O conluio patrimonialista entre essas burocracias e o patronato político deixa o Estado brasileiro capturado por esses grupos políticos e estamentais.

Tanto assim que o Brasil assistiu, nos últimos anos, à mais perversa concentração de renda do século XXI, segundo José Márcio Camargo.[44]

- Em valores correntes, R$ 1,3 trilhão de impostos pagos por todos os brasileiros foram transferidos para pagar o déficit das aposentadorias dos funcionários públicos federais entre 2001 e 2015.

- Servidores ativos e inativos do Judiciário e do Legislativo possuem privilégios ainda maiores, obtendo benefícios que superam a renda de 99,5% dos brasileiros.

---

44. Ph. D em Economia pelo Massachusetts Institute of Technology (MIT); atua como docente na Pontifícia Universidade Católica do Rio de Janeiro. É referência em assuntos como Microeconomia e Economia do Trabalho.

- De acordo com previsões do governo federal, sob o regime atual, o sistema permanecerá deficitário até 2090, com um custo acumulado de R$ 1,9 trilhão, em valores de hoje.[45]

- Média de aposentadorias:

	R$
Setor privado	1.600,00
Executivo	9.000,00
Legislativo	28.000,00
Judiciário	25.000,00
Ministério Público	30.000,00

Eis uma pequena ponta do *iceberg* patrimonialista. Vamos agora aos cursos de Direito, pois uma das características do patrimonialismo é o número excessivo de advogados em relação à população geral.

O Brasil possui 1.240 cursos superiores de Direito. Com esse número, o país se consagra como a nação com mais cursos de Direito do mundo todo. A soma total de faculdades de Direito no mundo está em torno de 1.100 cursos.[46] As informações foram divulgadas também no blog Leis e Negócios do Portal IG.[47]

O número de advogados também é bastante alto, chegando a 800 mil. Mas, segundo o blog, poderiam existir muito mais. Conforme afirma a reportagem, se todos os bacharéis em Direito passassem no exame da Ordem dos Advogados do Brasil (OAB) – pré-requisito para poder advogar no país –, o país computaria mais de 3 milhões de advogados.

---

45. Disponível em: <http://www.institutomillenium.org.br/artigos/perversa-transferencia-de-renda/>. Acesso em: 11 ago. 2017.
46. Sinopses Estatísticas da Educação Superior 2015 – Graduação (atualizado em 20/10/2016). Disponível em: <http://portal.inep.gov.br/sinopses-estatisticas-da-educacao-superior>. Acesso em: 11 ago. 2017.
47. Disponível em: <http://guiadoestudante.abril.com.br/universidades/brasil-tem-mais-cursos-de-direito-do-que-todos-os-outros-paises-do-mundo-juntos/>. Acesso em: 06 ago. 2017.

BRASIL: ESCOLAS DE DIREITO

- 1.242 CURSOS DE DIREITO
- EUA: 205*
- JAPÃO: 74**
- MUNDO: <1.100***

- BRASIL : ADVOGADOS 1.000.000****
- SEM OAB: 2.200.000

*Disponível em: <https://magoosh.com/lsat/2016/many-law-schools-united-states/>. Acesso em: 06 ago. 2017.

**Disponível em: <https://sydney.edu.au/law/anjel/documents/ZJapanR/ZJapanR27/ZJapanR27_21_Jones.pdf>. Acesso em: 06 ago. 2017.

***Disponível em: <http://publicadireito.com.br/artigos/?cod=d064f3519426dcd3>. Acesso em: 12 ago. 2017.

**** Disponível em: <http://www.conjur.com.br/2016-nov-18/total-advogados-brasil-chega-milhao-segundo-oab>. Acesso em: 12 ago. 2017.

Em face do exposto, resta agora estabelecer qual seria o papel da Maçonaria no Estado patrimonialista.

5.3 O papel da Maçonaria no Estado patrimonialista

Eis aqui a diferença essencial entre a Maçonaria latino-americana e as Maçonarias do Atlântico Norte. Enquanto aqui se vive no contexto do Estado patrimonialista, nos países desenvolvidos do Atlântico Norte eles conseguiram, no geral, se desembaraçar das peias patrimonialistas com seus respectivos subprodutos.

As principais características que o Estado patrimonialista apresenta na América Latina, em geral, e no Brasil, em particular, são as seguintes:

- Estamento hiperburocrático.
- Herdeiro da administração colonial.
- Casta estamental de altos funcionários no Estado.
- Aliança íntima com o patronato político.
- Tutela a nação e é imune ao controle do Legislativo.
- Forma de associação parasitária com a sociedade civil.
- Capilaridade nacional.
- Ética predatória.
- Subprodutos: Fisiologismo, Cartorialismo, Compadrio, Estado demiurgo e regulamentador.
- Capitalismo patrimonialista dos amigos do rei.

A Maçonaria latino-americana tem assim um duplo papel: a) na parte esotérica, realizar o templo interior; e b) na parte exotérica, ajudar seus respectivos países a superar o passivo do patrimonialismo, pugnando por valores republicanos.

Tome-se o caso brasileiro: durante mais de 100 anos – de 1822 a 1930 –, a Maçonaria foi uma elite estratégica que apontava caminhos para o Brasil. A partir de 1930, a Maçonaria se tornou uma elite convencional que não tem o que dizer para os destinos do país.

Quando participamos da II Assembleia Geral da Confederação Maçônica Interamericana – CMI em Assunção, no Paraguai, fizemos uma palestra sobre *Ascención y Caída de la Masonería* e afirmamos que a data de 1930 representava a perda de prestígio da Maçonaria no Brasil. A grande maioria dos integrantes das delegações hispano-americanas concordou que, em torno dessa data, representou também para eles uma perda de prestígio em seus respectivos países.

Assim, no Brasil a Maçonaria foi perdendo seu papel de ator político-institucional, ganhando, em contrapartida, uma certa ascendência moral. Finalizada a consolidação do Estado brasileiro, a Maçonaria deve agora ajudar a sociedade nacional a criar e implementar as instituições indispensáveis ao pleno exercício da cidadania, extirpando os passivos patrimonialistas. A vertente cultural e a articulação da sociedade civil brasileira deverão ser, daqui por diante, os *loci* da reflexão e da atuação maçônica no Brasil. A construção cultural, a articulação da sociedade civil e a luta contra as desigualdades gritantes deverão tomar conta do espírito maçônico nos próximos anos.

5.3.1 Breve perfil dos maçons na América Latina

Como características negativas gerais dos maçons na América Latina depois de 1930, podem ser apresentadas as seguintes:

- nível educacional cada vez menor;
- recrutamento, cada vez maior, na classe média;
- sofreguidão por usar indumentárias maçônicas cada vez mais barrocas;
- indumentárias das Ordens de Aperfeiçoamento parecem as de escolas de samba;
- formalismo doentio;
- vaidade;
- propensão a uma visão conspirativa da história;
- perda de conteúdo: discutem churrasco na Ordem do Dia;
- o maçom médio é movido a medalhas e diplomas;
- transformam Maçonaria em uma religião;
- Vivem das glórias do passado;
- visão ideológica da história da Maçonaria;
- mais súditos do que cidadãos;
- discussão de temas infantis; etc.

Como pontos positivos podem ser citados os seguintes:

- disponibilidade para o trabalho filantrópico;
- exercitam os valores de tolerância;
- exercício da fraternidade;
- responsabilidade;
- alegria ao redor da mesa de repasto;
- respeito aos valores religiosos; etc.

São questões que podem perfeitamente ser corrigidas, não havendo, pois, um impasse insolúvel.

5.4 Uma Proposta para a Maçonaria Latino-americana

O grande desafio exotérico da Maçonaria latino-americana neste alvorecer do século XXI é o de romper com o paradigma patrimonialista, adotando, em termos de valores, uma pujante agenda Iluminista que propugne por valores republicanos.

Qual seria então o núcleo estratégico de uma proposta para a Maçonaria no atual estágio cultural de nossos países? Na década de 1990, um grupo de consultores foi contratado por uma grande companhia de elevadores no Brasil para discutir qual o negócio da empresa. Para o cidadão comum, uma fábrica de elevadores deve produzir elevadores e ponto-final. Depois de dois dias de discussão, um engenheiro, assessor do presidente da empresa, foi ao ponto nevrálgico do objetivo: o nosso negócio é locomoção entre dois pontos fixos: i) se verticais, produzir elevadores; ii) se oblíquos, escadas rolantes; e iii) se horizontais, guindastes para indústrias. Assim, com a mesma estrutura produtiva, com a mesma equipe de vendas, poder-se-ia maximizar o negócio da fábrica de elevadores.

Permanece então a grande pergunta para os maçons latino-americanos: qual o negócio da Maçonaria latino-americana para o século XXI? Como resolver 1 mil problemas sem correr o risco de se perder? Como atuar no estratégico?

Depois de muito refletir sobre o assunto, alguns maçons chegaram a uma conclusão: a grande questão para a Maçonaria latino-americana seria a implantação de uma moral social nos respectivos países.

5.4.1 Conceito de moral social

Vamos nos ater aqui ao filósofo Antonio Paim[48] e seus discípulos (Leonardo Prota, Arsenio Eduardo Corrêa, Ricardo Vélez Rodríguez), que vêm estudando a moral social no Brasil há mais de 30 anos.

Ao se discutir assuntos relacionados à ética, deve-se levar em consideração as seguintes noções fundamentais: moral, ética, moral individual, moral social, moral social vertical, moral social horizontal ou consensual, moral de convicção (ética dos intelectuais), moral de responsabilidade (ética dos políticos).

Ricardo Vélez Rodríguez afirma que a definição de Paim sobre a **moral** é a seguinte: um *conjunto de normas de conduta adotado como universalmente válido por uma comunidade humana, em um lugar e em um tempo determinado*. Três aspectos, continua Ricardo, ressaltam nessa definição: em primeiro lugar, o *conjunto de normas de conduta* adotado como universalmente válido; ou seja, a moral sempre se apresenta como algo imperativo, em relação à ação humana e em face das noções de bem e de mal. Difere de outras pautas comportamentais, como os regulamentos ou a moda, pela feição de *norma absoluta de conduta* que não admite, portanto,

---

48. Antonio Paim nasceu no estado brasileiro da Bahia em 1927. Na década de 1950, concluiu o curso de Filosofia da Universidade Lomonosov, em Moscou, e da Universidade do Brasil, no Rio de Janeiro. Iniciou, nos anos 1960, carreira universitária nessa última cidade, tendo sido sucessivamente professor auxiliar da Universidade Federal do Rio de Janeiro, adjunto da Pontifícia Universidade Católica do Rio de Janeiro, titular e livre-docente da Universidade Gama Filho, aposentando-se em 1989. Na Pontifícia Universidade Católica do Rio organizou e coordenou o Curso de Mestrado em Pensamento Brasileiro. Na Universidade Gama Filho, juntamente com o professor português Eduardo Soveral, implantou o Curso de Doutorado em Pensamento Luso-Brasileiro. Presentemente desenvolve atividades de pesquisa em universidades, no Brasil e em Portugal. Preside o Conselho Acadêmico do Instituto de Humanidades (http://www.institutodehumanidades.com.br/). Pertence às seguintes entidades: Instituto Brasileiro de Filosofia (IBF), Academia Brasileira de Filosofia, Pen Clube do Brasil, Instituto Histórico e Geográfico Brasileiro, Academia de Ciências de Lisboa e Instituto de Filosofia Luso-Brasileira, sediado em Lisboa. No Instituto Brasileiro de Filosofia, presidido por Miguel Reale, tem desenvolvido amplo trabalho de pesquisa e reedição de textos na área de Filosofia brasileira.

negociação, porquanto intimamente vinculada às noções de bem e de mal. Destaca-se, em segundo lugar, o aspecto da *comunidade humana* que adota o código moral. Efetivamente, este sempre esteve relacionado a um específico contexto humano, a certa comunidade, como já fica claro em relação à forma que Aristóteles entendia a moral grega na *Ética a Nicômaco* (cf. Aristóteles, 1985), ou como aparece na história da consolidação da moral no povo judeu, segundo a tradição bíblica. Em terceiro lugar, salta à vista o aspecto da condição *espaço temporal* da lei moral, essencialmente vinculada à história humana e passível, sob esse ângulo, de ajustes em seu evoluir.[49]

Já o conceito de **ética** consiste no estudo racional e sistemático da moral. Enquanto esta constitui a variável concreta, a ética representa o aspecto abstrato e teórico dela. Em relação a um determinado código moral, como o fixado na Grécia, por exemplo, pela pedagogia dos sofistas ou *paideia*, podemos encontrar várias abordagens teóricas: as representadas pela *ética socrática* (presente nos *Diálogos* que Platão dedicou a cultuar a memória de seu mestre), pela *ética da pólis* (que Platão concebeu como ideal da cidade grega, em sua obra *A República*) ou pela *ética da bem-aventurança* ou *da felicidade* (sistematizada por Aristóteles em suas obras *Ética a Nicômaco, Ética a Eudemo* e *Grande Ética*, levando em consideração a abertura da Grécia ao mundo, no império de Alexandre) (ver Veléz Rodríguez, p. 4).

Veléz Rodríguez apresenta, a seguir, os diversos conceitos.

O código moral pode ser abordado de dois ângulos: individual e social. O **código moral individual** consiste naquilo que Kant denominava, no final do século XVIII, de **imperativo categórico** da consciência, que nos exige agir de acordo com ela custe o que custar, sem enxergar as consequências. Max Weber se aprofundou teoricamente sobre esse tipo de moral, à luz do conceito de **ética de convicção**, que constitui o modelo presente na moral evangélica e que deveria inspirar a tarefa dos intelectuais, preocupados unicamente com a busca

---

49. VELÉZ-RODRÍGUEZ, Ricardo. *O Brasil e a Moral Social* – Atualidade do Debate em torno da Ética do Mundo Globalizado, p. 4. Disponível em: <http://www.ecsbdefesa.com.br/defesa/fts/BMSA.pdf>. Acesso em: 7 ago. 2017.

diuturna da verdade, sem calcular vantagens ou desvantagens. O *código moral individual* configurou-se tradicionalmente no Ocidente a partir da religião cristã. Mas Immanuel Kant elaborou uma fundamentação eminentemente racional para a moral individual, em sua *Fundamentação da metafísica dos costumes*, como ficará explicado no próximo item (ver Veléz Rodrígues, p. 5).

Já o **código moral social** consiste no mínimo comportamental a ser exigido dos membros de uma comunidade para que ela não se desintegre. A filosofia inglesa, ao longo dos séculos XVII e XVIII, desenvolveu ampla reflexão sobre a *moral social*, em decorrência do fato de ter se consolidado na Inglaterra a tolerância em matéria religiosa.

O *código* de *moral social* pode ser formulado de duas maneiras: *vertical* ou *horizontal*. Ocorre a *moral social vertical* quando o mínimo comportamental exigido dos membros de uma sociedade é imposto por um grupo, uma pessoa ou um estamento que detém o poder. É isso o que ocorreu, por exemplo, nos países comunistas ao longo do século XX, onde o Estado foi o exclusivo formulador das normas de comportamento moral da sociedade. Outro exemplo de *moral social vertical* foi o acontecido na Colômbia, no período compreendido entre 1886 e 1991, em que a religião católica foi considerada a religião oficial do Estado, passando este à Igreja Católica a incumbência de formular a moral social. Outro exemplo seria o do Irã, no período que se estende desde 1979 até nossos dias, em que os aiatolás chamaram para si a função de formular e implantar a moral social xiita.

Ocorre a *moral social horizontal* (ou *consensual*) quando o mínimo comportamental exigido dos membros de uma sociedade é fixado consensualmente por eles. Esse modelo deu-se historicamente na Inglaterra a partir do final do século XVIII, com a adoção da tolerância religiosa. Se todas as crenças eram válidas, não existiria nenhuma Igreja que fosse privilegiada para pautar a moral social. Decorreu daí que a moral social somente poderia ser fixada por consenso. Essa *moral social consensual* seria a única base possível para o exercício da *autoridade racional*, na forma em que Weber tematizou esse tipo ideal de dominação em seu ensaio intitulado *A política como vocação* (cf. Weber, 1993). A prática verdadeira da democracia implica a consolidação, na sociedade, de uma moral social consensual (ver Veléz Rodrígues, p. 6).

Paim, em seu opúsculo de grande acuidade sobre o assunto, apresenta os sete modelos éticos no Ocidente:

1. A ética grega, segundo a qual a virtude não é obrigatória, exigindo pré-requisitos e apresentando-se de forma distinta em relação a certos papéis sociais, achando-se associada ao saber.

2. A ética de salvação, elaborada durante a Idade Média, assim denominada por ter interpretado a ética grega de ângulo teológico, dando precedência à vida eterna.

3. A ética social, elaborada nas nações protestantes, na Época Moderna, com o propósito de fixar critérios para a incorporação de princípios morais à sociedade, já que a moralidade básica é entendida como sendo individual e dizendo respeito a uma relação com o Criador que não admite mediações.

4. A ética do dever, formulada por Kant, que circunscreve o problema ético ao da fundamentação da moral, preconizando uma solução racional, sem recurso à divindade.

5. A ética eclética, que se propõe a conciliar o racionalismo kantiano com a simultânea admissão de inclinações morais nos homens, adotada pelos neotomistas.

6. A ética dos fins absolutos, segundo a qual "os fins justificam os meios", que, sem abdicar dos pressupostos cientificistas que a fazem renascer na Época Moderna, veio a ser encampada pelos marxistas.

7. A ética de responsabilidade, proposta por Max Weber, que pretende fazer renascer a tradição kantiana, no que diz respeito à eliminação da dependência à religião, reelaborando-a

para abandonar os vínculos que porventura tivesse estabelecido com a suposição de uma sociedade racional.[50]

O modelo 3 – ética social – é o que nos interessa mais de perto. O **código moral social** consistiria no mínimo comportamental a ser exigido dos membros de uma comunidade para que ela não se desintegre. A filosofia e os moralistas ingleses, ao longo dos séculos XVII e XVIII, desenvolveram ampla reflexão sobre a *moral social*, em decorrência do fato de ter se consolidado na Inglaterra a tolerância em matéria religiosa.

Tal código é estranho à cultura latino-americana, que foi formada no contexto da Contrarreforma. Tal ausência implica uma espécie de aleijão cultural ou ético.

Paim afirma que:

"A moral ocidental se constitui de um núcleo básico que vem sendo enriquecido desde o Decálogo: o ideal de pessoa humana. Esse ideal não se formulou desde logo, mas experimenta alguns momentos básicos em sua evolução. O primeiro corresponde aos próprios Dez Mandamentos. O segundo equivale ao conceito de pessoa humana elaborado na Idade Média, tomando por base o método de análise racional estruturado na Grécia, notadamente as discussões em torno do livre-arbítrio. E, finalmente, o terceiro consiste no ciclo que vai do pleno florescimento da ideia de ética social, na Inglaterra, na primeira metade do século XVIII, à obra madura de Kant na segunda metade daquele século."[51]

---

50. PAIM, Antonio. *A Modelos Éticos* – Introdução ao Estudo da Moral. São Paulo: Ibrasa, 1992. p. 19. Uma explicação mais detalhada desses modelos pode ser disponibilizada em http://www.institutodehumanidades.com.br/curso_humanidades/moral.pdf. Acesso em: 8 ago. 2017.
51. Idem, ibidem, p. 39.

Uma vez entendido o conceito de moral social, passa-se agora à sua aplicação no Brasil, especificamente, e na América Latina, em geral.

5.4.2 Aplicação do conceito na América Latina

Os países desenvolvidos do Atlântico Norte estruturaram a sua moral social por consenso societal a partir dos séculos XVII e XVIII, conforme visto no item anterior. Toda sociedade que aspira a formas democráticas de convivência social precisa discutir a questão da moral social. Não pode ser uma moral social vertical, aplicada pelas elites que empolgam o poder, impelida de cima para baixo para criar um simulacro de moral social. Na América Latina, proclamou-se a República, mas os valores não são cristalinamente republicanos. A capa é republicana, mas o conteúdo é patrimonialista. Nota-se então que a moral social não pode ser implantada por decreto, pois tem de haver um consenso entre os membros da sociedade e isso é um longo processo cultural. Se se conseguisse cultivar os valores consensuais da moral social nos próximos dez anos, resolver-se-iam mil problemas: éticos, políticos, sociais, econômicos, étnicos, etc.

No Brasil, historicamente, sempre tivemos grupos que empolgaram o poder e tentaram impulsionar uma sociedade amorfa, implantando valores éticos de cima para baixo. Tais foram os casos do Absolutismo católico, do pombalismo, da república positivista, do getulismo e da tecnocracia militar.

Se é verdade que temos esse grande passivo cultural e ético, surge inevitavelmente a pergunta crucial: não seria o grande papel da Maçonaria latino-americana, neste alvorecer do século XXI, em termos exotéricos, ajudar seus respectivos países a inocular os valores da moral social consensual nesses locais? Isso pode parecer estranho para os países maçônicos do Atlântico Norte, pois não estão afeitos a esse tipo de problemática. Já estão buscando uma sociedade pós-iluminista, pós-moderna... E nós ainda estamos operando com valores pré-iluministas, tais como: patrimonialismo, clientelismo, corporativismo, fisiologismo, cartorialismo, etc.

6 – Conclusão

A recente crise política e ética do Brasil, provocada pelo *tsunami* da Lava Jato do juiz Sérgio Moro, demonstra que a sociedade brasileira está maduríssima para discutir a moral social e somente a Maçonaria, por seu passado histórico, por seus valores, já testados em diversos países, poderia dar uma contribuição fundamental neste século XXI e parar de viver das glórias do passado.

O grande conflito no Brasil e na América Latina não é entre o capital e o trabalho, mas entre o Estado patrimonialista e a sociedade que está cansada de sustentá-lo com seus privilégios e suas corporações vorazes, conforme visto anteriormente. A superação do Estado patrimonialista que nos aflige será alcançada se conseguirmos criar um capitalismo democrático com valores da moral social.

No passado perseguimos os judeus e os cristãos-novos, hoje, a não ser pelos empresários amigos do rei, são todos perseguidos pela voracidade do fisco, pela burocracia, pela falta de inovação e por tantos empecilhos do Estado patrimonialista.

O conluio entre a burocracia estamental do Estado e boa parte da elite política corrupta, como tem levantado a Lava Jato no Brasil, começa a ser desmontado e sem a participação ativa da Maçonaria. Caso se pudesse agregar a Maçonaria nesse processo, ele seria mais rápido e talvez mais profundo.

Já há um consenso de que a causa de nosso secular atraso consiste, sem dúvida, nessa hipertrofia do Estado sobre a sociedade subjugada e na falta de estímulos de tipo cultural, tais como a ética do trabalho, a livre iniciativa e a definitiva consolidação da economia de mercado. Os inimigos do nosso desenvolvimento não são basicamente exógenos, mas internos.

A estrutura social brasileira já apresenta um aumento substancial da classe média, como se pode observar pelo seguinte quadro:

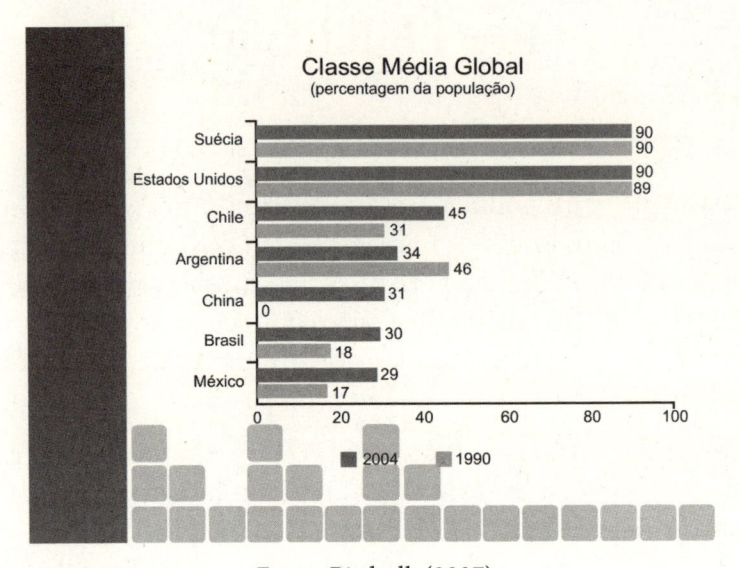

Classe Média Global
(percentagem da população)

País	2004	1990
Suécia	90	90
Estados Unidos	90	89
Chile	45	31
Argentina	34	46
China	31	0
Brasil	30	18
México	29	17

Fonte: Birdsall, (2007).

Em 1990, o Brasil tinha somente 18% de classe média, subindo para 30% em 2004. Quando a classe média é pequena, o Estado patrimonialista não leva muito em consideração as demandas da população despossuída. Hoje o quadro começa a se modificar:

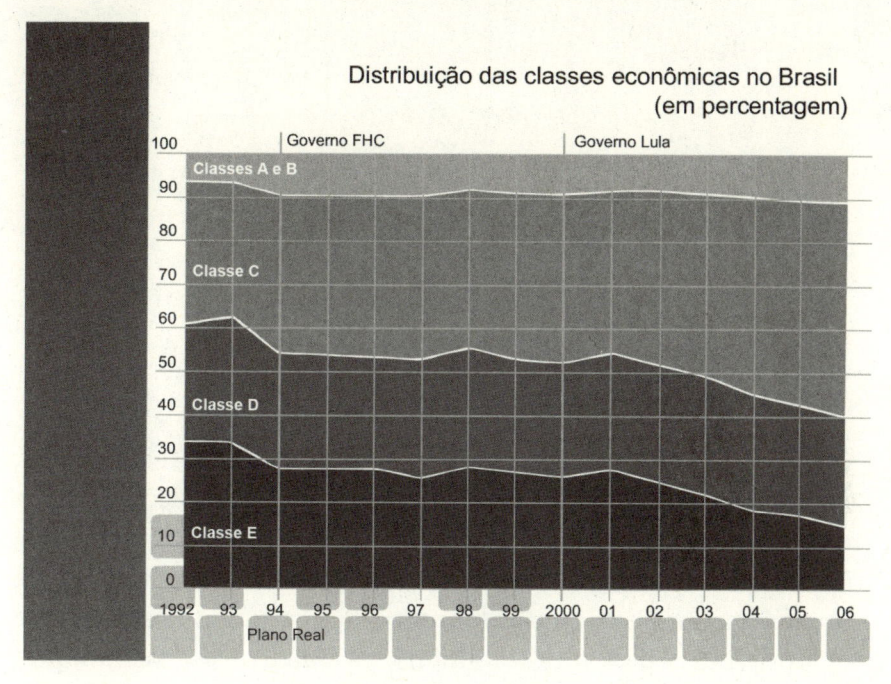

Distribuição das classes econômicas no Brasil
(em percentagem)

Fonte: Neri, 2010.

A classe média já representa 54% da população global. As condições estruturais no Brasil, e em muitos países da América Latina, apresentam uma classe média em ascensão quantitativa. Se se unir essas condições objetivas da estrutura social com a inoculação de novos valores da moral social, poder-se-á ter uma salto qualitativo em nosso país.

Não se sabe ainda como a Maçonaria do Atlântico Norte sairá de seu impasse cultural, mas na América Latina tem-se ainda um longo e largo caminho a percorrer.

Quem viver, verá...

7 – Anexos

Déclaration commune des Obédiences maçonniques françaises

Héritières de près de trois siècles de Franc-Maçonnerie en France assumant leurs racines communes dans les Obligations inscrites par James Anderson en 1723, fières de leurs identités et de la diversité des parcours qu'elles offrent à des Sœurs et des Frères de toutes origines et de toutes conditions, les Obédiences maçonniques françaises, fondatrices de "La Maçonnerie Française", proclament la déclaration commune suivante:

A l'écart des controverses partisanes, engagées dans une démarche initiatique qui émancipe les consciences, les Obédiences maçonniques françaises affirment en commun:

- La primauté d'un parcours équilibré entre démarche initiatique, pratique d'une méthode symbolique et engagement citoyen et social;
- Le rejet de tout dogmatisme et de toute ségrégation;
- Le refus de tous les intégrismes et de tous extrémismes;
- La volonté de travailler à l'amélioration de la condition humaine, aux progrès des libertés individuelles et collectives;
- La défense et la promotion de la liberté absolue de conscience de pensée, d'expression et de communication;

- La défense et la promotion de la laïcité, liberté essentielle qui permet toutes les autres;
- La recherche du dialogue pour la paix, la fraternité et le développement.

Elles décident de travailler ensemble à l'amélioration de l'homme et de la Société et invitent les Sœurs et les Frères de toutes les Obédiences maçonniques à rejoindre cette démarche commune.

<u>Grand Orient de France</u>
<u>Fédération Française du Droit Humain</u>
<u>Grande Loge de France</u>
<u>Grande Loge Féminine de France</u>
<u>Grande Loge Traditionnelle et Symbolique Opéra</u>
<u>Loge Nationale Française</u>
<u>Grande Loge Mixte Universelle</u>
<u>Grande Loge Mixte de France</u>

Fait à Paris, au siège du Grand Orient de France le 20 Février 2002

Composantes

La Grande Loge Féminine de Memphis Misraïm est une des 9 Obédiences fondatrices de la Maçonnique Française. Elle en est, à ce titre, une de ses composantes. La Maçonnerie Française s'est fondée autour de valeurs partagées:

- Liberté absolue de conscience;
- Défense des valeurs républicaines: "Liberté, Egalité, Fraternité";
- Défense du principe de laïcité;
- Défense de la dignité humaine.

La Maçonnerie Française, semblable à la société, est plurielle. Elle propose aux profanes diverses voies d'accès.[52]

---

52. Disponível em: <http://www.glf-mm.org/fr/liens-utiles>. Acesso em: 6 ago. 2017.

8 – Referências Bibliográficas

ABEL, Chedid Marcos. O Insight na Psicanálise. *Revista Psicologia: Ciência e Profissão*, Brasília, 23(4), p. 22-31, 2003. Disponível em http://www.scielo.br/pdf/pcp/v23n4/v23n4a05.pdf. Acesso: 15 jul. 2017.

AGULHON, Maurice. *Pénitents et Francs-Maçons de l'Ancienne Provence.* Paris: Fayard, 1968.

ANDERSON, Perry. *Origens da Pós-Modernidade.* Rio de Janeiro: Jorge Zahar, 1999.

ARISTÓTELES. *Ética a Nicômaco.* Tradução do grego, introdução e notas de Mário da Gama Kury. Brasília: Editora da UnB, 1985.

BAUER, Alain. *Le Crépuscule des Frères* – La Fin de la Franc-Maçonnerie? Paris: La Table Ronde, 2005.

BAUMAN, Zygmunt. *Ética Pós-moderna.* São Paulo: Paulus, 1997.

_____. *Modernidade e Ambivalência.* Rio de Janeiro: Jorge Zahar, 1999.

_____. *A Modernidade Líquida.* Rio de Janeiro: Jorge Zahar, 2001.

BAYLOT, Jean. *La Voie Substituée.* Paris: Dervy Livres, 1985.

BELTON, John; HENDERSON, Kent. Freemasons – An Endangered Species? *Ars Quatuor Coronatorum – AQC,* London, v. 113, p. 114-150, 2000. Disponível em: <http://kenthenderson.com.au/m_papers10.html>. Acesso em: 15 jul. 2017.

BÉNÉDICT, Jean. Fin de la Maçonnerie? *Revue Masonica*, Lausanne, n 11, p. 45-50, 2001, Groupe de recherche maçonnique suisse, Grande Loge Suisse Alpina – GLSA. Disponível em: <http://www.freemasons-freemasonry.com/masonica_GRA_benedict.html>. Acesso em: 22 jul. 2017.

BENJAMIN, Walter. A Obra de Arte na Época de sua Reprodutibilidade Técnica. In: ADORNO et al. *Teoria da Cultura de Massa*. São Paulo: Paz e Terra, 2000. p. 221-254.

BETTEL, Leslie (Org.). *História da América Latina:* O da Independência até 1870. v. III. São Paulo: Edusp, 2004.

BIRDSALL, Nancy. *Reflections on the Macro Foundations of the Middle Class in the Developing World*. Center for Global Development, London, Working Paper Number 130, October 2007. Disponível em: <https://www.cgdev.org/sites/default/files/14696_file_Middle_Class.pdf>. Acesso em: 8 ago. 2017.

BOGDAN, Henrik; SNOEK, Jan A.M. *Handbook of Freemasonry*. Leiden/Boston: Brill, 2014.

BOTTOMORE, T. B. *As Elites e a Sociedade*. Rio de Janeiro: Zahar, 1974.

CARVALHO, José Murilo de. *A Construção da Ordem* e *Teatro das Sombras*. Rio de Janeiro: Civilização Brasileira, 2003.

CARVALHO, William. *Ascensão e Queda da Maçonaria no Brasil*. Brasília: Inédito, 2015.

DEMO, Pedro. *Metodologia Científica em Ciências Sociais*. São Paulo: Atlas, 1995. Disponível em: <http://josesales.com.br/arquivos/DEMO%20Pedro.%20Metodologia%20cient%C3%ADfica%20em%20Si%C3%AAncias%20Sociais.pdf>. Acesso em: 15 jul. 2017.

FAORO, Raimundo. *Os Donos do Poder:* a Formação do Patronato Político Brasileiro. Porto Alegre: Globo, 1984.

GELLNER, Ernest. *Pós-modernismo, Razão e Religião*. Lisboa: Instituto Piaget, 1994.

GIDDENS, Anthony. *The Consequences of Modernity*. Cambridge: Polity Press, 1990.

_____. *Modernity and Self Identity*. Cambridge: Polity Press, 1991.

GUYARD, Alain. *La Fin de la Franc-maçonnerie*. Paris: EDIMAF, 2003.

HABERMAS, Jürgen. *Mudança Estrutural da Esfera Pública*. Rio de Janeiro, Tempo Brasileiro, 1984.

_____. *O Discurso Filosófico da Modernidade*. São Paulo: Martins Fontes, 2002.

HALL, Stuart. *A Identidade Cultural na Pós-modernidade*. Rio de Janeiro: DP&A, 2000.

HARVEY, David. *A Condição Pós-moderna*. São Paulo: Loyola,1993.

HEIDEGGER, Martin. *Ser e Tempo*. Campinas; Petrópolis: Editora da Unicamp; Vozes, 2012.

HOBSBAWM, Eric; RANGER, Terence (Org.). *A Invenção das Tradições*. Rio de Janeiro: Paz e Terra, 2008. Disponível em: <https://drive.google.com/file/d/0B-uKLH1YmxZGOVVyYWJfV3d5SVU/view>. Acesso em: 15 jul. 2017.

HOLANDA, S. B. *Raízes do Brasil*. Brasília: Ed. UNB, 1963.

HUSSERL, Edmund. *A Crise das Ciências Europeias e a Fenomenologia Transcendental*: uma Introdução à Filosofia Fenomenológica. Rio de Janeiro: Grupo Editorial Nacional – GEN, 2012.

ISMAIL, Kennyo. *Panorama Comparativo da Maçonaria no Mundo*: 2011-2016. Disponível em: <http://www.noesquadro.com.br/wp-content/uploads/2016/08/UM-PANORAMA-COMPARATIVO-DA-MA%C3%87ONARIA-NO-MUNDO-Kennyo-Ismail.pdf>. Acesso em: 7 ago. 2017.

KANT, Immanuel. *A Metafísica dos Costumes*. São Paulo: Folha de São Paulo, 2010.

LEAL, V. N. *Coronelismo, Enxada e Voto:* o Município e o Regime Representativo no Brasil. São Paulo: Editora Alfa-Omega, 1975.

LYOTARD, Jean-François. *A Condição Pós-moderna.* Rio de Janeiro: José Olympio, 2008.

KÖNIGSTEIN, A. R. *L'Erreur Fasciste.* Pseudônimo de Alain Guyard. Disponível em: <http://www.gouttelettes-de-rosee.ch/medias/files/l-erreur-fasciste.pdf>. Acesso em: 28 jul. 2017.

_____. *L'Ésotérisme Revolucionnaire.* 1996. Pseudônimo de Alain Guyard. Disponível em: <http://www.gouttelettes-de-rosee.ch/medias/files/l-esote-risme-re-volutionnaire.pdf>. Acesso em: 28 jul. 2017.

KUHN, S. Thomas. *A Estrutura das Revoluções Científicas.* 3. ed. São Paulo: Perspectiva, 1992. Ver resenha: <http://www.scielo.br/pdf/epec/v14n3/1983-2117-epec-14-03-00351.pdf>. Acesso em: 15 jul. 2017.

_____. *Finis Latomorum? La Fin des Francs-maçons?* Paris: Éditions de l'Ermite, 1950.

_____. *Histoire de la Franc-Maçonnerie Française:* La Maçonnarie chez Elle. Genève-Paris: Slatkine, 1981.

LIGOU, Daniel. *Dictionnaire de la Franc-Maçonnerie.* Paris: PUF, 1998.

LIST OF LODGES. Estados Unidos, Ed. Pantagraph, 2000 a 2016.

MAQUIAVEL, N. *O Príncipe.* São Paulo: Martin Claret, 2007.

MARX, Karl; ENGELS, Friedrich. *O Manifesto Comunista,* 1848. Disponível em: <http://www.ebooksbrasil.org/adobeebook/manifestocomunista.pdf>. Acesso em: 15 jul. 2017.

MASLOW, Abraham H. *Motivation and Personality.* Nova York: Harper Collins, 1970.

MICHELS, R. *Sociologia dos Partidos Políticos na Democracia Moderna.* Brasília: UNB, 1982.

MOLLÈS, Dévrig. *Le "Triangle Atlantique"*: Émergence et Expansion de la Sphère Maçonnique Internationale. Une Analyse Statistique (1717-1914). Disponível em: <https://nuevomundo.revues.org/67498#tocto2n2>. Acesso em: 7 ago. 2017.

MOREL, Marco. *As Transformações dos Espaços Públicos*. São Paulo, Hucitec, 2005.

MOSCA, Gaetano. *La Clase Política*. México: Fondo de Cultura Económica, 1984.

NERI, Marcelo Cortes. *A Nova Classe Média:* o Lado Brilhante dos Pobres. Rio de Janeiro: CPS/FGV, 2010. Disponível em: <http://www.cps.fgv.br/ibrecps/ncm2010/NCM_Pesquisa_FORMATADA.pdf>. Acesso em: 8 ago. 2017.

_____. *A Nova Classe Média:* o Lado Brilhante da Base da Pirâmide. São Paulo: Saraiva, 2011.

NUNES, E. de O. *A Gramática Política do Brasil:* Clientelismo e Insulamento Burocrático. Rio de Janeiro; Brasília: J. Zahar Editor; Escola Nacional de Administração Pública, 1997.

O'DONNELL, G. A. *Modernización y Autoritarismo*. Buenos Aires, Editorial Paidós, 1972.

PAIM, Antonio. *História das Ideias Filosóficas no Brasil*. São Paulo: Edusp/Grijalbo, 1974.

_____. *A Querela do Estatismo*. Rio de Janeiro: Tempo Brasileiro, 1978.

_____. *Pombal e a Cultura Brasileira*. Rio de Janeiro: Tempo Brasileiro, 1982.

PAIM, Antonio. *Modelos Éticos:* Introdução ao Estudo da Moral. São Paulo: Ibrasa, 1992.

_____. *Tratado de Ética*. Londrina: Ed. Humanidades, 2003. Disponível em: <http://institutodehumanidades.com.br/arquivos/tratado_de_etica.pdf>. Acesso em: 8 ago. 2017.

_____. *O Liberalismo Contemporâneo*. Londrina: Ed. Humanidades, 2007.

PARETO, V. *The Mind and Society*: A Treatise on General Sociology. New York: Harcourt Brace Jovanovich, 1935 (Originally Published in 1916.)

PLATÓN. *Obras Completas*. Madrid: Aguilar, 1990.

POPPER, Karl. *A Lógica da Pesquisa Científica*. São Paulo: Cultrix, 1993. Disponível em: <https://projetoaletheia.files.wordpress.com/2015/07/popper-karl-a-lc3b3gica-da-pesquisa-cientc3adfica.pdf>. Acesso em: 15 jul. 2017.

PRADO JR., Caio. *Evolução Política do Brasil:* Colônia e Império. São Paulo: Brasiliense, 1994.

_____. *Formação do Brasil Contemporâneo*. São Paulo: Brasiliense, 1953.

SARFATTI, Magali. *Spanish Bureaucratic-patrimonialism in America*. Berkeley: Institute of International Studies, Univ. of California, 1966.

SCHWARTZMAN, S. Back to Weber: Corporatism and Patrimonialism in the Seventies. In: MALLOY, *Authoritarianism and Corporatism in Latin America*. J. M. Pittsburgh: University of Pittsburgh Press, 1977. p. 89-106.

SCHWARTZMAN, Simon. *São Paulo e o Estado Nacional*. São Paulo: Difel, 1975.

_____. *Bases do Autoritarismo Brasileiro*. São Paulo: Campus, 1988.

SOUZA, Amaury; LAMOUNIER, Bolívar. *A Classe Média Brasileira – Ambições, Valores e Projetos de Sociedade*. Rio de Janeiro: Elsevier, 2010.

URICOECHEA, F. *O Minotauro Imperial a Burocratização do Estado Patrimonial Brasileiro no Século XIX*. Rio de Janeiro: Difel, 1978.

VÉLEZ-RODRÍGUEZ, Ricardo. *O Brasil e a Moral Social* – Atualidade do Debate em Torno da Ética do Mundo Globalizado. Disponível em: <http://www.ecsbdefesa.com.br/defesa/fts/BMSA.pdf>. Acesso: em 7 ago. 2017.

_____. *Patrimonialismo e a Realidade Latino-Americana*. Rio de Janeiro: Documenta Histórica, 2006.

WEBER, Max. *A Ética Protestante e o Espírito do Capitalismo*. São Paulo: Pioneira, 1967.

_____. *Economia e Sociedade* – Fundamentos da Sociologia Compreensiva. Brasília: UnB, 1999. v. 2.

WILSON, John. Voluntary Associations and Civil Religion: the Case of Freemasonry. *Review of Religious Research*, Wheaton, IL, v. 22, n. 2, p. 125-136, Dec. 1980. Tradução disponível em: <https://bibliot-3ca.wordpress.com/associacoes-voluntarias-e-religiao-civil-o-caso-da-maconaria/>. Acesso em: 25 jul. 2017.

WITTFOGEL, K. A. *Oriental Despotism* – A Comparative Study of Total Power. New York: Vintage Books, 1981.

WRIGHT MILLS, C. *A Elite do Poder*. 4. ed. Rio de Janeiro: Zahar, 1982.

2 [xiv] Data provided by Bernard Mather. Mellor Lodge n. 1774 is located in the central Manchester Masonic Hall and draws its membership from with a 15 mile radius.

3 [xv] John Belton. *'The Missing Master Mason'*. Internet Lodge 9659 (http://internet.Lodge.org.uk) 1999.

Curriculum Vitae

* William Almeida de Carvalho, 73 anos, casado, natural de Uberaba-MG, sociólogo, historiador, jornalista, empresário; pós-graduado em Administração Pública e doutor em Ciência Política pela Panthéon-Sorbonne; membro do Instituto Histórico e Geográfico do DF e da Academia de Letras de Brasília; vice-presidente da Academia de Letras e Artes Buziana (Búzios); ex-secretário de Estado do Distrito Federal; ex-subchefe do Gabinete Civil da Presidência da República; Escola Superior de Guerra/ESG – XXo. CAEPE. Turma JK, RJ 1993; professor e conferencista da Associação Brasileira de Orçamento Público – ABOP, e da Asociación Internacional de Presupuesto Público – ASIP.

Obreiro da Loja Equidade & Justiça nº 2336; 33º; deputado federal maçônico; sócio fundador da Loja de Pesquisa do GOB; Ex-VM da Loja de Pesquisas Maçônicas do Grande Oriente do DF/GODF; ex-secretário de Educação e Cultura do GODF/GOB; ex-diretor da Biblioteca do GOB; ex-presidente da Academia Maçônica de Letras do DF; membro da Academia Maçônica do Brasil e da Academia Maçônica de Letras da Paraíba (correspondente); membro correspondente da Loja de Pesquisas Quatuor Coronati de Londres; da Scottish Rite Research Society; da Southern California Research Lodge; da Philalethes Society; da Masonic Library and Museum Association; representante do GOB em Congressos Maçônicos Internacionais em Santiago do Chile, Edimburgo na Escócia, Gijón na Espanha e Assunção no Paraguai; coordenador do primeiro curso de pós-graduação em História da Maçonaria no Brasil na Universidade do Distrito Federal – UDF – 2012; presidente da banca universitária que aprovou as teses do referido curso; candidato a Grão-Mestre Adjunto do Grande Oriente do Brasil (GOB) nas eleições de 2013. Prof. do Curso de Pós-graduação EAD em História da Maçonaria da Faculdade Unyleya na Disciplina História da Maçonaria: das Origens Corporativas à Maçonaria Moderna, em 2016/2017.

Presidente do Conselho de Administração da MDF – Energia & Agronegócios S.A. (http://www.mdfenergiaeagronegocios.com/). Empresário na área de energias limpas (eólica, hidroelétrica [PCHs]), resíduos sólidos urbanos e agronegócios.

Autor de artigos e palestras sobre Maçonaria, sobre simbolismo, Graus filosóficos, história, filosofia, etc., e de diversos livros, dentre os quais:

Maçonaria Negra. Londrina, Ed. Trolha, 1999.

Espionagem e Maçonaria. Londrina Ed. Trolha, 2006.

História do Grande Oriente do Brasil. Coautoria com José Castellani, São Paulo Madras, 2009.

Um Papa Sem Tiara – D. Hélder Câmara; coautoria, ACLEB, Brasília, 2009.

Crise Financeira Mundial. Brasília, ABOP, 2009.

Maçonaria, Tráfico de Escravos e Banco do Brasil. Madras, São Paulo: 2010.

Anotações de Vasconcellos de Drummond à sua Biografia; vol. 165, Brasília, Edições do Senado Federal 2012. (Apresentação.)

LIVROS PUBLICADOS:
ARTIGOS EM COLETÂNEAS:
williamcarvalho@terra.com.br

Parte II
História da Maçonaria: das Origens Corporativas à Maçonaria Moderna

Apresentação

Esta parte visa dar uma ideia da proto-história da Maçonaria, lastreada na pesquisa acadêmica maçônica internacional.

Abordaremos inicialmente os Pressupostos Conceituais, ou seja, uma série de conceitos que servirão de apoio preliminar ao tema proposto. Tais conceitos serão basicamente os seguintes: a) uma visão sobre a diferença entre informação e conhecimento e as distorções que sofre no meio maçônico; b) as mitologias que permeiam a história da Maçonaria; c) a invenção da tradições em Hobsbawm; uma breve resenha sobre o impacto do Iluminismo na Maçonaria.

Após os Pressupostos Conceituais, entra-se propriamente no tema com o capítulo "História dos Primórdios da Maçonaria", que abarcará os seguintes temas: a) uma breve introdução ao assunto; b) teorias sobre as origens da Maçonaria; c) o paradigma Gould que durou cem anos; d) a quebra do paradigma.

O capítulo seguinte versará sobre as Antigas Obrigações (Old Charges) por sua importância na formação da Moderna Maçonaria. Ênfase será dada aos Manuscritos Regius e Cooke. Encerra-se o capítulo com as Antigas Obrigações no início da Era Moderna.

O capítulo quarto descreve a origem da Maçonaria na Escócia e na Inglaterra. Ênfase especial será dada ao trabalho do professor escocês David Stevenson. Recomenda-se antes, na parte escocesa, assistir ao filme sobre o Poder da Maçonaria, com o título: *A Chave*

Escocesa (https://www.youtube.com/watch?v=FrItiCM9mzQ), que entrevista os principais estudiosos do assunto no Reino Unido e na França e reconstitui os primórdios da Maçonaria.

Para encerrar o módulo, propõe-se um capítulo final sobre Maçonaria e Templarismo no sentido de desvelar o mito da Ordem do Templo no imaginário dos maçons brasileiros.

Em termos de filmes/documentários, assiste-se na proto-história da Maçonaria ao filme *Construindo Catedrais*, principalmente na parte que explica a construção de uma catedral gótica. Na formação da Maçonaria na Escócia, assiste-se ao filme *O Poder da Maçonaria* (https://www.youtube.com/watch?v=FrItiCM9mzQ. Acesso em: 2 out. 2016).

Em termos de bibliografia para esta Parte, deve ser consultado o final deste módulo. Ressalte-se, contudo, que os *Anais da Loja de Pesquisa Quatuor Coronati*, a primeira e a mais importante Loja de Pesquisa Maçônica do mundo – os *Ars Quatuor Coronatorum* em seus 128 volumes[53] publicados até hoje –, são indispensáveis. Minha coleção parece ser uma das únicas existentes no Brasil.

---

53. Disponível em: <https://www.quatuorcoronati.com/wp-content/uploads/2016/03/AQ-Cindec.pdf>.

Introdução

Depois de muitas pesquisas acadêmicas entre maçonólogos, chegou-se à conclusão de que a Maçonaria não tem um fundandor nem possui uma data de fundação. O fenômeno da gênese da Maçonaria desenvolveu-se lentamente até chegar aos dias atuais de nossa época pós-moderna neste limiar do século XXI. Desse modo, não existe uma forma canônica de relatar a gênese e a formação da Maçonaria. As últimas pesquisas científicas provam, contudo, que, a partir de 1600 E.V., portanto a mais de 400 anos, se formaram duas formas distintas de Maçonaria: uma na Escócia e outra na Inglaterra. Um século e meio depois, lá pelos idos de 1750, já existia uma terceira forma na Irlanda, enquanto a forma da Inglaterra se dividiu em três subformas: i) a "Primeira" Grande Loja ou dos "Modernos"; ii) a "Athol" Grande Loja ou dos "Antigos"; e iii) a "Grande Loja de Toda a Inglaterra", na cidade de York, e cujos integrantes se chamavam de "Harodim". Essas quatro tradições maçônicas existiam com uma certa independência umas das outras. Nessas quatro tradições, escolas ou, em suma, "Maçonarias", está a gênese da Maçonaria do mundo moderno.

Tais narrativas não eludem o fato de que a Maçonaria moderna tem suas raízes profundas nas guildas medievais dos talhadores de pedra, sendo, portanto, a mais antiga sociedade iniciática do mundo ocidental, independentemente de qualquer religião.

Objetivos

- Dar uma ideia do estado da arte na área de pesquisa acadêmica internacional sobre a gênese da Maçonaria.
- Apontar os paradigmas da historiografia sobre o nascimento da Maçonaria nos últimos 300 anos.
- Colocar em foco as Antigas Obrigações da Maçonaria.
- Relatar o nascimento da Maçonaria na Escócia e na Inglaterra.
- Desvendar o mito templário na Maçonaria.

Capítulo 1

Pressupostos Conceituais

Das origens corporativas à Maçonaria moderna

Os pressupostos conceituais são conceitos-lembretes que servem de apoio para o pleno entendimento da abordagem principal do tema. Serão apresentados a seguir os seguintes pressupostos conceituais: i) uma visão sobre a diferença entre informação e conhecimento e as distorções que sofre no meio maçônico; ii) as mitologias que permeiam a história da Maçonaria; iii) a invenção da tradições em Hobsbawm; e iv) uma breve resenha sobre o impacto do Iluminismo na Maçonaria.

1.1 Informações X conhecimento

Uma maneira sumária de visualizar a diferença entre informação e conhecimento poder ser visualizada na seguinte figura:

A VIA NORMAL DO CONHECIMENTO

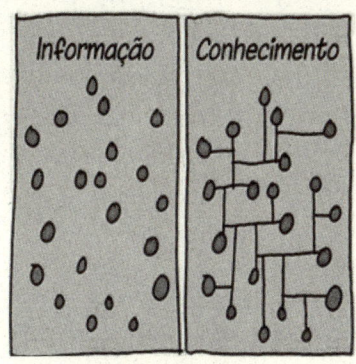

Fonte: Internet

Disponível em: <http://ciencia.estadao.com.br/blogs/herton-escobar/informacao-versus-conhecimento/>.

Posso acumular informações sobre determinado tema ou assunto de mil maneiras. A informação assim acumulada seriam pontos em meu cérebro. O conhecimento viria então quando ligo esses pontos buscando um significado entre as diversas informações que possuo. Esse seria o modo "normal" de se passar da informação para o conhecimento.

Observe agora quando há "interferência" no processo anteriormente descrito:

ALGUNS MAÇONS OU MÍSTICOS

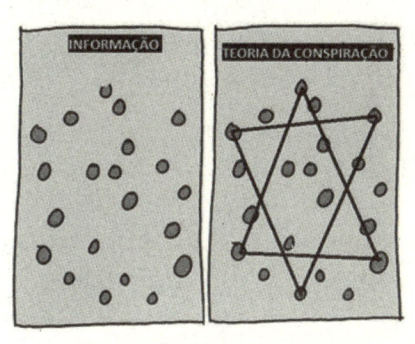

Fonte: do própria o autor

Essa "interferência" no processo normal pode ser causada pelo pensamento mágico, pela ideologia, pelas teorias da conspiração, pela religião, pelo mito, etc.

Isso é um tanto comum no mundo do povo maçônico que não possui ainda um pensamento crítico mais desenvolvido. Um dos objetivos deste curso de História da Maçonaria é o de quebrar paradigmas advindos de um pensamento mágico ou de uma teoria conspirativa da Maçonaria, como pode ser obervado na figura a seguir:

QUEBRANDO PARADIGMAS

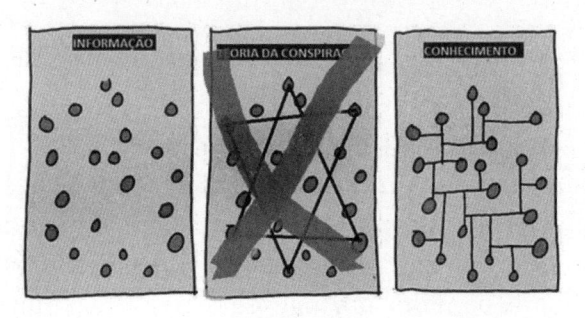

Fonte: do próprio autor.

Quando se falar sobre os mitos maçônicos (cavaleiros Templários, Hiram Abiff, Maçonaria na Antiguidade, etc.), Hobsbawm com sua tradição inventada, entre outros aspectos, essas teorias conspiratórias e pensamentos mágicos ficarão mais claros.

Assim, um dos objetivos deste curso é o de quebrar paradigmas para que o verdadeiro conhecimento maçônico, pretensamente científico, possa ser estruturado e estudado.

1.2. Mitologias maçônicas

Colocam-se a seguir alguns fatores que tenderam a concorrer e concorrem para a formação de um componente mitológico no imaginário maçônico.

1.2.1 Os textos fundadores

Os textos fundadores da Maçonaria como as Antigas Obrigações,[54] entre outros os Manuscritos Regius[55] e Cooke,[56] as Constituições[57] de Anderson, etc., pagam um tributo a uma "história maçônica" inventada com a manipulação de mitos, lendas e símbolos que se tornou tão comum na Maçonaria, até o nascimento de uma consciência crítica que buscasse extirpar tais aberrações históricas.

O principal texto fundador da Maçonaria moderna – *As Constituições de Anderson* – em seu início sobre a história da Maçonaria, fazendo um símile com a lendária história da geometria, coloca a formação da Maçonaria no Antigo Testamento e chega mesmo a Adão como o primeiro maçom... A partir daí, tudo agora era permitido. O desvario histórico perpassou a história da Maçonaria até os dias atuais. Foram assim arrolados personagens históricos como integrantes dessa fantástica e lendária história da Maçonaria: Lamech, Salomão, Carlos Martel, Santo Albano, Athelstan, etc.

Trata-se agora, principalmente no Brasil, de quebrar esse paradigma infantil para tentar buscar uma gênese mais madura da Maçonaria. Começa agora a fazer sentido a figura da quebra de paradigma da história mítica dos primórdios da Maçonaria:

---

54. As Antigas Obrigações, ou Old Charges em inglês, são os mais antigos documentos referentes à Maçonaria medieval. Até 1583 eram mais de cem. A maioria era de procedência inglesa e datava de 1352 a 1725. Os últimos do século XVII eram lidos durante a cerimônia de "aceitação". BOUGDAN, Henrik; SNOEK, A.M (Eds.). *Handbook of Freemasonry*. Leiden/Boston: Brill, 2014. p. 14.
55. NASCIMENTO, Ricardo S. R. *De um Antigo e Famoso Documento da Maçonaria Operativa*. Grande Oriente do Brasil, Doc. nº 003, Brasília, 1999.
56. Disponível em: <http://freemasonry.bcy.ca/texts/cooke.html>. Acesso em: 30 jul. 2016.
57. ANDERSON, James. *Constituições dos Franco-maçons ou Constituições de Anderson de 1723*. Brasília: Ed. do Grande Oriente do Brasil, 1997. Tradução e introdução de João Nery Guimarães.

Quebrando paradigmas

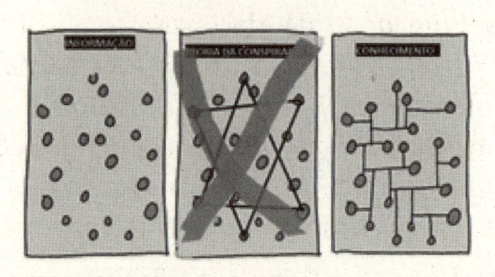

Fonte: do próprio autor.

Anderson retirou essa lendária versão das Antigas Obrigações que primam em buscar raízes mitológicas sobre a gênese da Maçonaria.

1.2.2 Invenções das tradições

A tradição nas sociedades primitivas possui um significado religioso, pois *in illo tempore* tudo advém da religião. Sua transmissão como doutrina e prática se dava pelo exemplo e/ou pela palavra. Com o tempo, o sentido da tradição se expandiu para os costumes, as artes e os diversos fazeres humanos. Assim, em uma linha de definição mais simples, a tradição seria o produto do passado que persiste em reger o presente e o futuro. Seria ainda um conjunto de prática e valores enraizados nos costumes de uma sociedade. A modernização, como a industrialização e a urbanização, concorreria para "destruir" a tradição. O conceito de tradição tem ainda profundas ligações com a cultura e o folclore. É um dos objetos de estudos das ciências sociais.

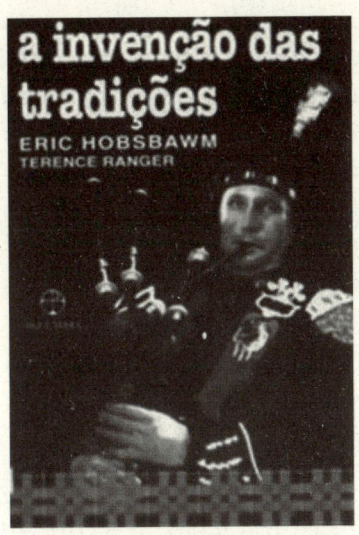

Fonte: internet.

Disponível em: <https://www.google.com.br/search?q=inven%C3%A7%­C3%A3o+das+tradi%C3%A7%C3%B5es&biw=1440&bih=745&source=lnms&­tbm=isch&sa=X&ved=0ahUKEwjf6cjPgqjOAhXIGJAKHRWFBpYQ_AUIBi­gB#imgrc=pyZ8Bgb9PA3g0M%3A>.

A tradição, como tema de estudos, tem também ganhado espaço na História. Eric Hobsbawm,[58] ao estudar o mundo contemporâneo, cunhou um novo conceito que tem se tornado extremamente operacional: as tradições inventadas. Segundo a definição do próprio Hobsbawm: "o termo 'tradição inventada' é utilizado em um sentido amplo, mas nunca indefinido. Inclui tanto as 'tradições' realmente inventadas, construídas e formalmente institucionalizadas quanto as que surgiram de maneira mais difícil de localizar em um período limitado e determinado de tempo – às vezes coisa de poucos anos apenas – e se estabeleceram com enorme rapidez". Assim: "Nada parece mais antigo e ligado a um passado imemorial do que a pompa que cerca a realeza britânica em quaisquer cerimônias públicas de que ela participe. Todavia, segundo um dos capítulos deste livro, este aparato, em sua forma atual, data dos séculos XIX e XX. Muitas vezes, 'tradições' que parecem ou são consideradas antigas são

---

58. HOBSBAWM, Eric; RANGER, Terence (Org.). *A Invenção das Tradições*. São Paulo: Paz e Terra, 2008. Disponível em: <https://pt.scribd.com/document/246283184/A-Inven­cao-das-Tradicoes-Eric-Hobsbawm-pdf>. Acesso em: 31 jul. 2013.

bastante recentes, quando não são inventadas"(Hobsbawm, 2008, p. 9). Outro exemplo citado ainda no mesmo livro, mas de autoria de Hugh Trevor Roper, afirma que: "hoje em dia, onde quer que os escoceses se reúnam para celebrar sua identidade nacional, eles a afirmam abertamente através da parafernália nacionalista característica. Usam o saiote (*kilt*), feito de um tecido de lã axadrezado (*tartan*) cuja cor e padrão indicam o 'clã' a que pertencem, e quando se entregam ao prazer da música, o instrumento utilizado é a gaita de foles. Tal parafernália, que eles reputam muito antiga, é, na verdade, bem moderna. Foi desenvolvida depois, e, em alguns casos, muito depois da União com a Inglaterra, evento contra o qual constitui, de certo modo, um protesto" (Hobsbawm, p.25).

Seriam, assim, essas "tradições" um conjunto de práticas, de natureza ritual ou simbólica, regulado por regras aceitas por todos, que tem como objetivo desenvolver na mente e na cultura determinados valores e normas de comportamento, por meio de uma relação com o passado feita pela repetição constante dessas práticas. Para Hobsbawm, uma das características das tradições inventadas é que elas estabelecem uma continuidade artificial com o passado, pela repetição quase obrigatória de um **rito**. As tradições têm como função legitimar determinados valores pela repetição de ritos antigos (ou de ritos definidos como antigos, no caso das tradições inventadas), que dariam uma origem histórica a determinados valores que devem ser aceitos por todos e se opõem a costumes novos.

Esse conceito se aplica com muita propriedade às práticas ritualísticas, às liturgias e às pedagogias maçônicas. Poder-se-ia aqui citar alguns exemplos dessa propensão à tradição inventada na Maçonaria. A visão que os maçons têm dos Cavaleiros Templários seria um bom exemplo. Como se sabe, a Maçonaria inglesa para penetrar na França aristocrática encontrou certa dificuldade, pois como os nobres poderiam se filiar a uma instituição que se orgulhava de ser uma sociedade advinda dos operários talhadores de pedra? O famoso discurso de Ramsay[59], de 1738, inicia uma nova imagem aristocrática (uma tradição portanto criada), pois a partir daí a Maçonaria seria advinda dos Cruzados

---

59. Disponível em: <https://bibliot3ca.wordpress.com/o-discurso-de-ramsay-1738-versao-impressa/>. Acesso em: 31 jul. 2016.

que libertaram Jerusalém. Desde então, *les Ducs sous L'Acacia*, no famoso primeiro capítulo do seminal livro de Pierre Chevalier,[60] os nobres poderiam se orgulhar de ingressar em uma Ordem não plebeia. Dos Cruzados para os Cavaleiros Templários foi um pequeno passo. Hoje todo maçom se considera um Templário dos tempos modernos, pois pertence a uma sociedade advinda dos Templários. Nesse caso, a tradição criada pode gerar um fantástico estudo de caso. Aborda-se esse assunto aqui no capítulo referente aos Templários no final. Convém salientar que o assunto, tal como um fenômeno social complexo, não é tão simples de ser abordado. Basear-se-á nas últimas pesquisas de ponta sobre esse tema de meu amigo e Irmão Pierre Mollier.

Cavaleiros Templários Maçônicos Brasileiros

Disponível em: <https://www.google.com.br/search?q=cavaleiros+templarios+ma%C3%A7onaria&biw=1440&bih=745&source=lnms&tbm=isch&sa=X&sqi=2&ved=0ahUKEwixl4OCg6jOAhUHDpAKHRI9ALMQ_AUIBigB#imgrc=ZcCqKIwERX8HkM%3A

Fonte: Internet.

A proliferação de livros maçônicos no Brasil e alhures sobre Cavaleiros Templários conta-se aos milhares, demonstrando o grande apelo ibopeano que tal assunto tem no imaginário entre os praticantes da Arte Real.

---

60. CHEVALIER, Pierre. *Histoire de la Franc-Maçonnerie Française*. Paris: Fayard, 1974.

Outro mito maçônico é o de Jacques de Molay,[61] último Grão-Mestre da Ordem do Templo. Assim como existem três Salomões: o Salomão bíblico, o Salomão histórico e o Salomão maçônico, há pelo menos dois Jacques de Molay: o histórico e o maçônico. Uma vez, ao fazer uma palestra em um seminário para maçons, quando discorria sobre a figura de Jacques de Molay, ressaltei em determinado momento que ele era analfabeto. A plateia quase teve um enfarte coletivo. No cafezinho, uma personalidade maçônica já falecida veio me perguntar se era verade o que falei de ele ter sido analfabeto. Ao confirmar, ele visivelmente alterado me perguntou como Jacques de Molay, sendo analfabeto, era o Grão-Mestre da gloriosa Ordem do Templo...

1.3 O impacto do Iluminismo na Maçonaria

1.3.1 Introdução

Os maçons procuram buscar as raízes da Maçonaria nos textos medievais. Quanto mais antigo, mais foro de veracidade possuem. Convém salientar que o homem medieval tem muito pouco a ver conosco. Ele era um peregrino na Terra, que buscava purgar seus pecados para merecer a vida eterna. Seria um cristocêntrico religioso que muito pouco acrescentaria a estes tempos pós-modernos. Já o homem do Iluminismo que buscava encontrar a felicidade neste mundo tem tudo a ver com o homem moderno. O Iluminismo assim seria o vagido do homem moderno nascendo. O homem medieval está jungido pela teologia da cruz: o mal do mundo tem sua origem no pecado original. Houve um defeito de fabricação que lesionou o protótipo original – Adão e Eva – e todos pagariam por esse pecado original. Já o homem iluminista é um homem gnóstico, pois o mal do mundo decorre da falta de conhecimento e sabedoria. Se se tivesse somente conhecimento sem a correção da sabedoria, estar-se-ia sujeito às distorções do século: fascismo, nazismo, comunismo, holocausto,

---

61. Tiago de Molay (em francês: *Jacques de Molay*; [Pronúncia: (ʒak də mɔlɛ) Jak Demolé]; Molay, 1244 – Paris, 18 de março de 1314) foi um nobre, militar, cavaleiro e último Grão-Mestre da Ordem dos Cavaleiros Templários. Nascido em Molay, pertencia a uma família da pequena nobreza francesa. Foi o último Grão-Mestre da Ordem do Templo. Ver Templiers em Ligou (1998, p. 1197).

etnocídio, etc. Na teologia paulina, o mal do mundo se fundamenta no sacrifício; a gnóstica do homem iluminista se baseia na busca da felicidade neste mundo, que nasce da sabedoria e da compreensão do mundo.

Portanto, é fundamental que a Maçonaria tenha uma visão bem acurada do fenômeno histórico do Iluminismo para resgatá-lo como postura do homem moderno, pois o Iluminismo como fenômeno histórico já foi superado. Assim o presente curso neste módulo busca recordar, em seus pressupostos conceituais, o Iluminismo como fenômeno histórico, mas principalmente como postura frente ao mundo.

As bases filosóficas do Iluminismo poderiam então ser sintetizadas nos seguintes tópicos:

- O Universo é fundamentalmente racional, isto é, pode ser entendido pelo uso da razão.
- A verdade pode ser atingida por meio da observação empírica, do uso da razão e da dúvida sistemática.
- A experiência humana é o fundamento do entendimento humano da verdade; a autoridade não deve prevalecer sobre a experiência.
- Toda vida humana, seja social ou individual, pode ser entendida da mesma forma que o mundo natural pode ser entendido; uma vez entendida, a vida humana, tanto social quanto individual, pode ser forjada e gerenciada da mesma maneira que o mundo natural pode ser manipulado e arquitetado.
- A história humana é amplamente a história do progresso.
- Os seres humanos podem ser melhorados por intermédio da educação e do desenvolvimento de suas faculdades racionais.
- As doutrinas religiosas não ocupam lugar no entendimento do mundo físico e humano.

A tríade histórica do Iluminismo que a Maçonaria regular herdou baseia-se nos seguintes princípios:

- Progresso: a história humana é, de modo geral, a história do aperfeiçoamento da humanidade no tocante a três aspectos: i) o desenvolvimento do conhecimento do mundo natural e a habilidade de manipular esse mundo por meio da tecnologia; ii) a sujeição à ignorância leva à superstição e às religiões; iii) a superação da crueldade humana e da violência se dará por intermédio do aperfeiçoamento social e das estruturas governamentais.

- Deísmo: um termo cunhado pelos *philosophes* e aplicado a duas ideias: i) a religião deve ser razoável e resultar no mais alto comportamento moral de seus adeptos; ii) o conhecimento do mundo natural e do mundo humano não tem nada a ver com a religião e deve estar absolutamente livre das ideias e das convicções religiosas.

- Tolerância: o maior dos crimes humanos, no que diz respeito aos *philosophes*, foi perpetrado em nome da religião e em nome de Deus. Uma sociedade equilibrada, justa e produtiva depende sobremaneira da tolerância religiosa. Isso significa não somente tolerância entre as diversas denominações cristãs, mas tolerância também com as religiões não cristãs.

1.3.2 Iluminismo: o quê, quando, onde e quem

a) O Quê

O Iluminismo ou Esclarecimento (em alemão *Aufklärung*, em inglês *Enlightenment*) foi um movimento e uma revolta ao mesmo tempo intelectual surgido na segunda metade do século XVIII (o chamado "século das luzes"), que enfatizava a razão e a ciência como formas de explicar o universo. Foi um dos movimentos impulsionadores do capitalismo e da sociedade moderna. Obteve grande dinâmica nos países protestantes e lenta, porém gradual, influência nos países católicos (ver Anexo I).

Immanuel Kant (1724-1804), considerado um dos maiores filósofos do Iluminismo, foi profundamente influenciado pela ciência de seu tempo. Treinado em física newtoniana pela Universidade de Königsberg, assim como na filosofia de Gottfried Wilhelm Leibniz (1646-1716), sistematizada por Christian Wolff. Ensinou na mesma Universidade, onde foi nomeado para a cadeira de lógica e metafísica em 1770 até sua aposentadoria em 1797. Tentou reconciliar os sistemas relacionais de espaço e tempo de Leibniz com o espaçotempo absoluto de Newton, tentando transcendê-los, identificando ambos – o espaço e o tempo – como categorias mentais.

Frontispício da Encyclopédie. (1772) Foi desenhado por Charles-Nicolas Cochin e ornamentado por Bonaventure-Louis Prévost. Essa obra está carregada de simbolismo: A figura do centro representa a verdade – rodeada por luz intensa (o símbolo central do Iluminismo). Duas outras figuras à direita, a razão e a filosofia, estão a retirar o manto sobre a verdade.

Fonte: internet.

Disponível em: <https://www.google.com.br/search?q=encyclopedie+cochin&biw=1440&bih=745&source=lnms&tbm=isch&sa=X&ved=0ahUKEwj7hJ7Bg-6jOAhUDlpAKHbiYC_sQ_AUIBigB#imgrc=UhaluvKq-5r_nM%3A>. Acesso em: 3 ago. 2016.

A definição clássica de Kant sobre o Iluminismo reza que:

"O Iluminismo (Esclarecimento, *Aufklärung, Enlightenment*) é a saída do homem de sua minoridade, pela qual ele próprio é responsável. A minoridade é a incapacidade de se servir de seu próprio entendimento sem a tutela de um outro. É a si próprio que se deve atribuir essa minoridade, uma vez que ela não resulta da falta de entendimento, mas da falta de resolução e de coragem necessárias para utilizar seu entendimento sem a tutela de outro. *Sapere aude*![62] Tenha a coragem de te servir de teu próprio entendimento, tal é, portanto, a divisa do Iluminismo. A preguiça e a covardia são as causas pelas quais uma parte tão grande dos homens, libertos há muito pela natureza de toda tutela alheia (*naturaliter majorennes*), comprazem-se em permanecer por toda a sua vida menores; e é por isso que é tão fácil a outros instituírem-se seus tutores."[63]

Nessa sua definição, Kant assegura que todos (homem ou mulher) podem alcançar esclarecimento sobre qualquer assunto, embora a grande maioria não queira praticar ou desenvolver tal condição moral, seja por comodismo, oportunismo, medo ou preguiça. Em seu processo de formação social, todo indivíduo vive uma situação de menoridade cultural em algum momento ou fase de sua vida. Nesse caso, a menoridade é natural, pois se confunde com imaturidade. No entanto, Kant questiona aquelas autoridades (principalmente religiosas) que, por intermédio do medo ou do constrangimento, mantêm sua clientela em menoridade quando já teriam condições intelectuais de não sê-lo; e ironiza aqueles sujeitos que, por comodismo, oportunismo ou preguiça, vivam uma situação de menoridade autoimposta. Portanto, ser esclarecido não é apenas ter um profundo conhecimento sobre um assunto, mas também combinar isso

---

62. "Ousa saber!" Horácio, *Epistulae*, livro 1, carta 2, verso 40.
63. Kant, *O Que É o Esclarecimento?* Disponível em: <http://coral.ufsm.br/gpforma/2senafe/PDF/b47.pdf>. Acesso em: 3 ago. 2016.

com a conquista da autonomia – passo moral fundamental apenas dado por uma minoria. Nesse sentido, todos potencialmente podem esclarecer-se, já que possuem capacidade de pensar, mas nem todos conseguem superar o medo, a preguiça ou o interesse particular para alcançar a condição de esclarecimento.

Outra importante abordagem do Iluminismo foi a de Moses Mendelssohn (1729-1786), um criativo e eclético pensador judeu-prussiano que se tornou um dos pilares do Iluminismo alemão, principalmente em sua versão *Haskalah* (Iluminismo judaico, do hebraico *sekhel* = razão, intelecto). Na posteridade, Mendelssohn é talvez mais bem conhecido como o modelo para Nathan, o Sábio, o intérprete do maçom Lessing em sua famosa peça do mesmo nome, protagonizando a tolerância religiosa. Escreveu em alemão, a língua dos *scholars* da época. Apresentava o Judaísmo como uma fé não dogmática e racional, aberto à modernidade e à mudança. Lutou por uma educação secular e uma revivescência da língua e literatura judaicas. Iniciou a tradução da *Torah* em alemão com caracteres hebraicos, do incremento da relação entre judeus e cristãos e pleiteou tolerância judaica.

A definição de Mendelssohn é a seguinte:

> "O Iluminismo está relacionado com assuntos materiais: para conhecimento racional (objetivo) e facilidade em reflexão racional (subjetivo) sobre assuntos da vida humana, de acordo com sua importância e influência no destino do homem...
>
> O destino do homem é a medida e a finalidade de toda nossa aspiração e esforço".

b) Quando

D'Alembert dizia em seus *Elementos de Filosofia* que em meados do século XV inicia-se o movimento literário e intelectual da Renascença; em meados do século XVI, a Reforma religiosa está no seu apogeu; e no século XVII é a vitória da filosofia cartesiana que provoca uma revolução radical na imagem do mundo. Assim o Iluminismo percorre todo o século XVIII. Alguns ainda o situam no final do século XVII para incorporar Locke, mas é em meados do século XVIII que o Iluminismo atinge seu zênite.

c) Onde

O movimento iluminista nasce, cresce, viceja e atinge seu ápice no epicentro do Estado Absolutista Francês e no Reino Unido. Espraia-se em seguida para os países da Europa Ocidental e para a América inglesa. É combatido tenazmente nos países católicos mediterrâneos da Europa e nas colônias da Ibero-América.

d) Quem

Dramatis Personae por país:

França: Alembert, Jean Le Rond d'; Ampère, André-Marie; Buffon, Georges-Louis Leclerc de; Família Cassini; Condillac, Étienne Bonnot de; Condorcet, Marie Jean Antoine Nicolas Caritat, Marquês de; Diderot, Denis; Gay-Lussac, Louis Joseph; La Mettrie, Julien Offroy de; Lagrange, Pierre Bayle; Lamarck, Jean-Baptiste Pierre Antoine de Monet de; Laplace, Pierre-Simon de; Lavoisier, Antoine-Laurent; Baron d'Holbach; Maupertuis, Pierre-Louis Moreau de; Montesquieu; François Quesnay; Rousseau, Jean-Jacques; Helvétius; Voltaire.

Reino Unido: Locke, John; Cavendish, Henry; Cook, James; Dalton, John; Darwin, Erasmus (avô paterno de Darwin); Desaguliers, John Theophilus; Hutton, James; Hooke, Robert; Burnett; James; Burke, Edmund; Gibbon, Edward; Hume, David; Smith, Adam.

Alemanha: Leibniz Gottfried Wilhelm; Gauss, Carl Friedrich; Goethe, Johann Wolfgang von; Humboldt, Alexander von; Kant, Immanuel; von Herder, Johann Gottfried; Weishaupt, Adam; Lessing Gotthold, Ephraim.

Itália: Avogadro, Amedeo; Galvani, Luigi; Spallanzani, Lazzaro; Volta, Alessandro, Giuseppe; Antonio, Anastásio.

Suécia: Berzelius, Jöns Jakob; Linnaeus, Carolus; Scheele, Carl Wilhelm.

América Inglesa: Família Bartram; Franklin, Benjamin; Família Michaux; Jefferson, Thomas; Paine, Thomas.

Diversos: Spinoza, Benedict; Família Bernoulli; Boerhaave, Hermann; Bonnet, Charles; Boscovich, Ruggiero Giuseppe; Euler, Leonhard; Krasicki, Ignacy; Haller, Albrecht von; Lomonosov, Mikhail Vasilyevich; Ørsted, Hans Christian; Thompson, Benjamin (conde Rumford); Swedenborg, Emanuel; Beccaria, Cesare.

Déspotas esclarecidos: Napoleão Bonaparte; Frederico, o Grande, da Prússia; Catarina II, da Rússia; D. José I e marquês de Pombal, de Portugal; José II e Leopoldo II, imperadores do Sacro Império; Gustav III, da Suécia; Maria Theresa, da Áustria; Carlos III, da Espanha.

1.3.3 – As bases filosóficas, religiosas e ideológicas

Levanta-se agora um rol de conceitos que fundamentam a base do Iluminismo:

Locke.

Fonte: Internet.

Disponível em: <https://www.google.com.br/search?q=locke&biw=1440&bih=745&source=lnms&tbm=isch&sa=X&ved=0ahUKEwjXva2bhKjOAhVGGJAKHRg3CqMQ_AUIBigB#imgrc=Cujx3WeCzAJRtM%3A>. Acesso em: 3 ago. 2016.

a) Psicologia lockeana

Uma das influências marcantes é a concernente à psicologia lockeana. John Locke postula a possibilidade da felicidade, a maleabilidade humana e a *tabula rasa*.

Locke coloca uma grande ênfase nos motivos e sansões práticos e utilitários do comportamento humano em contraposição à base metafísica da escolástica medieval. "As coisas... são boas ou más, somente em referência ao prazer ou dor."[64] Em suma, uma boa ação é aquela que é recompensada, uma má é aquela que é punida; inexistem, pois, padrões absolutos de bem e mal. Deus na *Weltanschauung* lockeana parece estar no controle dessa máquina utilitária. Locke é ainda celebrado, acima de tudo, por sua rejeição às "ideias inatas" da metafísica medieval. Propõe então a doutrina da *tabula rasa*, ou da folha branca de papel, na qual os homens nascem sem conhecimento de espécie alguma. Todo o conhecimento é adquirido por meio da experiência gradual. O homem seria moldado então pelo conhecimento da lei natural, por suas faculdades também naturais. Desde que todos os homens possuam percepção e razão, todos estariam aptos a adquirir o conhecimento da lei natural. Seguindo, pois, o prazer e a lei natural, o homem encontraria a felicidade e evitaria a miséria. Adeus, filosofia medieval, as portas do Iluminismo estão sendo abertas para a modernidade, com todas as suas consequências. Situa-se tal postura há anos-luz da noção de pecado, admoestações de Santo Agostinho, diatribes de Lutero *et caterva*.

Newton.

Fonte: Internet.

Disponível em: https://www.google.com.br/search?q=newton&biw=1440&bih=745&source=lnms&tbm=isch&sa=X&ved=0ahUKEwis493AhKjOAhVCHpAKHRTTCQ0Q_AUIBigB#imgrc=TtuvEqVMd3Uy8M%3A>. Acesso em: 4 ago. 2016.

---

64. Locke, *Essay*, II, xx, 2.

b) Newtonianismo: o relógio e o mundo como uma máquina inteligível

A noção newtoniana do mundo como uma grande máquina, operando sem a interferência de Deus, assim como um relógio funciona sem a assistência do relojoeiro, lança as bases da ciência moderna com a noção de materialismo e destino. Tende, na medida em que coloca Deus como uma inteligência supramundana, a excluir a Providência Divina na realidade fora do mundo observável. Além do mais, qualquer mundo que Deus criasse deveria estar dentro das noções newtonianas de espaço e tempo.

Newton ensinou que ambos – o espaço absoluto e o tempo absoluto – são entidades separadas. E, por mais de 200 anos, a ciência seguiu seus conceitos físicos, assim como tinha seguido Aristóteles no passado. O éter era um espaço absoluto fixado. O tempo, entretanto, fluía uniformemente sem relação com qualquer coisa externa. Para Newton, o tempo era o "pulso de Deus".

O povo sustentando o clero, a nobreza e a burguesia.

Fonte: internet.

Disponível em: <https://www.google.com.br/search?q=clergy+nobility+and+-commoners&biw=1440&bih=745&source=lnms&tbm=isch&sa=X&sqi=2&ved=0ahUKEwiDsvLJhajOAhUDhZAKHYGRDusQ_AUIBigB#imgrc=b9G9p-R-FUCpnGM%3A> Acesso em: 4 ago. 2016.

c) Um ataque, primeiramente conceitual, às autoridades constuídas: a Igreja e o Estado Absolutista como oponentes da liberdade e da autorrealização.

d) A procura por conhecimento da sociedade e do mundo material.

e) Classicismo.

f) Libertinismo e liberdade: a sexualidade no Iluminismo.

1.3.4 As instituições do Iluminismo

Os pensadores do Iluminismo acreditavam que a razão levaria às verdades universais e objetivas, e criticaram as instituições da monarquia absoluta e da igreja estabelecida, principalmente a Igreja Católica, que era a fonte controladora do governo e do ensino. A crítica se referia ao abuso dessas duas instituições.

Entre as instituições do Iluminismo, podem ser citadas as seguintes:

- A *Enciclopédia* (1751-1780)

Coordenada por D'Alembert e Diderot, a *Encyclopédie* foi elaborada entre 1751 e 1780. Com base nos ideais iluministas, os filósofos pretendiam, por meio do saber, criar o "cidadão esclarecido". A *Enciclopédia* visava substituir a fé pelo conhecimento.

No decorrer dos séculos XVII e XVIII, os cientistas da época haviam acumulado conhecimentos que suplantavam tudo o que até então era considerado saber válido. Descobriram-se as relações do sistema planetário e o emprego da força hidráulica, novos continentes foram explorados, e ficara provado que a Terra não era plana. Cada vez mais se impunha o princípio de que o saber, e não a fé, deveria nortear a busca de respostas às questões da vida.

Isso, contudo, também invalidava em grande parte o modelo explicativo da Igreja Católica, pois sua definição da vida repousava, basicamente, em uma existência no temor de Deus, com perspectivas à abundante recompensa no Além. Durante séculos, as Sagradas Escrituras e a interpretação apostólica forneceram às pessoas um sentido sobrenatural para a vida. Isso facilitava, para uns, suportar as injustiças terrenas e, para outros, justificá-las.

Mas não foram só as injustiças gritantes que marcavam a vida a possibilitavam uma penetração cada vez maior do pensamento iluminista. Processos por heresia, a Inquisição e o ódio abismal entre adeptos de diferentes confissões haviam arruinado a reputação da fé como um todo. Pouca credibilidade merecia tanto uma religião que origina ódio, e não amor, quanto uma Igreja que atormenta e persegue.

Se o conhecimento devia passar a ser a nova máxima, então era necessário compilar e tornar acessível todo o saber gerado pela ciência. A partir de 1751, os filósofos franceses Denis Diderot (1713-1784) e Jean-Baptiste Le Rond d'Alembert (1717-1783) se impuseram essa tarefa.

Até 1780, portanto ao longo de quase 30 anos, eles elaboraram a *Encyclopédie* ou *Dictionnaire Raisonné des Sciences, des Arts et des Métiers*, cujos 35 volumes continham praticamente todos os dados sobre as ciências naturais e humanas da época.

- Os salões literários e suas *patronesses*; as mulheres quebrando os padrões culturais do Estado Absolutista e erigindo novos valores culturais.

Assim eram denominadas as reuniões onde homens e mulheres eruditos se encontravam regularmente, sob os auspícios de um anfitrião, para mútua diversão e para debater questões relativas a eventos correntes, filosofia, literatura, moral, etc. O termo é geralmente associado aos encontros literários e filosóficos da França dos séculos XVII e XVIII, embora continue a ser praticado em muitos lugares do mundo mesmo nos dias de hoje.

O termo foi muito utilizado para descrever os encontros das *précieuses*, os círculos intelectuais e literários que se formavam ao redor de mulheres eruditas na primeira metade do século XVII, cuja afetação era ridicularizada por Molière.

O mais famoso dos círculos literários de Paris, constituído nos anos 1620, foi o Hôtel de Rambouillet, de Madame de Rambouillet, e o salão rival agrupou-se ao redor de Madeleine de Scudéry. Aí se reuniam *les bas-bleues* originais, expressão que continuaria a significar "mulher intelectual" pelos próximos 300 anos. Nos salãos de Paris, as *précieuses* refinaram a língua francesa muito antes de a *Académie française* ter sido fundada.

Scarron, cujo estilo burlesco fez época (bem como seus epigramas, que chegaram até nós), abriu um salão no início do reinado de Luís XIII que adquiriu grande notoriedade após seu casamento com Françoise d'Aubigné, futura Madame de Maintenon, então com apenas 16 anos. Sua amizade com Ninon de Lenclos, que pôs sob sua proteção, e sua juventude atraíram a atenção da sociedade intelectual de seu tempo.

No século XVIII, os salãos reuniram a sociedade parisiense e os filósofos progressistas que estavam escrevendo a *Encyclopédie*. O comentário de Marmontel sobre Julie de Lespinasse sugere o segredo do salão na cultura francesa:

> "O círculo era formado por pessoas que não tinham vínculos comuns. Ela os tinha apanhado aqui e ali na sociedade, mas tão bem escolhidos eram que, uma vez lá, entravam em harmonia como as cordas de um instrumento tocado por mão hábil."

Tal mulher, em círculos germânicos, inspirando escritores e artistas, sem ter ela mesma uma inclinação artística, era denominada de "musa".

Os modos galantes em meados do século XVIII eram menos formais. O correspondente de Horace Walpole, *sir* Horace Mann, o enviado britânico a Florença, reclamava da formalidade dos *salons* florentinos (ou *conversazioni*), onde cadeiras de espaldar alto eram dispostas em círculo e um tema era apresentado pela anfitriã, sobre o qual cada membro devia então discorrer.

Alguns dos *salons* do século XIX eram mais inclusivos, aproximando-se da informalidade e centrados à roda de pintores e "leões literários", tais como o de Mme. Récamier. Depois dos abalos de 1870, os aristocratas franceses começaram a furtar-se às vistas públicas. Alguns salões parisienses de fins do século XIX e do início do século XX, como os de Winnaretta Singer (a Princesse de Polignac) e da condessa Greffulhe tinham a música como tema principal.[65]

- As Academias provinciais

Desde a segunda metade do século XVIII, ao redor do ano de 1715, foram criadas Academias nas cidades provinciais da França. Essas primeiras academias perseguiam desde o início fins mais científicos do que propriamente literários e tendiam a repetir na província o modelo da Academia de Ciências de Paris. Como exemplo, pode-se citar desde sua eleição para a Academia de Bordeaux, em 1716, Montesquieu, que consagrou diversos comunicados a assuntos de ordem científica. Entre 1720 a 1760, assiste-se à criação de Academias do pré-enciclopedismo, enquanto a natureza das preocupações dessas primeiras academias evoluíram para questões filosóficas e práticas, sob a influência dos *philosophes* e dos fisiocratas. A partir de 1760, as criações dessas academias se tornaram mais raras, mas as sociedades literárias e as câmaras de leitura se multiplicaram até a Revolução de 1789.

- As Lojas Maçônicas

Historiadores têm debatido longamente sobre como a rede de segredo da Maçonaria foi uma das principais instituições sobre essa nova sociabilidade introduzida no mundo pelo Iluminismo. Ao lado das instituições citadas anteriormente, a Maçonaria foi uma força propulsora do liberalismo na Europa, de 1700 ao século XX. A Maçonaria teve um rápido incremento na Era do Iluminismo, alcançando praticamente cada país do Atlântico Norte. Era uma grande atração para recrutar poderosos aristocratas e políticos, assim como intelectuais, artistas e ativistas políticos.

Assim, durante a Época das Luzes, a Maçonaria ajudou a compor uma rede internacional de homens que professavam uma mesma

---

65. Disponível em: <https://br.answers.yahoo.com/question/index?qid=20091123074300A-ADQLmx>. Acesso em: 3 ago. 2016.

opinião sobre os assuntos do século, reunindo-os em sessões secretas no ritual de suas Lojas. Promoveram os ideais do Iluminismo e ajudaram a difundir essa nova forma de sociabilidade[66] pela Grã-Bretanha, Escócia e França, e, depois, pelo resto do mundo. A Maçonaria como um credo sistemático com seus mitos, valores, simbolismos e rituais originários da Escócia em torno de 1600 e espalhados primeiramente para a Inglaterra e depois para todo o continente europeu no século XVIII. Incrementaram aquela nova forma de sociabilidade, com os ideais de liberdade, igualdade e fraternidade. Soldados e jacobitas (ver Anexo III) escoceses trouxeram ao continente os ideais de governo representativo originados na Revolução Inglesa contra o absolutismo da realeza de então.

- Os Cafés

As Casas de Cafés eram especialmente importantes para difundir o conhecimento durante a Era do Iluminismo, visto que criaram o único ambiente em que o povo em geral, por caminhos diferentes da vida, poderia se reunir e trocar ideias. Essas reuniões públicas eram frequentemente criticadas pela nobreza, que temia esse espaço público por ser crítico em relação aos seus privilégios. Os Cafés possuíam também a repulsa da realeza e dos monarcas absolutistas, que derivavam seu poder da disparidade entre as classes do povo. Se se pudessem reunir, e esse era o caso dos Cafés, e sob a influência das ideias iluministas, poderiam facilmente reconhecer a opressão e o abuso de seus monarcas absolutistas.

Os Cafés representavam também um *turning point* para essa nova forma de sociabilidade de poder curtir a vida social, discutir assuntos políticos e criticar determinadas decisões das autoridades. Eram centros de discussão do livre pensar e da autodescoberta. Atraíam diversos públicos, incluindo não apenas os bem-educados, mas sobretudo os membros da burguesia e das classes médias e populares.

---

66. AGULHON, Maurice. *Pénitents et Francs-Maçons de l'Ancienne Provence*. Paris: Fayard, 1984.

O Café Procope iniciou suas atividades em 1686 e existe como restaurante chique até os dias atuais (almoço lá sempre que visito Paris); a partir de 1720 existiam mais de 400 cafés na cidade de Paris. O Café Procope, em particular, tornou-se o centro do Iluminismo, tendo como frequentadores habituais Voltaire e Rousseau. Foi lá também que Diderot e D'Alembert decidiram criar a *Encyclopédie*. Eram assim os centros nevrálgicos por onde a opinião pública começava a se manifestar.

1.3.5 O Contrailuminismo

Contrailuminismo, também conhecido como "conservadorismo de trono e altar" ou "conservadorismo latino", foi o nome dado a um movimento conservador que existiu entre os séculos XVIII e XX, cujo objetivo era reverter as mudanças políticas, sociais, religiosas e filosóficas associadas ao Iluminismo e à Revolução Francesa. Tal filosofia é associada também aos termos "contrarrevolucionário" e "reacionário". O vocábulo "contrailuminismo" surgiu de uma definição do filósofo Isaiah Berlin,[67] e estava intimamente associado a outros movimentos políticos e culturais que também se opunham ao Iluminismo, como as teorias políticas de Rousseau e o movimento romântico nas artes. A essência do pensamento contrailuminista remonta, pelo menos em parte, à cultura europeia medieval e à ideia de cristandade.

Os pilares dessa ideologia são o trono e o altar: o trono representa o governo autoritário do monarca hereditário sobre uma sociedade hierarquicamente estruturada. Os súditos não desfrutam dos direitos civis concebidos a partir das ideias iluministas, como a liberdade de expressão, liberdade de reunião ou mesmo a liberdade de imprensa. O altar representa a Igreja, quase sempre a Igreja Católica, como uma instituição política e social, que tem o apoio do Estado. O rei seria um

---

67. Disponíveis em: <https://books.google.com.br/books?id=SCELAAAAIAAJ&pg=PA106&q=%22Counter-enlightenment%22%22Berlin%22#v=onepage&q=%22Counter-enlightenment%22%22Berlin%22&f=false> e <http://berlin.wolf.ox.ac.uk/published_works/ac/counter-enlightenment.pdf>. Acessos em: 3 ago. 2016.

defensor da igreja e uma pessoa sagrada em si mesma. A pregação e a prática de formas heréticas da religião seriam proibidas.

Os contrailuministas muitas vezes atribuíam o advento da moderna civilização liberal a uma conspiração, em vez de a mudanças socioeconômicas graduais. A teoria de uma conspiração maçônica ganhou terreno após a Revolução Francesa de 1789 e, no final do século XIX, eles divulgam o mito da conspiração judaica mundial.

Seus simpatizantes se opunham inicialmente ao nacionalismo, que era em sua essência um movimento liberal e progressista (até o final do século XIX, no entanto, as ideias nacionalistas criaram raízes na extrema direita). Um dos autores mais importantes dessa corrente foi o francês Charles Maurras, cuja obra tornou-se uma base ideológica para o fascismo. Destacaram-se ainda como proeminentes intelectuais contrailuministas Joseph de Maistre, Louis de Bonald, François-René de Chateaubriand e Augustin Barruel. Eles têm fortes afinidades com a ideologia francesa de Maurras e o "Catolicismo nacional" do general Franco.

O contrailuminismo surge na última parte do século XVIII e entra em declínio a partir de 1870. Suas ideias, contudo, levaram bastante tempo para morrer. O último regime representante fiel de tal filosofia foi o do general Franco na Espanha, que terminou em 1975. Hoje em dia, o contrailuminismo deixou de existir efetivamente como uma força política viva, embora seja celebrado por movimentos políticos de extrema direita, como a Frente Nacional Francesa, e por católicos ultratradicionalistas.

Bibliografia sobre o tema: *What Was the Counter-Enlightenment?* Disponível em: <http://counter-enlightenment.blogspot.com.br/p/what-is-this-blog-for.html>.

1.3.6 Críticas recentes ao Iluminismo

Para os epígonos do Iluminismo, "as leis naturais" levariam o homem ao progresso; desse modo, civilização e progresso são conceitos inseparáveis. Deve-se ressaltar, contudo, que ainda dentro do

Iluminismo assistiu-se à crítica da ideia de progresso. Essa crítica se iniciou com Jean-Jacques Rousseau, genebrino que a partir de suas obras começou a desconstruir a ideia de razão, formulando assim o pessimismo histórico do qual a civilização estava desmoralizada, corrompida e desligada de suas vontades naturais nobres. Rousseau abriu as portas para uma crítica mais forte para o racionalismo iluminista que veio de uma Alemanha descrente de seus ideais políticos e nacionais. O *Sturm und Drang*, movimento cultural e literário organizado por jovens alemães da classe média, criticou a corte prussiana de Frederico II e formulou a ideia de *kultur*. Tanto em Rousseau como no *Sturm und Drang* se origina o sentimentalismo romântico e, dentro desse sentimentalismo, o pessimismo. A ideia de uma "civilização" decadente era evidente, e já que a solução era abstrata, cabia aos poetas alemães e a Rousseau apenas deslumbrar a decadência do homem. Para melhor compreensão do assunto, devem ser lidas as obras de Rousseau, Herder e Goethe, assim como teóricos da ideia de decadência, tais como Le Goff e Harman. Esse movimento, que vai desde 1750, com a publicação do *Discurso sobre as Ciências e as Artes*, de Rousseau, até 1784, quando Herder termina de publicar *Ideias para a Filosofia da História da Humanidade,* montou as bases para o Romantismo, movimento filosófico do século XIX que continua até os dias atuais. A ideia de decadência da "civilização" ocidental esteve sempre presente nos debates filosóficos e historiográficos, ideia esta lançada pelo movimento citado. O Romantismo começará a tecer uma das mais ferrenhas críticas ao Iluminismo.[68] Modernamente, a Escola de Frankfurt vai elaborar o golpe final ao Iluminismo.[69]

Salienta-se, contudo, que, se o Iluminismo está superado como fenômeno histórico nessa época pós-moderna, encontra-se redivivo como postura em relação ao mundo.

---

68. Disponível em: <http://www.ub.edu/histofilosofia/gmayos_old/PDF/IluminismoFrenteRomantPort.pdf>
69. Disponível em: <http://www.ambito-juridico.com.br/site/index.php?n_link=revista_artigos_leitura&artigo_id=3570>.

Capítulo 2

História dos Primórdios da Maçonaria

Após os pressupostos conceituais, entraremos propriamente no tema com o capítulo História dos Primórdios da Maçonaria, que abarcará os seguintes temas: a) uma breve introdução ao assunto; b) teorias sobre as origens da Maçonaria; c) o paradigma Gould, que durou cem anos; d) a quebra do paradigma; e) uma breve resenha das Antigas Obrigações; f) o desenvolvimento da Maçonaria na Escócia; g) na Inglaterra.

2.1 Introdução

A dificuldade de traçar a gênese da Maçonaria está no fato de que ela não tem um fundador, muito menos uma data de fundação. Além do mais, não existe uma forma canônica em que se possa basear. Houve um desenvolvimento gradual e lento até o ponto em que se encontra hoje. As pesquisas históricas mais recentes indicam que ao redor de 1600 E.V. existiam pelo menos duas formas distintas de Maçonaria: uma na Escócia e outra na Inglaterra. Cento e cinquenta anos depois começou a existir uma terceira forma: a Irlandesa; enquanto a da Inglaterra se subdividia em três: i) a da Premier Grande Loja ou Modernos; ii) a Grande Loja de Athol ou Antigos; e iii) os Harodim, pertencentes à Grande Loja de Toda a Inglaterra, concentrados em York. O atual estado da arte da pesquisa maçônica procura descobrir nessas diferentes formas como elas se interagiam antes de se espalharem pelo mundo.[70]

Deve-se concluir que existem desde então não a Maçonaria, mas as Maçonarias, para se poder entender o fenômeno. No imaginário da grande maioria do povo maçônico, entretanto, raciocina-se com a Maçonaria com letra maiúscula, quase como um ente metafísico, e isso pode causar uma série de incompreensões.

A Maçonaria tornou-se assim um fenômeno mundial, adaptando-se incrementalmente com o colorido das culturas locais. Contando hoje com milhões de membros, é considerada como a maior instituição fraterna do mundo moderno.

A Maçonaria moderna não possui um Vaticano que oriente suas práticas, seus rituais e seus simbolismos. Apesar de, na grande tradição maçônica, a Grande Loja Unida da Inglaterra (GLUI) exercer uma enorme influência na Maçonaria regular do mundo, isso não caracteriza um comando centralizado, mas uma estrutura semelhante às religiões protestantes. A tradição de seus rituais e liturgia, a transmissão das principais cerimônias e a linhagem de sua autoridade ajudam a manifestar, na Maçonaria *mainstream*, uma das instituições não dogmáticas, principalmente nos países que sofreram um forte impacto do Iluminismo. Como é uma instituição fortemente impelida pelo simbolismo, este apresenta colorações peculiares nas diversas culturas nas quais está inserida. De cada símbolo da *vulgata* maçônica podem-se extrair interpretações diversas, não só no domínio moral, como também no científico, psicológico, esotérico, político, filosófico, religioso, etc. Desse modo, no domínio acadêmico, fala-se hoje não na Maçonaria, ideia e conceito mais utilizado pelo povo maçônico, mas nas Maçonarias. Podem-se dar dois exemplos: a) Simón Bolívar; e b) José Bonifácio de Andrada e Silva.

Quando houve um atentado de uma facção maçônica contra a vida do Libertador, se se analisar como a Maçonaria, a *rationale*

---

70. BOUGDAN, Henrik; SNOEK, A.M (Eds.). *Handbook of Freemasonry*. Leiden/Boston: Brill, 2014. p. 13.

seria a seguinte (vejam as distorções): a Maçonaria tentou assassinar o Libertador, com todas as implicações do que isso significa. E quando Bolívar mandou prender os maçons implicados, vejam a redação: Bolívar mandou prender a Maçonaria e, portanto, é um perjuro... Agora a versão, se adotamos o ponto de vista das Maçonarias: houve um atentado de alguns maçons anti-Bolívar contra a vida do Libertador. Bolívar conseguiu escapar e imediatamente mandou prender os conspiradores da facção antibolivariana...

Agora a de José Bonifácio (monarquista) em sua luta contra os adeptos de José Gonçalves Ledo (republicano) na versão Maçonaria: José Bonifácio tentou prender Ledo e, portanto, é um perjuro, pois perseguia outro maçom... Na versão Maçonaria: havia uma luta entre as facções maçônicas dos monarquistas e as dos republicanos para saber quem seria o vetor hegemônico junto ao imperador. Os monarquistas venceram e exilaram a facção de Ledo.

2.2 Teorias sobre as origens da Maçonaria

Este capítulo está baseado no livro, hoje clássico, de John Hamill,[71] ex-bibliotecário e ex-curador da Grande Loja Unida da Inglaterra.

Como não se conhece a gênese da Maçonaria, os historiadores maçônicos de antanho "criaram" uma série de explicações, na maioria das vezes mitológicas para explicar a origem da Maçonaria. Cento e cinquenta anos atrás na Inglaterra se criou uma Loja de Pesquisa – a Quatuor Coronati[72] – para tentar estabelecer uma pesquisa menos

---

71. HAMILL, John. *The History of English Freemasonry*. London: Lewis Masonic Book, 1994. Cap. I (Theories of Origin), p. 19-29. Existe uma tradução em português, disponível em: <https://bibliot3ca.wordpress.com/teorias-sobre-a-origem-da-maconaria/>, Acesso em: 3 ago. 2016.
72. Loja Quatuor Coronati *nº 2076* é uma Loja Maçônica londrina dedicada a pesquisas maçônicas. Ela se encontra no Freemasons' Hall, na rua Great Queen Street. Seu título (Quatuor Coronati) significa, em latim, Quatro Coroados, uma referência à lenda dos Quatro Mártires Coroados. Nove maçons (*sir* Charles Warren, William Harry Rylands, Robert Freke Gould, Rev. Adolphus Frederick Alexander Woodford, *sir* Walter Besant, John Paul Rylands, major Sisson Cooper Pratt, William James Hughan e George William Speth), insatisfeitos com a maneira como a história da Maçonaria havia sido exposta no passado, fundaram a Loja em 1884. Eles insistiam em utilizar uma abordagem para o estudo da história maçônica baseada em evidências. Como tal, essa abordagem era nova e incomum, e eles pretendiam que os resultados deveriam "substituir os escritos imaginativos de antigos

mitológica e mais crítica em relação à Maçonaria azul ou dos três Graus simbólicos. Hamill denomina essa confusa escola pré-científica de romântica ou mística. Existiriam assim dois enfoques principais da história da Maçonaria: o autêntico ou científico, que constrói e desenvolve sua teoria a partir de fatos verificáveis e de documentação de origem comprovada, e o enfoque não autêntico no qual se busca colocar a Maçonaria dentro do contexto da tradição dos Mistérios, correlacionando os ensinamentos, a alegoria e o simbolismo da Ordem com seus homólogos pertencentes às diferentes tradições esotéricas. Para complicar ainda mais as coisas, existem opiniões divididas dentro dessas duas escolas principais.

A) Começando a aprender a gênese da Maçonaria em Loja

A *Vulgata* do maçom comum tira do próprio ritual suas primeiras noções da história da Maçonaria. O aprendiz, à medida que vai progredindo em seu conhecimento das cerimônias, aprende que durante a construção do Templo do rei Salomão em Jerusalém, os construtores qualificados (pedreiros ou maçons) se dividiam em duas classes: Aprendizes e Companheiros. Todos trabalhavam sob as ordens de três Grão-Mestres (o rei Salomão, Hiram, rei de Tiro, e Hiram Abiff), os quais compartilhavam certos segredos apenas por eles conhecidos. Aprende também que esses segredos foram perdidos com o assassinato de Hiram Abiff – assassinato que ocorreu por causa de sua negativa de revelar tais segredos – e que se adotaram certos segredos em substituição dos primeiros, *"até que o tempo ou as circunstâncias restaurem os segredos originais"*.

Do ritual se deduz imediatamente que a Maçonaria já existia e estava estabelecida à época do rei Salomão, e que permaneceu desde então como um sistema intacto. O aprendiz compreende logo que o ritual não contém uma verdade histórica ou literal, senão uma alegoria

---

autores sobre a história da Maçonaria". Em adição às reuniões trimestrais onde artigos são apresentados e os apresentadores questionados, a Loja publica anualmente o *Ars Quatuor Coronatorum*, que é um registro de todos os artigos apresentados na Loja, bem como outros artigos e comentários aceitos para publicação, e ela mantém o Círculo de Correspondência Quatuor Coronati (Quatuor Coronati Correspondence Circle – QCCC) que permite a participação de maçons do mundo todo. Ver Ligou (1998, p. 1000).

dramática mediante a qual se transmitem os princípios e axiomas fundamentais da Ordem.

b) A visão romântica de anderson

A primeira história do ofício apareceu, com sanção oficial, como parte das primeiras Constituições,[73] compiladas e publicadas em nome da primeira Grande Loja pelo reverendo doutor James Anderson,[74] em 1723. A obra de Anderson consiste principalmente na história *lendária* do Ofício dos Construtores, desde Adão, no Jardim do Éden, até a formação da primeira Grande Loja em 1717.

---

73. A Constituição de Anderson – como é mais conhecida a Constituição que regula os franco-maçons desde 1723 – é considerada o principal documento e a base legal da Maçonaria Especulativa e que, aos poucos, foi substituindo os preceitos tradicionais que até então regulavam as atividades da Maçonaria Operativa. Ela foi escrita por James Anderson, que era maçom, mestre de uma Loja Maçônica, e um Grande Oficial da Loja de Londres em Westminster. Apoiado pela Grande Loja, em setembro de 1721, ele escreveu uma história de maçons, que foi publicada em 1723 como a *Constituição dos Maçons Livres* ou a *Constituição de Anderson*. O nome de Anderson não aparece na folha de rosto do livro, mas sua autoria está declarada em um apêndice. A Constituição foi também editada e reproduzida por Benjamin Franklin na Filadélfia em 1734, sendo o primeiro livro maçônico impresso na América. Cada Rito tem suas características particulares, assemelhando-se ou divergindo do outro em aspectos gerais, em detalhes, mas convergindo em pelo menos um ponto comum: a regularidade maçônica, isto é, o reconhecimento internacional amparado pela Constituição de Anderson. São os regulamentos consagrados na Constituição de Anderson, considerados o fundamento e pilar da Maçonaria moderna, que obrigam à crença em Deus. Consequentemente, com o não cumprimento desse critério fica desde então designada a atividade maçônica como irregular. Para ser membro da Maçonaria não basta a autoproclamação, por isso é necessário um convite formal e é obrigatório que o indivíduo seja iniciado por outros maçons, cumpra com seus juramentos e obrigações e esteja integrado em uma Loja regular, em uma Grande Loja ou num Grande Oriente, devidamente consagrados, segundo as terminologias tradicionais, ditadas pelos *Landmarks* da Constituição de Anderson.
74. James Anderson (Aberdeen, Escócia, 1679 – Londres, 1739) foi educado em Aberdeen, na Escócia. Ordenado ministro da Igreja da Escócia em 1707, deslocou-se para Londres, onde ministrou na congregação da Glass House Street até 1710, na Igreja Presbiteriana na Swallow Street até 1734, e na Lisle Street Chapel até a data de sua morte. James Anderson é sobretudo conhecido por sua associação com a Maçonaria.

James Anderson.
Fonte: internet.

Disponível em: <https://bibliot3ca.wordpress.com/quem-foi-na-verdade-o-reverendo-e-macom-james-anderson/>.

Anderson não se propôs a escrever uma "história" original da Maçonaria, mas a resumir as antigas Constituições Góticas.[75] Na edição de 1738 das Constituições, Anderson parece haver dado, desafortunadamente, rédeas soltas à sua imaginação, pois construiu uma "história" detalhada da Maçonaria inglesa desde a suposta Assembleia de York até a ressurreição da Grande Loja em 1717, continuando inclusive até 1738. Para Anderson, os termos Geometria, Arquitetura e Maçonaria eram sinônimos. Todo monarca inglês ou personalidade histórica que, de qualquer maneira, tivesse patrocinado arquitetos ou maçons foi colocado em sua lista, seja como Grão-Mestre, ou, pelo menos, como Grande Vigilante da Maçonaria.

Tendo em vista que a história escrita por Anderson foi publicada com a sanção da Grande Loja, atribuiu-se a ela o caráter de história sagrada, tanto mais porque seu conteúdo não foi impugnado pelos que tomaram parte nos eventos de 1717. Seu trabalho resultou em tão grande aceitação que continuou sendo publicado repetidamente, sem

---

75. As *Constituições Góticas (Gothic Constitutions)* são a recopilação de preceitos corporativos, também conhecida como *Os Antigos Deveres (Old Charges)*, conforme Anderson confessou na segunda edição das Constituições em 1738.

alterações relevantes, simplesmente com atualizações em todas as edições subsequentes, até a última edição, em 1784. Foi inclusive plagiado pelos diversos editores de manuaizinhos publicados no século XVIII, os *Companheiros de Bolso dos Franco-Maçons (Freemasons' Pocket Companions)*,[76] e constituiu a base das *Ilustrações da Maçonaria (Illustrations of Freemasonry)*,[77] de William Preston,[78] até na 17ª edição (póstuma), em 1861, editada pelo reverendo George Oliver.

---

76. *Os "Pocket Companions"* começaram a aparecer em 1735 e eram uma mistura pouco feliz de plágios das regras e do relato histórico de Anderson, incluindo vários deveres e orações.
77. PRESTON, William. *Ilustrations of Masonry*. The Aquarian Press, Wellinghorough, 1986.
78. William Preston (1742-1818) era um escocês nascido em Edimburgo. Em 1760 mudou-se para Londres e dois ou três anos depois iniciou na Maçonaria. Fascinado pela Ordem, Preston começou a se aprofundar nos estudos maçônicos, visitando inúmeras Lojas, pesquisando antigos documentos, estatutos, manuscritos e livros, e trocando correspondências com os maiores estudiosos de Maçonaria da época. Em 1772, Preston publicou um livro com o entendimento de uma década inteira de estudos, sua verdadeira obra-prima, intitulado *Ilustrações de Maçonaria* (Ilustrações no sentido de "esclarecimentos"). Essa obra serviu de base para que Thomas Smith Webb desenvolvesse os Graus simbólicos do Rito de York nos Estados Unidos. Se Webb é considerado o "pai do Rito de York" então, com certeza, Preston é o avô.
Em 1774, Preston se tornou Venerável Mestre da "Lodge of Antiquity #1" a mais antiga das quatro Lojas fundadoras da Primeira Grande Loja da Inglaterra. Em 1777, Preston promoveu uma visita dos membros de sua Loja devidamente paramentados a uma Igreja, localizada próxima à Loja. Essa atitude não foi bem-vista pela Grande Loja, que tratou de expulsá-lo. Por conta disso, a Loja número 01 da Grande Loja desligou-se da mesma, promovendo então a fundação de uma "pequena Grande Loja". A repercussão negativa e a pressão de vários ilustres Irmãos a favor de Preston fizeram com que, dez anos depois, a Grande Loja voltasse atrás e promovesse o retorno de Preston, sem qualquer prejuízo dos títulos e honrarias que ele possuía anteriormente.
Alguns poucos dias antes de sua morte, Preston concedeu à Grande Loja uma verba para ser destinada ao desenvolvimento de leituras anuais sobre o sistema de Graus simbólicos adotado pela "Lodge of Antiquity #1" e que ele havia organizado e publicado; essas leituras foram chamadas de "Leituras Prestonianas". Seu desejo foi cumprido até 1862, quando o projeto foi paralisado. Quando revivido, em 1924, foi-se retirada a obrigação do conteúdo ser relativo às obras de Preston, podendo ser qualquer tema maçônico escolhido pelo escritor indicado. As "Leituras Prestonianas" ou "Palestras Prestonianas", como alguns preferem, permanecem populares no meio maçônico até os dias de hoje. Ver COIL, 1996, p. 483.

William Preston.
Fonte: internet.

Disponível em: <https://www.google.com.br/search?q=james+anderson+ma%C3%A7onaria&biw=1440&bih=7source=lnms&tbm=isch&sa=X&ved=0ahUKEwiQ84Kf0ajOAhWFhJAKHQouBDwQ_AUIBigB#tbm=isch&q=william+preston+ma%C3%A7onaria&imgrc=tlERWYyVDo0kEM%3A>.
Acesso em: 4 set. 2016.

  Na verdade, a ausência de uma diferenciação, por parte de Anderson, entre Maçonaria Operativa e Maçonaria Especulativa iria marcar os enfoques da história do Ofício pelo espaço de muitas gerações, e pode-se dizer que deu lugar ao desejo de estabelecer vínculo direto entre ambas tão logo a escola autêntica iniciou sua aproximação crítica à história aceita da Ordem. Ainda que a aproximação dos escritores da escola autêntica apareça como uma investigação científica, os métodos empregados por eles não seriam aceitos atualmente como científicos. Apesar de que eles examinaram cuidadosamente e comprovaram a origem de cada fragmento de evidência que apareceu e de que suas áreas de investigação se limitaram aos registros e documentos arquitetônicos, de construção e corporativos. De fato, seu trabalho ostenta a aparência de busca de evidências suscetível de se encaixar dentro de uma teoria preconcebida. A maioria dos membros da escola autêntica não tinha o treino acadêmico para a área de pesquisa histórica. Para se ter uma ideia, o prof. Begemann, alemão de formação acadêmica em linguística, era um dos poucos que possuíam o *background* universitário, mas não era inglês. Exerceu forte influência no início da Loja Quatuor Coronati, como demonstravam os primeiros números dos *Ars Quatuor Coronatorum – AQC*.

c) A Escola Autêntica, mas Ainda não Científica, Cria um Paradigma

Dispostos a provar a filiação direta entre a Maçonaria Operativa e a Maçonaria Especulativa por meio de uma **fase de transição**, ajuntaram fragmentos de informações procedentes de várias partes das Ilhas Britânicas, fragmentos que pareciam formar escalões em sua cadeia de descendência. Ao proceder dessa maneira, com frequência tiraram a evidência de seu contexto e efetuaram suposições para as quais existia apenas uma tênue possibilidade de confirmação.

Em particular, assumiram a existência de uma uniformidade de condições e de atividades na Inglaterra, Irlanda e Escócia e ignoraram assim as circunstâncias particulares sociais, culturais, políticas, legais e religiosas que marcam diferenças cruciais entre esses países. Não levaram em conta, por exemplo, que até a Lei de União de 1707, Inglaterra e Escócia, ainda que unidas pela Coroa desde 1603, eram países separados que somente compartilhavam fronteira comum, e que os eventos ocorridos em um país não tinham necessariamente paralelismo nos países vizinhos.

Entretanto, sua teoria era tão persuasiva, tão bem escrita e foi tão divulgada, que sua interpretação acerca da transição da Maçonaria Operativa para a Maçonaria Especulativa esteve perigosamente próxima de ser aceita como fato inquestionável. Necessário é enfatizar novamente que se trata apenas de uma teoria.

d) O paradigma começa a ser quebrado pelas modernas pesquisas

Prof. David Stevenson.

Fonte: foto do autor no Congresso Internacional de Historiografia Maçônica em Edimburgo, 2007.

Na Escócia, encontraram evidência inegável da existência de Lojas Operativas de talhadores de pedra. Nesse sentido as pesquisas de David Stevenson[79] representam um marco fundamental, pois provou cabalmente que as Lojas Maçônicas surgiram primeiro na Escócia depois na Inglaterra. Tais Lojas se definiam segundo o ponto de vista geográfico (territorial) e constituíam unidades de controle da atividade Operativa com respaldo em leis estatutárias. Também obtiveram evidência indiscutível de que as Lojas Operativas escocesas começaram a admitir durante o século XVII membros não operativos na qualidade de "Maçons Aceitos" ou "Gentis-homens Maçons" *(Accepted or Gentlemen Masons)*, e que a princípios do século XVIII, em algumas Lojas, os Maçons Aceitos haviam passado a predominar.

Essas Lojas, por sua vez, se converteram em Lojas Especulativas, enquanto as outras mantiveram seu caráter puramente operativo. As Lojas Especulativas eventualmente se uniram para formar a Grande Loja da Escócia em 1736. Investigadores da escola autêntica também descobriram referências claras sobre o uso nessas Lojas, de uma Palavra maçônica[80] e de modos secretos de reconhecimento que permitiam aos Maçons Operativos de boa-fé obter trabalho ou sustento quando viajavam ao território de outra Loja. Ao unir esses fatos, os historiadores românticos pareciam contar com provas de uma transição gradual da Maçonaria Operativa para a Maçonaria Especulativa.

A falha de seu raciocínio consistia em supor que, por não serem Operativos, os Maçons Aceitos nas Lojas Operativas escocesas tinham de ser necessariamente Especulativos, ou que, pelo menos,

---

79. STEVENSON, David. *As Origens da Maçonaria – O Século da Escócia (1590-1710)*. Madras Editora: São Paulo, 2005. Em 1988, o estudioso escocês David Stevenson (não maçom) publicou na prestigiada editora universitária de Cambridge, *The Origins of Freemasonry: Scotland's Century, 1590-1710*. Concebido segundo padrões acadêmicos, com um importante aparato crítico e sem relação com os empreendimentos editoriais de "maçonólogos" e historiadores oficiais da GLUI (Grande Loja Unida da Inglaterra), este trabalho erudito era destinado a um público limitado no mundo acadêmico. No entanto, tornou-se rapidamente uma referência e um verdadeiro sucesso editorial. Relançado, ele foi ainda traduzido para o francês em 1992 porque causou, em sua época, um verdadeiro terremoto nas pesquisas maçônicas por destronar a Inglaterra como berço da Maçonaria.
80. KNOOP, Douglas. *The Mason Word*. AQC 51, London, 1938, p. 194. (Ars Quatuor Coronatorum – Anais da Loja de Pesquisa Quatuor Coronati de Londres, a primeira Loja de pesquisa maçônica do mundo).

deveria existir uma implicação sobre a atividade Especulativa da Loja, derivada do próprio fato da aceitação. Até hoje, não apareceu prova alguma que apoie tais suposições. De fato, a evidência encontrada pareceria assinalar os não operativos como sendo membros honorários das Lojas, adotados do mesmo modo que hoje se adotam eminentes personalidades como membros honorários de clubes, sociedades e instituições com as quais não têm vínculos profissionais ou vocacionais. Isso ficará mais claro quando adiante se falar sobre o Paradigma Gould.

Quando a escola autêntica examinou os registros ingleses, seus investigadores não puderam encontrar evidência alguma da existência de Lojas Operativas. Em tempos medievais, a Loja dos Operativos consistia simplesmente em uma choça ou depósito anexo ao lugar de trabalho, no qual guardavam as ferramentas e descansavam. Em torno do ano de 1600, o sistema de guildas se encontrava praticamente moribundo, com a exceção das Companhias de Carroceiros e Transportadores de Londres *(London Livery Companies)*. Tampouco existia evidência de uma "palavra maçônica" inglesa ou de meios secretos de reconhecimento entre os operativos ingleses. Qualquer evidência encontrada acerca da Maçonaria não Operativa – ou de aceitação – tinha um contexto não Operativo, e entre os nomes encontrados e que podiam ser verificados e cruzados com outras evidências, muito poucos tinham sequer a mais tênue relação com a construção ou a arquitetura.

A Maçonaria de aceitação (existem ainda dúvidas se a Maçonaria do século XVII pode ser denominada de Especulativa) simplesmente parece ter surgido na Inglaterra como uma organização nova, sem nenhuma conexão anterior com o ofício Operativo. Apesar dessa carência de provas, a escola autêntica misturou conjuntamente os eventos ocorridos na Escócia e Inglaterra e construiu a teoria da transição Operativa-Especulativa sobre as origens da Maçonaria,[81] sem ter em conta as diferenças e discrepâncias entre os dois conjuntos de evidências. Antes de tudo, passaram por alto ou ignoraram o fato de que a Maçonaria não Operativa estava se desenvolvendo na Inglaterra quando as Lojas escocesas começaram a aceitar membros não operativos. Se as Lojas Operativas escocesas constituíram um

---

81. CARR, Henry. *World of Freemasonry.*, London, Lewis Masonic 1985, p. 1 e p. 44.

meio de transição, como poderia existir na Inglaterra a Maçonaria puramente não Operativa?

e) Os *Collegia Fabrorum*

Collegia Fabrorum romanos.
Fonte: Internet.

Disponível em: <https://www.google.com.br/search?q=collegia+fabrorum&biw=1440&bih=716&source=lnms&tbm=isch&sa=X&ved=0ahUKEwjPxanG4qjOAhUNlpAKHahPCwEQ_AUICCgB#imgrc=UfL48uxgcaY1xM%3A>

A busca de um vínculo direto não se confinou às Ilhas Britânicas nem ao período da denominada "Assembleia de York". Foram feitas tentativas de encontrar para ela um parentesco clássico como descendente dos *Collegia Fabrorum*[82] romanos (as escolas de construtores da época), pois, além disso, a palavra "escola" parecia levar implícita a existência de um culto filosófico ou "misterioso" ligado aos construtores romanos. A lenda dos *Magistri Comacini*[83] (Mestres Comacinos) parecia oferecer fundamento religioso ao Ofício.

---

82. O *Collegia Fabrorum* era uma Associação romana na época (iniciada em 500 a.C.) das grandes conquistas de cidades pelos romanos, até o ano aproximadamente 400 d.C. Os guerreiros destruíam as construções de todos os tipos, na subjugação dos povos e em razão da selvageria das batalhas, esse grupo de construtores, talhadores de pedras, artistas, carpinteiros, etc., ia atrás reconstruindo o que era de interesse para as tropas e aos comandantes de Roma. Tinha um caráter religioso, politeísta, adorando e oferecendo seus trabalhos aos seus deuses protetores e benfeitores. É possível que, com a aceitação do Cristianismo pelos romanos, essa associação tenha se tornado monoteísta.
83. Os Mestres Comancinis (*magistri comacini*) eram trabalhadores de pedra lombardos no início da Idade Média que deram aos lombardos a liderança de construções em pedra no estilo romanesco.

f) Os Mestres comancinos

Trabalhadores comancinos.
Fonte: internet.

Disponível em: <https://www.google.com.br/search?q=magistri+comancini&biw=1440&bih=716&source=lnms&tbm=isch&sa=X&ved=0ahUKEwjmorPN-46jOAhWDQZAKHR13BxsQ_AUIBigB#imgrc=m24h8736QqhEzM%3A>.
Acesso em: 4 ago. 2016.

Afirmou-se que os hábeis e renomados maçons da região do Lago de Como, no norte da Itália, possuíam segredos tão recônditos suscetíveis de ser comunicados a outros Operativos, que foram constituídos mediante uma bula papal (bula inexistente, na realidade). Dizia-se que haviam recebido instruções de viajar pela Europa para partilhar suas habilidades e "mistérios". É notória a ausência de provas sobre sua existência real.

g) Os *Steinmetzen* alemães

Steinmetzen alemães.

Fonte: internet.

Disponível em: <https://www.google.com.br/search?q=steinmetzen&biw=1440&bih=716&source=lnms&tbm=isch&sa=X&ved=0ahUKEwjgrqOX5ajOAhUCjJAKHaoqCa8Q_AUIBigB#imgrc=A69IIU8B_vj7dM%3A>. Acesso em: 4 ago. 2016

h) A *Compagnonnage* Francesa

Compagnonnage francesa.

Disponível em: <https://www.google.com.br/search?q=collegia+fabrorum&biw=1440&bih=716&source=lnms&tbm=ich&sa=X&ved=0ahUKEwjPxanG4qjOAhUNlpAKHahPCwEQ_AUICCgB#tbm=isch&q=Compagnonnage&imgrc=dmYc9btsmsJKPM%3A>.

Foram revisadas diligentemente as tradições e os registros dos *Steinmetzen*[84] alemães e da *Compagnonnage*[85] francesa em busca de rastros de algum elemento Especulativo, mas nada foi encontrado. A evidência nos remete sempre e novamente à aparição da Maçonaria não Operativa na Inglaterra, durante o século XVII. A teoria de uma filiação direta da Maçonaria Operativa segue tendo seus partidários, especialmente o falecido e muito reverenciado Harry Carr, mas alguns investigadores atuais que trabalham na tradição da escola autêntica estão se inclinando a considerar um vínculo direto com os Operativos[86].

Em vez de buscar as provas de filiação direta, estão explorando a possibilidade de que os fundadores da Maçonaria Especulativa tenham se ocultado sob a aparência de uma organização ou guilda para desenvolver atividades e ideias que eram impossíveis de praticar ou professar na época. O período no qual se crê tenha evoluído a Maçonaria – entre fins do século XVI e durante todo o século XVII – se caracterizou pela estreita relação entre a política e a religião. Durante esses anos, as diferenças de opinião nessas matérias podiam dividir as famílias e eventualmente conduzir a guerras civis.

i) Os embates políticos e religiosos: a necessidade da tolerância

Particularmente no que concerne à religião, existiam sanções legais contra aqueles que decidiam não seguir os ditames do Estado. Surgem por si mesmas, em consequência, duas ideias possíveis relacionadas com a origem da Maçonaria durante esse período. Primeiro, que os fundadores eram um grupo oposto à intolerância política e religiosa do Estado, que desejavam reunir homens de diferentes concepções políticas e religiosas, que compartilhassem objetivo comum de melhoria social. Como se encontravam em situação em que ditas concepções eram consideradas subversivas, restringiam-se

---

84. Com a propagação do Cristianismo na Alemanha, os bispos começaram a desejar construir catedrais. Buscaram então patrocinar os colégios maçônicos alemães, geralmente chamados de *Steinmetzen* ou talhadores de pedras.
85. O termo *compagnonnage* designa principalmente um ramo do movimento operário francês, célebre por seu Tour de France, que conheceu seu apogeu de sua fama com Agricol Perdiguier em meados do século XIX, antes de desaparecer quase inteiramente com o advento da industrialização, das escolas de aprendizagem e da autorização dos sindicatos dos trabalhadores. Fugindo da extinção, encontrou nas últimas décadas um renascimento.
86. DYER, C.F.W. *Some Thoughts on the Origin of Speculative Masonry*. AQC 95,1982, p. 120.

apenas à discussão desses assuntos com os que não eram membros. Estes parecem ter existido desde que se originou a Maçonaria.

Segundo, que os fundadores eram um grupo de religião cristã não conformista, que se opunha ao domínio da religião por parte do Estado. Tal grupo não se propunha a depor a religião predominante, mas desejava promover a tolerância e a criação de uma sociedade na qual os homens fossem livres para seguir os ditames de sua consciência em matéria religiosa.

j) As teorias da autoajuda

Assim, as reuniões se converteram em Lojas, os oficiais principais passaram a se denominar de Mestre e Vigilantes, e as ferramentas de trabalho do talhador de pedras foram utilizadas tanto por suas funções materiais práticas como por seu valor simbólico. Recentemente, foi apresentada uma teoria de filiação indireta. Ela associa as origens com os aspectos caritativos, mais do que com as discussões filosóficas.[87] Considera a Maçonaria como produto do crescente movimento de autoajuda surgido no século XVII. Por não existir um sistema estatal de proteção e seguridade social, aqueles que ficavam doentes ou que passavam por dificuldades econômicas dependiam da caridade local e das rígidas estipulações da Lei dos Pobres.

Diversos agrupamentos gremiais começaram a organizar seus próprios sistemas. Quando se reuniam a debater amistosamente em tabernas e pousadas, mantinham uma caixa à qual os membros aportavam cotas durante cada reunião e da qual os mesmos membros podiam tomar dinheiro em tempos de necessidade. Em virtude dessa prática, tais agrupamentos receberam o nome de "Clubes de Caixa" (*Box clubs*). A participação nesses clubes estava reservada em princípio aos membros de um grêmio em particular. Existe evidência de que nos clubes foram utilizados ritos rudimentares de iniciação (Hamill, 1994, p. 25).

Parece também que, como as Lojas Operativas escocesas, os Clubes de Caixa começaram a admitir membros que não estavam vinculados diretamente com seu grêmio particular. Evocou-se a possibilidade de que a Maçonaria tenha surgido originalmente apenas como um Clube de Caixa para Maçons Operativos, os quais posteriormente começaram a admitir membros de outros grêmios.

---
87. DURR, Andrew. The Origin of the Craft. AQC 96, 1983, p. 170.

A possibilidade de que a Maçonaria tivesse sido basicamente uma sociedade de orientação gremial na época da criação da primeira Grande Loja em 1717 foi levantada por Henry Sadler.[88] Sugeriu ele que uma luta pelo controle das Lojas teve lugar em princípios da década de 1720, entre os membros originais de orientação gremial e os que foram levados às Lojas por influência do dr. John Teophilus Desaguliers e outros, e que a Maçonaria autenticamente Especulativa não surgiu senão quando este último grupo ganhou o controle e começou a transformar a Maçonaria, de sociedade de benefícios, para "um sistema de moral, velado por alegorias e ilustrado por símbolos".

k) A teoria dos Cavaleiros Templários

Também se buscou em outras organizações a origem da Maçonaria. Uma teoria agora descartada (ainda não no Brasil), mas que conservou credibilidade por longo tempo, via na Maçonaria a descendência direta dos Cavaleiros Templários medievais. Afirmou-se que depois da eliminação de Jacques de Molay – seu último Grão-Mestre, em 1314 –, um grupo de cavaleiros escapou para a Escócia. Uma vez ali, se reuniram no misterioso Monte Heredom, perto de Kilwinning e, temerosos de ulteriores perseguições, se transformaram em maçons, convertendo os supostos segredos dos Templários nos segredos da Maçonaria. Esse tema será mais desenvolvido no último capítulo.

Infelizmente para os partidários dessa teoria, o misterioso Monte de Heredom não existe (ainda que viesse a se constituir em elemento central de numerosos Graus adicionais inventados na França do século XVIII). Tampouco é verídico que os Templários tivessem sido perseguidos na Escócia (essa veracidade ainda não chegou ao Brasil). Formaram, pelo contrário, parte da vida política e religiosa da Escócia até a Reforma, sendo o Prior de Torpichen (principal Priorado Templário da Escócia), por direito próprio, um dos *Lores* espirituais do governo escocês. Mesmo assim, a lenda escocesa segue exercendo sua atração romântica.

---

88. SADLER, Henry. *Masonic Facts & Fictions.* Wellingborough, The Aquarian Press, 1985.

O reverendo dr. George Oliver declarou que possuía um manuscrito do século XVIII que se referia ao que ele denominou "Rito de Bouillon", um ritual dos três Graus azuis no qual informava aos recipiendários que eles eram descendentes dos Templários. O manuscrito de Oliver se conhece apenas em cópias que datam do século XIX e um exame de seu conteúdo mostra um ritual altamente desenvolvido para os três Graus azuis, que incorpora muitas das modificações e adições ritualísticas realizadas depois da união das Grandes Lojas inglesas em 1813 (Hamill, 1994, p. 26).

l) Teorias dos Rosa-Cruzes

Fonte: internet.

Disponível em: <https://www.google.com.br/search?q=rosacruz&biw=1440&bih=745&source=lnms&tbm=isch&sa=X&sqi=2&ved=0ahUKEwj7zoK-Dru7OAhXLF5AKHUS6AK8Q_AUIBigB#imgrc=uNyeCKgTCfSGMM%3A>. Acesso em: 1º set. 2016

Alguns buscaram as origens da Maçonaria no Rosacrucianismo, seja como uma manifestação britânica da fraternidade Rosa-Cruz, seja como um desvio da corrente principal do Rosacrucianismo.[89] Não é este o lugar para discutir a existência ou não de uma Fraternidade

---

89. WARD, J. S. *Freemasonry and the Ancient Gods*. London: Simpkins, Marshall, Hamilton, Kent & Co, 1921 e WAITE, A.E. Waite. *The Secret Tradition in Freemasonry*. Montana: Kessinger Publishing (reprints), 1992.

Rosa-Cruz. Qualquer que seja a verdade a esse respeito, o certo é que a ideia Rosa-Cruz se manteve entretecendo-se no pensamento europeu, desde sua aparição no início do século XVII. Os únicos fatores comuns à Maçonaria e ao Rosacrucianismo são a ideia central de criação de uma sociedade ideal e o simbolismo, para distribuir esse ideal aos seus iniciados.

Até aí chega a similitude. Não existe um acervo comum de simbolismo e ambos se desenvolveram por caminhos diferentes. Não há evidência que demonstre uma origem comum ou o desenvolvimento de uma a partir do outro. Muito se tratou de utilizar para esses fins o fato de que Elias Ashmole, o primeiro iniciado não operativo de que se tem notícia certa, também se interessava pelo Rosacrucianismo. Mas nada se diz dos demais Maçons Aceitos conhecidos, que não tinham relação com a Rosa-Cruz (real ou imaginária), nem sobre os Rosa-Cruzes declarados que não tiveram vínculos com a Maçonaria de Aceitação.

m) Teorias esotéricas, místicas, simbolistas e românticas

A escola não autêntica (tem um vasto apelo no Brasil) possui quatro enfoques principais, os quais poderiam ser classificados como o "esotérico", o "místico", o "simbolista" e o "romântico". As quatro abordagens têm dois fatores em comum: a crença de que a Maçonaria existe "desde tempo imemorial" e uma aparente **incapacidade** de **distinguir** entre **fato histórico** e **lenda**. As escolas esotéricas e místicas estão de fato interessadas na transmissão de ideias e tradições esotéricas, o que constitui em si uma linha de investigação válida, só que no Brasil o delírio tropical chegou às raias da insanidade.

Ocorre que, ao se aproximarem de seu objetivo, convertem similitudes entre grupos muito separados no tempo, como prova de uma tradição contínua transmitida de um grupo a outro, em uma espécie de sucessão apostólica esotérica. Os seguidores dessas escolas tendem também a professar ideias heterodoxas acerca da natureza e do propósito da Maçonaria, atribuindo-lhe implicações místicas, religiosas e inclusive ocultas, que nunca teve.

Os partidários da abordagem esotérica tomam os princípios, os rituais, as formas, os símbolos e a linguagem da Maçonaria e buscam similitudes com outros grupos (ignorando o fato de que os princípios e muitos dos símbolos são **universais** e não **particulares da Maçonaria**).

Supõem que essas similitudes não são fortuitas, mas deliberadas, e constituem, portanto, prova de uma tradição contínua. Colocam, também, grande ênfase nos Graus adicionais, revestindo-os de uma antiguidade espúria e vendo neles conteúdo esotérico e simbolismo muito maiores do que jamais se tentou lhes imprimir.

Ao ver no conjunto das diversas ramificações da Maçonaria um rito iniciático coerente, coisa que não é, a escola esotérica a compara com outros ritos iniciáticos, encontra semelhanças – reais ou impostas – e supõe um parentesco. John Yarker é, provavelmente, o maior expoente dessa escola. Seu *opus magnum*, *Escolas Arcanas*, é um monumento à erudição mal aplicada. Não apenas revela a amplitude de suas leituras, mas também sua dificuldade para digerir ou, em alguns casos entender, aquilo que havia lido.

À primeira vista pareceria que operava na escola autêntica, já que faz constante uso da "evidência documentária". Um exame mais atento mostra que ele não efetuava análise crítica de suas fontes, com o que aceitava como fatos as lendas, a tradição e o folclore, e chegava a negar fatos reais adequadamente documentados. Yarker estava firmemente convencido de que a Maçonaria existiu entre os talhadores de pedra Operativos da Idade Média e que eles já trabalhavam com uma complexa série de Graus que abarcava os três Graus azuis da Maçonaria simbólica e muitos dos Graus adicionais ou altos Graus. Acreditava também que tal sistema havia declinado e que seu "ressurgimento" no século XVIII constituía um renascimento, mas de forma distorcida.

Para poder aceitar as teses de Yarker, teríamos de aceitar que os talhadores de pedra medievais eram homens intelectualmente preclaros, hábeis com o trato de ideias que não ingressaram no acervo da filosofia ocidental, senão depois do Renascimento. Yarker viu a Maçonaria como a culminação ou o *summum bonum* de todos os sistemas esotéricos. Ao fracassar na "depuração" do sistema existente, Yarker introduziu, dos Estados Unidos da América, o "Rito Antigo e Primitivo da Maçonaria". Esse Rito combinava e reduzia os 97 Graus do Rito de Misraim e os 95 Graus do Rito de Mênfis, convertendo-os em um *pot pourri* de egiptologia, gnosticismo, rosacrucianismo, cabala, alquimia, misticismo oriental e Cristianismo (Hamill, 1994, p. 27).

Resume perfeitamente a mente eclética e acrítica de seu principal promotor na Inglaterra. Esse Rito a duras penas sobreviveu à morte de

Yarker. Talvez os representantes mais característicos da escola mística sejam o reverendo George Oliver e A. E. Waite. Oliver foi um fervoroso fundamentalista pré-darwiniano que acreditava firmemente que a Maçonaria era essencialmente cristã e havia existido, sob uma forma ou outra, desde o começo dos tempos. Em vários sentidos, pode ter sido o pai da escola autêntica. Lia com avidez qualquer livro maçônico ao seu alcance e colecionava até as frações de provas mais ínfimas que pudesse encontrar, mas, como Yarker, sua forma de leitura era acrítica e se inclinava para a invenção quando escasseavam as provas.

Waite, como Oliver, acreditava que a Maçonaria era essencialmente cristã, tanto em sua origem como em seu caráter. Cria que a Maçonaria tinha suas raízes no sistema das guildas, mas que havia sido transformada em sistema místico. Seus rituais, em particular os dos Graus adicionais, conteriam o conhecimento secreto dentro da tradição dos Mistérios. Sua desorganizada *Nova Enciclopédia da Maçonaria*,[90] na qual pôs pesada ênfase sobre os Graus adicionais, tanto existentes como extintos, foi demolida pela crítica da escola autêntica no momento de sua publicação, em 1921.

A escola simbolista busca as origens da Maçonaria mediante a comparação e a correlação do simbolismo e da linguagem ritual, e trata de encontrar a filiação direta entre a Maçonaria e várias religiões, cultos, mistérios e sociedades. Da mesma forma que a escola esotérica, essa linha de investigação tem certa validade, mas como antropologia do simbolismo e não como investigação das origens da Maçonaria. A incidência de certos símbolos, gestos e terminologia conduziu essa escola a comparar a Maçonaria com religiões dos ameríndios, cerimônias maias, rituais mitraicos e aborígines, pinturas de templos egípcios, marcas de castas hindus, etc.

O problema é que os símbolos maçônicos não são exclusivos da Maçonaria, pois são universais. Dentro da escola simbolista se encontra quem foi buscar a origem do ritual maçônico mediante a exegese de obras de escritores bem conhecidos, com o fito de encontrar exemplos de "linguagem maçônica". O mais excêntrico deles foi provavelmente Alfred Dodd, que se convenceu de que Shakespeare

---

90. WAITE, Arthur Edward. *A New Encyclopaedia of Freemasonry*. New York Weathervane Books, 1970.

(chame-se Shakespeare, Bacon ou Marlowe) compôs o Ritual maçônico.[91] Felizmente ainda não chegou ao Brasil.

De uma maneira, os seguidores da escola romântica se aproximam da tradição de Anderson, já que implicitamente acreditam na conexão direta entre a Maçonaria Operativa e a Maçonaria Especulativa, mesmo que tal vínculo remonte a Adão, Salomão ou aos construtores medievais. Diferem da escola autêntica por rechaçarem, ou desconhecerem, as numerosas formas pelas quais a Maçonaria mudou e se desenvolveu durante o período no qual existem registros históricos. Estão dispostos a crer que o ritual tem sido praticado desde tempo imemorial, seja em suas formas fundamentais, seja conservando integralmente seus detalhes.

A carência de conhecimento sobre a origem da Maçonaria e a variedade de abordagens que existem para enfocar esta interrogação explicam, talvez, a intensidade com a qual ela é investigada e a persistente atração que exerce. A ausência de dogmas oficiais implica que qualquer membro da Ordem pode dar ao ritual tanto ou tão pouco significado, conforme deseje. Nem sequer na Inglaterra existe um padrão ou se trate de um ritual controlado de maneira centralizada quer de uma interpretação do ritual que deva ser aceita por todas as Lojas. Quando é que, alguma vez, chegarmos a estar prestes a descobrir as verdadeiras origens da Maçonaria é uma pergunta que permanece em aberto.

Os registros e os documentos relacionados com a construção medieval foram revisados em sua totalidade, mas os arquivos religiosos, familiares e locais permanecem praticamente inexplorados. Por outro lado, a ser correta a afirmação de Anderson de que numerosos manuscritos foram queimados deliberadamente em 1720, *"por alguns Irmãos preocupados que tais documentos fossem cair em mãos estranhas"*, é bem possível que a prova crucial que procuramos já esteja perdida.

2.3 O paradigma Gould que durou cem anos

O número de teorias, fantasiosas ou não, sobre a origem da Maçonaria conta-se às dezenas. A mais famosa delas é a tese de Gould,[92]

---

91. Dodd Alfred, *Shakespeare: Creator of Freemasonry*.Londres, circa 1935) e *Was Shakespeare the Creator of the Rituals of Freemasonry?*, Liverpool, sem data.
92. O prof. Jan Snoek, holandês, das Universidades de Leiden e Heidelberg, é o grande estudioso da Tese de Gould. Ver BOUGDAN, Henrik; SNOEK, A.M (Eds). *Handbook of Freemasonry*. Leiden/Boston: Brill, 2014, p. 13.

primeiramente formulada por Robert Freke Gould[93] e seus companheiros quando fundaram a primeira Loja de pesquisas maçônicas do mundo: a Quatuor Coronati #2076 de Londres, na década de 80 do século XIX.

Robert Freke Gould.
Fonte: internet.
Disponível em: http://freemasonry.bcy.ca/biography/gould_r/gould_r.html>.

De acordo com essa teoria, no início da Maçonaria existiam simples operários, os chamados "operativos", talhadores de pedras que tinham seus ofícios e suas Lojas, mas que não "especulavam" sobre seu ofício e suas ferramentas, ou seja, não as interpretavam simbolicamente. Então, no começo do século XVIII, gradualmente "maçons cavalheiros" (*gentlemen masons*) tornaram-se membros das Lojas e introduziram, durante um período de transição, o elemento

---

93. GOULD, Robert Freke (1836-1915) Historiador da Maçonaria. Um dos fundadores da Loja de Pesquisa Quatuor Coronati de Londres e seu segundo Venerável-Mestre. Oficial do Exército (chegou a servir na China), e depois advogado, é lembrado como um dos primeiros proponentes da escola autêntica. Autor de diversos livros sobre história da Maçonaria, tais como: *The Four Old Lodges and The Atholl Lodges* (1879) e *Military Lodges* (1899). A sua obra-prima é o monumental livro *History of Freemasonry* (1882-87) em três volumes: T.C. & E.C. Jack, Grange Publishing Works, Edinburgh, s.d., o exemplo mais eloquente da escola autêntica. É considerado o primeiro historiador "científico" da Maçonaria inglesa. Foi Past Senior Deacon da Grande Loja Unida da Inglaterra.

especulativo, surgindo assim a moderna Maçonaria "especulativa". Essa visão teórica durou uns cem anos, mas, com o avanço das pesquisas maçônicas na Escócia e na Inglaterra, essa teoria caiu em desuso[94] (menos no Brasil).

Praticamente todos os monstros sagrados da pesquisa maçônica no século XX no Atlântico Norte pagaram seu tributo ao paradigma de Gould, podendo ser citados os seguintes:

"– Wilhelm Begemann, que publicou seu *Vorgeschichte und Anfänge der Freimaurerei in England* em 1909-1910;

– Ferdinand Runkel, que escreveu seu *Geschichte der Freimaurerei in Deutschland* em 1932;

– Douglas Knoop (professor de Economia na Universidade de Sheffield) e Gwilym Peredur Jones (professor de História Econômica na mesma universidade), que trabalhou junto por 15 frutíferos anos, do *The Mediaeval Mason* de 1933 a *The Genesis of Freemasonry* de 1947, e que pode ter sido o primeiro a ter seu livro sobre Maçonaria publicado por uma editora acadêmica: a da Manchester University Press;

– Harry Carr, que escreveu importantes publicações durante as décadas de 1960 e 1970;

– Pierre Chevallier, cuja incessante trabalho culminou com os três volumes de sua *Histoire de la Franc-Maçonnerie Française,* publicado em 1974-75.

---

94. HAMILL, John. *The History of English Freemasonry*. London: Lewis Masonic Book, 1994. p. 19. Convém aqui salientar que meu amigo John Hamill não desconstrói diretamente o paradigma de Gould, deixando tal tarefa para o professor Snoek (*Research Freemasonry. Where Are We?* Disponível em: <http://www.docfoc.com/download/ documents/ researching-freemasonry. Aceso em: 6 ago. 2016. No livro acima, Hamill centra o ataque ao paradigma em Henry Carr, ex-Venerável Mestre da Quatuor Coronati e vencedor da Prestonian Lectures de 1957 com um trabalho com o título de *The Transition from Operative to Speculative Masonry* (The Collected Prestonian Lectures, v. I, 1925-1960. London: Lewis Masonic, 1984. p. 421).

Somente durante o fim da Segunda Guerra Mundial se assistiu à proliferação das novas Lojas de Pesquisas:

– o Institut d'Études et de Recherches Maçonniques (IDERM) do Grand Orient de France, fundado em 1949;

– the Quatuor Coronati Loge Bayreuth da Vereinigte Großlogen von Deutschland, fundado em 1951;

– Villard de Honnecourt, da Grande Loge Nationale de France, fundado em 1964:

– o Institut Maçonnique de France, sem ligação com alguma Grande Loja e que publica uma importante revista: *Renaissance Traditionnelle*, fundada em 1970;

– o American Scottish Rite Research Society, que publica o anuário *Heredom*, fundado 1991, e

– Ars Macionica da Grande Loja Regular da Belgium, que publica o anuário *Acta Macionica*, fundado em 1994" (Snoek, 2008, p. 6).

Prof. Jan Snoek, da Universidade de Heidelberg.
Fonte: internet.

Disponível em: <https://www.google.com.br/search?q=jan+snoek+freemasonry&biw=1440&bih=745&source=lnms&tbm=isch&sa=X&ved=0ahUKEwiSg-JHlvMjOAhUCh5AKHVXXD74Q_AUIBigB#imgrc=6r86PDyM6hkHFM%3A.
Acesso em: 6 ago. 2016.

A grande maioria desses autores famosos (a prata da casa) fez seus estudos de Maçonaria dentro da organização maçônica, sendo que a única notável exceção foi o trabalho de Knoop e Jones, que se processou no interior da Universidade de Sheffield. Convém salientar que os outros "historiadores" e "pesquisadores" dentro da Maçonaria eram diletantes de baixo nível. Um grande número deles tinha formação acadêmica em diversas áreas e disciplinas, menos no que toca ao treino acadêmico em história, na qual eram, na verdade, amadores bem-intencionados. Isto começou a mudar a partir da década de 1980. Assim, num pequeno período de 1979-1983, a Maçonaria tornou-se um assunto acadêmico, dentre os quais podem ser citados os seguintes:

" – Em 1979, Antoine Faivre foi nomeado na École Pratique des Hautes Études, Sorbonne, para a Cadeira de História das Correntes Esotéricas e Místicas na Europa moderna. Em 1986, publicou a primeira edição de seu *Accès de l'ésotérisme occidental,* que foi traduzido para o inglês em 1994.

– Em 1981, Margaret Jacob, detentora da Cadeira de História na Universidade da Califórnia, Los Angeles (UCLA), publicou *The Radical Enlightenment: Pantheists, Freemasons and Republicans* (O Iluminismo Radical: Panteístas, Maçons e Republicanos). Com esse trabalho, a Maçonaria entrou para valer no reino da Academia. Dez anos depois, em 1994, seu *Living the Enlightenment. Freemasonry and Politics in Eighteenth-Century Europe* (Vivendo o Iluminismo. Maçonaria e Política na Europa do Século XVIII) confirmou que a Maçonaria era um assunto adequado para a pesquisa acadêmica.

– No mesmo ano de 1981, Helmut Reinalter foi nomeado na Universidade de Innsbruck para a Cadeira de História Moderna. Dois anos depois, em 1983, publicou o volume *Freimaurer und Geheimbünde im 18. Jahrhunder in Mitteleuropa* (Maçons e Sociedades Secretas no Século

XVIII na Europa Central), seguido em 1989 de *Aufklärung und Geheimgesellschaften. Zur politischen Funktion und Sozialstruktur der Freimaurerlogen im 18. Jahrhundert* (Iluminismo e Sociedades Secretas. Sobre a Função Política e Estrutura Social das Lojas Maçônicas no Século XVIII).

– Em 1983, o 'Centro de Estudios Históricos de la Masonería Española' (CEHME) foi fundado sobre a direção do Prof. José Antonio Ferrer Benimelli, que já tinha publicado em 1976 seu monumental *Los Archivos Secretos Vaticanos y la Masonería – Motivos Políticos de una Condena Pontificia*.

– Ainda em 1983, a Universidade Livre de Bruxelas criou a Cadeira Théodore Verhaegen, na qual em princípio cada ano um diferente professor, que tivessse se distinguido no estudo acadêmico da Maçonaria, seria nomeado por um ano" (Snoek, 2008, p. 6).

Deve-se salientar que metade desses acadêmicos que introduziram a Maçonaria em seus programas de pesquisas acadêmicas eram maçons, os outros não. Já estava então pronto o terreno, com essa explosão de interesse acadêmico, para uma crítica metodológica do paradigma de Gould.

No Brasil, todos os escritores maçônicos de primeira linha pagaram e ainda pagam seu tributo: Castellani, Kurt Prober, Varoli, Aslan, Chico Trolha, Frederico Guilherme Costa, etc. Praticamente todos.

2.3.1 A quebra do paradigma

Em 1986, John Hamill publicou seu livro seminal *The Craft. A History of English Freemasonry* (O Ofício. Uma História da Maçonaria Inglesa) já citado, e no primeiro capítulo, "Teorias das Origens" começa pela primeira vez a discutir a mudança de paradigma na historiografia maçônica. Com base não mais no velho paradigma positivista da ciência, tão característico da "escola autêntica", mas nos modernos princípios metodológicos acadêmicos da historiografia, Hamill começa a implodir a "tese de Gould".

Meu amigo John Hamill no Congresso de Edinburgo (2008).

Fonte: do autor.

Afirma-se que, apesar da crítica devastadora e do desmonte do paradigma por Hamill, ele não apresentou uma alternativa teórica das pesquisas pós-quebra do paradigma (Snoek, 2008, p. 8). Como visto anteriormente, somente nos últimos 30 anos uma nova geração de historiadores acadêmicos maçons, principalmente na Europa, tem disponibilizado uma nova teoria das origens da Maçonaria.

Essas pesquisas não se limitaram à Inglaterra, mas aconteceram em várias partes do continente europeu, tais como Holanda, Bélgica, França, Alemanha e Suécia. Os arquivos foram revisitados e uma imensa massa de dados que tinham sido descartados foi reinterpretada, com resultados surpreendentes. A história da origens estava sendo reescrita.

Com o desenvolvimento do estudo da Maçonaria no mundo acadêmico a partir do início da década de 90 do século passado, o paradigma de Gould começou a ser enterrado. O professor Snoek (2008, p. 9) afirma que com a publicação do livro seminal de David Stevenson, professor de História da Escócia na Universidade de St. Andrews – *As Origens da Maçonaria* –, em 1988, começou o processo de quebra do paradigma. Em 1993, a professora Monika Neugebauer-Wölk foi nomeada para a Cadeira de História Moderna da Universidade de Halle, onde iniciou as pesquisas sobre o "Iluminismo & Esoterismo", com ênfase na Estrita Observância e na Ordem dos Iluminati e demonstrou, mais e mais, as fraturas do paradigma. A criação do Centro para Pesquisa em Maçonaria na Universidade de Sheffield, comandado pelo professor e maçom Andrew Prescott, e a Cadeira de Maçonaria como um fenômeno cultural na Universidade de Leyden na Holanda, com o professor Anton van de Sande, além de consolidar o estudo da Maçonaria como um campo de estudos acadêmicos, concorreu para implodir o paradigma.

Os fatores que concorreram diretamente para implosão do paradigma de Gould foram os seguintes:

I. A Maçonaria, como se pratica hoje, é muito mais velha do que a do ano de 1717, ainda que não se possa dizer com certa precisão de quando é; sabe-se ainda que William Shaw, Mestre de Obras do Rei da Escócia, assinou os novos estatutos para as Lojas que existiam em 1598, e esses estatutos claramente demonstravam que essas Lojas praticavam uma Maçonaria "moderna" (Stevenson, 2005, p. 45); ao mesmo tempo, em Londres, na London Company of Masons, encontra-se a "Aceitação", demonstrando uma linha de continuidade com aquelas Lojas de 1717. Assim, formas do que agora se chama de Maçonaria existiam antes de 1600 (Snoek, 2008, p. 10).

II. Os primitivos maçons eram, ao contrário do senso comum, tudo menos pessoas simples. Os franco-maçons dessa época era um termo sintético para significar os franco-talhadores de pedras, sendo que o termo se referia aos mais qualificados membros da corporação – os escultores e os arquitetos –, aqueles em que se permitia trabalhar com materiais caros: pedras de cantaria mais nobres. Um bom exemplo de pesquisa recente é o de Nichols Stone (1587-1647). Terminou seu aprendizado no ofício em Amsterdã sob a égide do famoso mestre holandês Henrick de Keyser; depois, ao retornar a Londres, tornou-se membro da "London Company of Freemasons", como era chamada naquele tempo. Nomeado Mestre Maçom do rei em 1632 e mestre da London Company no ano seguinte, somente em 1638 tornou-se um maçom aceito. Quando faleceu, em 1647, era um homem rico com sua oficina a pleno vapor (Scanlan, 2004, p. 41-53). Mesmo na Escócia os mestres de Loja eram muitas vezes analfabetos, o que não significava que eram deseducados, pois educação não necessita das habilidades da escrita, especialmente em comunidades de tradição oral, como era o caso, daí que no Emulation (Emulação) não se lê o ritual, mas ele é decorado. Técnicas de memorização de textos eram aprendidas e treinadas (Snoek, 2008, p. 11).

III. E está bem claro e comprovado agora que esses talhadores também "especulavam" sobre a corporação, seus instrumentos e ferramentas, etc. Assim, a Maçonaria era especulativa desde seu início, no final do século XVI. Fica mais nítido agora em que os "cavalheiros maçons" (*gentlemen masons*) estavam interessados: não foram eles que introduziram o fator especulativo, pelo contrário, eles aprenderam a especular com os próprios operativos. Assim não se pode opor os especulativos aos operativos como a escola autêntica fez, pois todos eram especulativos, enquanto uns eram também operativos. Com o tempo, os operativos foram desaparecendo.

Como anotação final, deve ser enfatizado que o *nouveau richismo* positivista da "escola autêntica" culminou com uma abordagem acadêmica mais moderna, na qual o importante não é só encontrar evidências, mas também construir teorias que expliquem essas evidências e que assinalem que posteriores evidências podem ser buscadas e encontradas. Se então uma posterior evidência é encontrada, que encaixe uma teoria, pode ser corroborada, e se contraditória, demande um refinamento da teoria, se não de toda, pelo menos de parte. Seria o xis da abordagem popperiana (Popper, 2013), pela qual se é desafiado a ativar uma busca por uma evidência que falsifique uma teoria, e na qual a aceitabilidade de uma teoria possa ser reclamada até que ela tenha sido provada incapaz de acomodar a nova evidência.

Capítulo 3

As Antigas Obrigações

Deve-se abrir um capítulo à parte para que se possam enfocar as Antigas Obrigações (*Old Charges*), por sua importância na gênese da Maçonaria moderna. As Antigas Obrigações são os documentos mais antigos que chegaram até nós, a partir do século XIV, e, posteriormente, nos quais são incorporados à história tradicional as lendas, as regras e os regulamentos da Maçonaria. Eles são chamados de diversas formas: "Antigos Manuscritos", "Antigas Constituições", "Lendas da Ordem", "Manuscritos Góticos", "Antigos Registros", etc. São encontrados nas mais várias formas: papel manuscrito ou rolos de pergaminho, cujas unidades são costuradas ou coladas; folhas escritas costuradas em forma de livro; e na forma impressa familiar de um livro moderno. Às vezes, as Antigas Obrigações se encontram incorporadas ao livro de atas de uma Loja. Variam em data estimada, desde meados de 1300 até o primeiro quarto do século XVIII (mesmo depois da publicação das Constituições de Anderson de 1723), e algumas delas são exemplares em escrita gótica. O maior número delas está sob a guarda do Museu Britânico; a biblioteca maçônica de West Yorkshire, Inglaterra, tem em custódia o segundo maior número.[95]

Neste capítulo serão apresentados os seguintes tópicos: i) As Antigas Obrigações e os Primórdios da Maçonaria; ii) Os Manuscritos Regius e Cooke; iii) As Antigas Obrigações no Início da Era Moderna.

---

95. PRESCOTT, Andrew. The Old Charges. Ch.3. In: BOUGDAN, Henrik; SNOEK, A. M. (Eds.). *Handbook of Freemasonry*. Leiden/Boston: Brill, 2014. p. 33.

3.1 As Antigas Obrigações e os primórdios da Maçonaria

Entre as mais antigas, podem ser citadas as Constituições dos Maçons de York (1352, 1370, 1409), as *Ordonnances des Mason de Londres* (1356), as Constituições da Guilda dos Carpinteiros de Norwich (1375), o famoso Manuscrito Regius[96] MS e o Cooke MS (ambos de 1425 a 1450 e que serão vistos à parte) e as *Constituciones Artis Geometricae Secundum Euclidem* (século XV). De 1583 em diante foram mais de cem manuscritos, a maioria ingleses, no período de 1675 a 1725 (Bougdan, 2014, p. 14). Estes últimos rezavam que deveriam ser lidos durante a cerimônia de "aceitação". A maioria desses manuscritos tinha a seguinte estrutura: começavam com uma prece após a qual se seguia uma história lendária da ordem. Em seguida, vinham os "Artigos e Pontos" ou "Obrigações" e as regras para os Grandes Encontros e instruções para a administração de justiça. Finalmente vinham instruções para a adoção de novos membros, como o texto do juramento a ser administrado, e a prece de encerramento.

O conteúdo desses manuscritos era explicitamente cristão. Devia-se servir a Deus, à Igreja (à época católica), aos seu Mestre e os membros de suas Lojas. Noções de comportamento apropriado: enterrar aos mortos, ajudar as viúvas, ir à missa regularmente, etc. A Ordem e suas ferramentas são interpretadas simbolicamente.

A importância estratégica das Obrigações está no fato de que são os documentos que fazem a ligação entre os talhadores de pedra medievais e a Maçonaria do Iluminismo. Tais documentos tratados aqui são ingleses, apesar de existirem inúmeros outros no continente europeu, tais como na França, Itália (Bolonha) e Alemanha, etc.

Os maçons eram originalmente especialistas em esculpir e lavrar os arenitos brutos. Uma das referências mais antigas na Inglaterra seria a Corte de Salário de Londres (London Assize of Wages),

---

96. NASCIMENTO, Ricardo S.R. *De um Antigo e Famoso Documento da Maçonaria Operativa – Notas de Estudo*. Publicação do GOB, n. 003, Brasília, 1999. Edição de luxo baseada no estudo do Ir. Ricardo com fotografias de primeiríssima qualidade sobre o Manuscrito Regius, ou Documento Halliwell, um antiquário que se descobriu e que se encontra no Museu Britânico.

de 1212, que mencionava os talhadores de pedra em latim: *sculptores lapidum liberorum* (escultores de cantaria – *freestone*) (Prescott, 2014, p. 33). O Estatuto dos Trabalhadores (Statute of Labourers) de 1351 visava regular salários e contratos na época da escassez de trabalhadores causada pela Peste Negra. O equivalente francês seria o *mestre meson de franche peer (master mason of freestone)*.[97] O primeiro uso do termo *freemason* em inglês, identificado até agora, data de 1325 quando, de acordo com o London Coroners' Roll (Lista dos Magistrados Provinciais de Londres), um grupo de prisioneiros que escaparam da prisão de Newgate incluía um "Nicholas le Freemason".[98] A palavra *freemason* começa a aparecer mais regularmente no início do século XV em documentos legais. Ainda na Inglaterra, as guildas desenvolvidas pelas fraternidades paroquiais começam a empregar o termo fraternidades dos maçons e companheiros (*fellowship*) maçons de Londres.[99] As regulamentações de 1356 de Londres dos maçons operativos focavam nas penalidades pela incapacidade de completar um trabalho de acordo com um padrão estabelecido, no treinamento incompleto por um período de sete anos dos aprendizes e em surrupiar aprendizes trabalhando com outros mestres (Knoop, 1978, p. 44). A propósito, o trabalho de aprendizagem dos aprendizes variava de um mínimo de um ano nas pequenas cidades da europa continental até sete anos, conforme se observa nos documentos de Paris, Piacenza, Bolonha, Gênova, Savoia, Veneza, Pádua, cidades da Alemanha, etc.[100] Convém aqui salientar que as ordenações da Itália e da Alemanha são fontes indispensáveis para se entender a organização dessa Maçonaria operativa da Idade Média; elas se distinguem das Obrigações britânicas que formam uma

---

97. KNOOP, Douglas; JONES, G. P. *The Genesis of Freemasonry*: an Account of the Rise and Development of Freemasonry in its Operative, Accepted, and Early Speculative Phases. London Q.C. Correspondence Circle – Quatuor Coronati Lodge, 1978, p. 14.
98. SHARPE, R. R. *Calendar of the Coroners' Roll of the City of London, 1300-1378*. Corporation of the City of London, London, 1913, p. 130-131.
99. SHELBY, l. R. The 'Secret' of the Medieval Mason In: HALL B.; WEST, D. (Eds.). *On Pre-Modern Technology and Science*: a Volume of Studies in Honor of Lynn White. Undena Malibu: Publications, p. 201-219.
100. PRAK, M. "Megastructures of the Middle Ages: the Construction of Religious Buildings in Europe and Asia, c. 1000-1500". *Journal of Global History*, 5, p. 381-406.

tradição diferente, como demonstra o trabalho esclarecedor de Goldwaite.[101] Prescott chega mesmo a afirmar que:

> "As Antigas Obrigações demonstraram escassa atenção para essa espécie de assuntos práticos que foram largamente vislumbrados nas regulações de Lincoln, Calais ou Maastrich. Não há discussão de fundos ou benefícios e a única referência a uma estrutura organizacional é uma vaga menção de uma assembleia geral cuja existência atual nunca tinha sido estabelecida. O foco principal das Obrigações, em vez disso, é na suposta história do ofício dos maçons talhadores" (Prescott, 2014, p. 36).

3.2 Os manuscritos *Regius* e *Cooke*

3.2.1 Introdução

Os textos medievais das Antigas Obrigações sobrevivem nestes dois manuscritos.[102] Antes de adentrar no tema, seria de bom alvitre verificar como foi criado o Bristish Museum e a Biblioteca Britânica. As origens do Bristish Museum encontram-se no testamento do naturalista e colecionador *sir* Hans Sloane.[103] Durante sua vida, Sloane colecionou mais de 71 mil objetos que ele gostaria de preservar intactos após sua morte. Assim, em 1753, legou toda a coleção para o rei George II com o compromisso do pagamento de 20 mil libras para seus herdeiros. Em 1757, o rei George II apresentou ao Museu Britânico uma coleção de cerca de 12 mil volumes, o núcleo da qual tinha sido organizado pelos reis ingleses desde Henrique VII e que veio a ser conhecida como a Antiga Biblioteca Real. Entre esses livros estava um manuscrito escrito à mão em 64 páginas de pergaminho, com cerca de quatro por cinco polegadas, que um catalogador, David Casley,

---

101. GOLDWAITE, R. *The Building of Renaissance Florence:* an Economic and Social History. Baltimore: Johns Hopkins University Press, 1980. p. 246.
102. KNOOP, D.; JONES, G. P.; HAMER, D. The Two Earliest Masonic MSS. Manchester: Manchester University Press, 1938.
103. Disponível em: <https://www.britishmuseum.org/about_us/the_museums_story/general_history.aspx>. Acesso em: 9 ago. 2016..

registrou como nº 17 A-1, sob o título: "Um poema de Deveres Morais: aqui intitulado Constitutiones Artis Geometrie Secundem". Somente até o sr. J. O. Halliwell, F.R.S., mas não maçom, descobrir o manuscrito como um documento maçônico. Halliwell leu um artigo sobre o manuscrito diante da Sociedade de Antiquários, em 1839, e no ano seguinte publicou um volume intitulado *História Antiga da Maçonaria na Inglaterra* (ampliado e revisado em 1844), em que ele incorporava uma transcrição do documento, juntamente com algumas páginas em fac-símile. Esse importante trabalho pode ser encontrado incorporado à conhecida Biblioteca Maçônica Universal, com as rústicas encadernações em pele de carneiro enferrujadas que chamam a atenção em quase todas as prateleiras de livros maçônicos. Esse manuscrito ficou conhecido como *O Halliwell,* ou como *Halliwell Phillipps,* até cerca de 50 anos atrás, até que Gould o rebatizasse, em honra à Biblioteca Real, em que se encontra, como *Regius,* e desde então esse tem sido o apelido mais familiar.

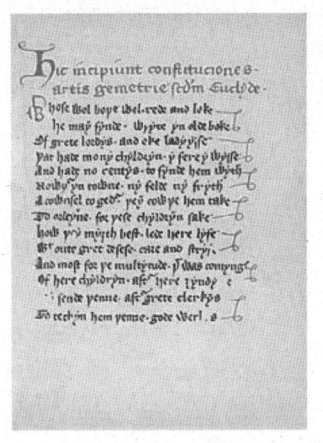

Manuscrito *Regius*
Fonte: Internet.

Disponível em: <https://www.google.com.br/search?q=regius+manuscript+freemasonry&biw=1440&bih=716&source=lnms&tbm=isch&sa=X&ved=0ahUKEwjQx-OlsbXOAhXCTJAKHUb-CpYQ_AUIBigB#imgrc=YFWJF7FXhRzc-CM%3A>.

3.2.2 Manuscrito *Regius*[104]

Este manuscrito andou de mão em mão, como se nota pelos vários inventários por que passou, até cair nas mãos de John Theyer, um antiquário de Gloucestershire que morreu em 1673, sendo que pouco depois seus livros e manuscritos foram adquiridos por Carlos II para compor as coleções da Royal Library. Como visto anteriormente, mais tarde o acervo do que se convencionou chamar de Coleção Real passou em 1757 para o Museu Britânico (Prescott, 2014, p. 36).

Os peritos assinalam que o *Regius* pode ser datado como escrito entre o final do século XIV a meados do XV. O dr. Kloss, especialista alemão, colocou-o entre 1427 e 1445. Mas a maioria concordou com 1390 como a data mais provável. O dr. W. Begemann realizou um estudo do documento que nunca foi igualado quanto ao rigor, e chegou a uma conclusão que pode ser expressa em suas próprias palavras: ele foi escrito "por volta do final do século XIV, ou pelo menos no início do século XV (não em Gloucester, por ser muito ao sul, mas) no norte de Gloucestershire, ou vizinhos ao norte de Herefordshire, ou possivelmente até mesmo ao sul de Worcestershire".[105]

Em 1889, um fac-símile exato desse famoso manuscrito foi publicado no volume I do *Antigrapha* produzido pela Loja de Pesquisa Quatuor Coronati, e foi editado pelo então secretário daquela Loja, George William Speth, ele mesmo uma autoridade brilhante, que forneceu um glossário indispensável para um estudante amador. Junto com ele foi publicado um comentário de R. F. Gould, um dos mais importantes entre todos os seus trabalhos maçônicos, embora seja irritante por suas divagações e falta geral de conclusão.

---

104. As informações básicas sobre o Manuscrito *Regius* foram retiradas de NASCIMENTO, Ricardo S. R. *De um Antigo e Famoso Documento da Maçonaria Operativa* – Notas de Estudo. Publicação do GOB, nº 003, Brasília, 1999; de PRESCOTT, Andrew. The Old Charges. Ch.3. *In*: BOUGDAN, Henrik; SNOEK, A. M. (Eds.). *Handbook of Freemasonry*. Leiden/Boston: Brill, 2014; e de HAYWOOD, H. L. *The Builder Magazine*. March 1923, vol. IX, n. 3, disponibilizado no Pietre-Stone (http://www.freemasons-freemasonry.com/builder.html) em 10 ago. 2016. Existe uma tradução do Ir. FILARDO (https://bibliot3ca.files.wordpress.com/2011/03/capc3adtulos-da-historia-mac3a7c3b4nica-h-l-haywood.pdf).
105. Ars Quatuor Coronatorum AQC, vol. VII, 1894, p. 35. (Begemann on the Regius Poem, p. 32.)

O Manuscrito *Regius* é a única entre todas as versões a ser escrita em métrica, e pode ter sido composto por um sacerdote da Igreja Católica "de uma das Ordens religiosas então existentes na Inglaterra, que devia viver e trabalhar nas proximidades do canteiro de obras de uma edificação eclesiástica" (Nascimento, 1999, p. 1). Há cerca de 800 linhas do poema, a parte estritamente maçônica chegando ao final na linha 576, depois da qual começa o que Hughan chama de um "sermão" sobre deveres morais, no qual existe uma grande veia católica romana, com referências aos "sete pecados", "a doce senhora" (referindo-se à Virgem Maria) e à água benta. Não há tal Mariolatria específica em qualquer outra versão das Antigas Obrigações, embora a grande maioria delas expresse lealdade à "Santa Igreja" e todos eles, até mesmo a versão familiar de Anderson, sejam especificamente cristãos, até onde a religião esteja em causa.[106]

O autor fornece uma lista de 15 "pontos" e 15 "artigos", que são instruções bastante específicas sobre o comportamento de um artesão: essa parte é considerada por muitos como tendo sido as obrigações de um iniciado, utilizada no tempo do autor e, por isso, considerada a característica mais importante do livro, nos fornecendo um retrato da regulamentação da Ordem nessa época remota. A Ordem é descrita tendo surgido como uma fraternidade organizada na "época do rei Adelstoune (Athelstan)", mas nisso o autor se contradiz, pois ele se refere às coisas "escritas em livros antigos" (modernizei a ortografia das citações) e tem por certa a antiguidade da Maçonaria, que, como em todas as Antigas Obrigações, é sinônimo de Geometria, naqueles dias uma coisa muito diferente da ciência abstrata sobre a qual trabalhamos em nossos dias de escola (Haywood, 1923, p.32).

O Poema *Regius* é, evidentemente, um livro sobre a Maçonaria, em vez de um documento da Maçonaria, e pode muito bem ter sido escrito por um não maçom, embora não exista uma maneira em que possamos verificar essas teorias, especialmente vendo que nada sabemos

---

106. HAYWOOD, H. L. Capítulos de História Maçônica. *The Builder Magazine*, 1923, p. 31. Disponível em: <(https://bibliot3ca.files.wordpress.com/2011/03/capc3adtulos-da-historia-m c3a7c3b4nica-h-l-haywood.pdf)>. Acesso em: 4 ago. 2026.

sobre o documento, exceto o que ele tem a nos dizer sobre si mesmo, que é muito pouco.

Em seu comentário sobre o Manuscrito *Regius*, R. F. Gould produziu um parágrafo que desde então tem servido como o pivô de um grande debate. Ele diz o seguinte e se refere ao "sermão", a parte que trata de "deveres morais": "Essas regras de decoro são lidas de maneira muito curiosa na época atual, mas sua inaplicabilidade ao caso dos maçons trabalhadores do século XIV ou XV é imediatamente evidente. Elas se destinavam aos senhores daquela época, e às instruções de comportamento na presença de um senhor – à mesa e em companhia de senhoras – que estavam igualmente fora de lugar em um código de boas maneiras elaboradas para o uso de uma Guilda ou Ordem de Artesãos" (Haywood, 1923, p. 32).

O ponto disso é que deve ter existido entre os artesãos da época certo número de homens que não estava envolvido com o trabalho e, portanto, eram, como agora os descreveríamos, "especulativos". Isso seria de imensa importância, se Gould tivesse defendido seu argumento, mas ele não foi capaz de fazê-lo. As maiores mentes do período em questão dedicavam-se à arquitetura, e não há nenhuma razão para não se acreditar que entre os artesãos existissem membros de boas famílias. Além disso, a Ordem estava em contato com o clero todo o tempo e, portanto, muitos de seus membros podem muito bem ter precisado de regras para a preservação do decoro em grandes casas e entre os membros das classes superiores. Desde Woodford até o presente momento, a grande maioria dos estudiosos maçons acreditou que as Antigas Obrigações foram utilizadas por uma ordem estritamente operativa, e é evidente que eles vão continuar a fazê-lo até que evidências mais conclusivas em contrário sejam mais diretas do que supunha Gould.

E, para encerrar: "O padre-poeta redator do manuscrito, por conta própria, ou obedecendo à determinação superior, enxertou no poema dois outros documentos em verso: um sobre comportamento na missa, as *Instructions for a Parish Priest*, e outro sobre boas maneiras em reuniões sociais e à mesa, o poema *Urbanitatis*; além disso, ele também colocou no *Regius* um resumo da lenda dos Quatro Coroados,[107] que eram santos patronos dos trabalhadores em pedra. E foi retirada uma boa parte da narrativa lendária sobre a arte de construir. Mas a lenda de Euclides, a lenda de Athelstan, a parte referente às assembleias, está bem mais detalhada do que nas demais 'Old Charges', e principalmente as Obrigações, que no poema estão contidas em Artigos e Pontos, permaneceram. Por essas razões, e por ser em versos, e por não haver dele ascendente ou descendentes conhecidos, o manuscrito *Regius* é único no gênero" (Nascimento, 1999, p. 3).

Depois do *Regius*, o manuscrito inglês mais antigo é aquele conhecido como *Cooke*.

3.2.3 Manuscrito Cooke[108]

Disponível em: https://www.google.com.br/search?q=cooke+manuscript+freemasonry&biw=1440&bih=745&source=lnms&tbm=isch&sa=X&ved=0ahUKEwj5x87W97vOAhXLGpAKHSbXC54Q_AUIBigB#imgrc=pgMbCQ6suT8LmM%3A) Acesso em : 6 ago. 2016

A trajetória sinuosa desse manuscrito será descrita a seguir. No dia 24 de junho de 1721, ele foi mostrado em uma reunião da Grande Loja de Londres por George Payne, servidor público que tinha sido o segundo

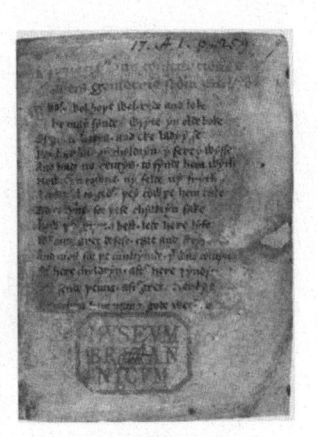

Fonte: Internet.

---

107. Os *Quatro Santos Coroados*, na literatura hagiológica, são os chamados "*Santi Quatro Incoronato*"; que tinham os nomes de *Cláudio*, *Nicóstrato*, *Castório* e *Sinfrônio*; foram torturados e depois martirizados em Panônia (hoje Hungria), pois se recusaram a esculpir uma estátua de uma divindade greco-romana para o imperador Diocleciano (243-305). Um quinto mártir chamado *Simplício* também morreu com eles. Mas a Igreja celebra apenas quatro deles. A versão mais comum da história conta que eram exímios trabalhadores em pedra e laboravam juntos. O imperador Diocleciano já os admirava e havia adquirido certo número de suas obras. Outros, com inveja de seus talentos e da predileção dada por Diocleciano, persuadiram o imperador a encomendar uma escultura de *Esculápio* sabendo que eles discretamente mantinham a fé cristã e iriam recusar o pedido. A primeira Loja de Pesquisa Quatuor Coronati tem seu nome em honra deles.
108. O texto integral do manuscrito pode ser encontrado em português no sítio do Ir. FILARDO, disponível em: <(https://bibliot3ca.wordpress.com/?s=cooke&submit=Pesquisar>. Acesso em 3 ago. 2016.

Grão-Mestre dela (Knoop, Jones e Hamer, 1938). Payne alegou que ele encontrou o referido manuscrito no oeste da Inglaterra e, além do mais, disse erradamente que datava do início do século XIII. Causou grande excitação no meio maçônico de então tal apresentação, tanto que William Stukeley fez um desenho dele que até hoje está preservado na Biblioteca Bodleian (Knoop, Jones Hamer, 1938, p. 55). Do manuscrito, ainda em possessão da Grande Loja, fizeram duas cópias caligráficas. Já em 1781, o manuscrito estava na posse de um tal de Robert Crowe. Em 1786, estava de posse de um antiquário de Norfolk, *sir* John Fenn, mas, após sua morte em 1794, o manuscrito desapareceu de vez. Reapareceu somente em 1859, adquirido de pobre mulher chamada Caroline Baker, e tomou o número 23.198 na Biblioteca Britânica. Somente em 1860 chamou a atenção do amanuense clerical Matthew Cooke, que era um maçom entusiasta e frequentador assíduo do Museu Britânico. Em 1861, Cooke e R. Spencer publicaram uma elaborada transcrição e cópias do mesmo. A partir de então ficou conhecido como Manuscrito *Cooke* (Prescott, 2014, p. 38).

O professor Prescott e o autor.

Fonte: foto do autor no Congresso de Historiografia Maçônica em Edimburgo, na Escócia, em 2007.

A datação do *Cooke*, depois de diversas avaliações, ficou estabelecida pelos especialistas para meados do século XV. Assim, o *Cooke* e o *Regius* são da mesma época, sendo que o último é um pouquinho mais antigo. O dr. Begemann[109] acreditava que o documento tivesse

---

109. WILHELM BEGEMANN (1843-1914) foi um grande filósofo e historiador alemão da Maçonaria inglesa que ensinou em diversas universidades. É considerado de importância

sido "compilado e escrito na parte sudeste da região das Midlands Ocidentais, por exemplo, em Gloucestershire e Oxfordshire, possivelmente também no sudeste de Worcestershire e Warwickshire. O *Livro de Obrigações*, que constitui a segunda parte do documento, é certamente do século XIV; a parte histórica, ou primeira parte, muito provavelmente do início do século XV".[110]

A Loja Quatuor Coronati republicou o Cooke em fac-símile no vol. II de sua *Antigrapha* em 1890, e incluiu um comentário de George William Speth que é considerado mais brilhante que o Comentário de Gould sobre o Regius. Algumas das conclusões de Speth são de valor permanente (Speth, 1890).

O Manuscrito é uma transcrição de um documento ainda mais antigo e foi escrito por um maçom. Havia diversas versões das Obrigações de um maçom em circulação na época. O Manuscrito está em duas partes; a primeira delas é uma tentativa de se fazer história da Arte, a última é uma versão das Obrigações. Dessa parte, Speth escreve que é "de longe a versão mais antiga e mais pura das 'Antigas Obrigações' que possuímos. O Manuscrito menciona nove 'artigos', e estes, evidentemente, eram obrigação legal na época, e nove pontos não eram provavelmente juridicamente vinculantes, mas o eram moralmente. 'Congregações' de maçons foram realizadas aqui e ali, mas nenhuma 'Assembleia Geral' (ou 'Grande Loja'); Grão-Mestres existiam de fato, mas não em nome, e somente presidiam uma reunião de uma congregação. Muitos de nossos costumes atuais podem ser rastreados em sua forma original até este artigo".

---

capital na classificação das Antigas Obrigações, pois dividiu-as em famílias e grupos. Era sócio correspondente da Quatuor Coronati. Em 1888, tornou-se Grão-Mestre Provincial em Mecklenburg da Grande Loja Nacional de Berlim. Como autor maçônico, concorreu para criticar as mitologias históricas de Anderson, dos Templários e dos jacobitas, como de diversos autores ingleses. Tanto que como reação começou a surgir um movimento na Inglaterra que culminou na formação da escola "autêntica". Suas duas grandes obras são: *Tempelherren und Freimaurer* (1906) (Templários e Maçons) e *Vorgeschichte und Anfänge der Freimaurerei in England* (1914) (Pré-história e Primórdios da Maconaria na Inglaterra).
110. *Ars Quatuor Coronatorum AQC*, vol. IX, 1896, p. 18. (Begemann on the Cooke MS).

3.3 As Antigas Obrigações no início da Era Moderna

Podem-se situar as versões mais "atuais" das Antigas Obrigações a partir do século XVII em diante. Depois do *Regius* e do *Cooke*, o próximo seria o MS da Grande Loja, comprado pela Grande Loja Unida da Inglaterra em 1839 (Speth, 1892). Está datado de 25 de dezembro de 1583 e representa uma substancial elaboração da lenda medieval como apresentada no *Regius* e no *Cooke*. Reafirma a conexão de Santo Albano com a Maçonaria e que antes dele não havia história da Maçonaria, quando o rei da Inglaterra, que era um pagão, construiu uma muralha ao redor da cidade que leva seu nome. Esse rei ainda lhe deu uma carta de autorização para celebrar um concílio. Faz menção ao rei Athelstan e seu filho Edwin, que realizaram uma assembleia de maçons em York. Assim como o *Cooke*, relata os personagens das lendas de então: Nimrod, Davi, Salomão, Euclides, rei Carlos da França, etc. A partir desse manuscrito (1583), cópias das Antigas Obrigações começaram a proliferar em várias partes da Inglaterra e da Escócia. Mais de 20 foram compilados e identificados entre 1583 e 1717. Deve-se também salientar que após 1717 ainda apareceram vários outros manuscritos, que somados aos anteriores chegam a um número superior a 120 versões. (McLeod, 1986). O professor Begemann, no primeiro volume da *AQC*, critica Robert Freke Gould na classificação das Antigas Obrigações e propõe uma nova divisão delas[111] usando o método filológico para estabelecer a descendência cronológica dos textos, uma novidade para a época. A partir daí, assistiu-se a uma verdadeira begemania na Quatuor Coronati. O trabalho do professor Begemann teve uma efeito contraprodutivo a médio prazo no início da Quatuor Coronati, pois os membros fundadores da escola autêntica tornaram-se obcecados pela classificação dos textos das Antigas Obrigações de acordo com a metodologia de Begemann e ignoravam as evidências do manuscrito (Prescott, 2014, p. 43). Assim, o melhor guia para classificar os manuscritos das Antigas Obrigações continua sendo o trabalho de Hughan,[112] publicado como um suplemento no *The Freemason* em 1906. Desnecessário dizer que boa parte das informações de Hughan estão superadas.

---

111. BEGEMANN, W. *An Attempt to Classify the "Old Charges" of the British Masons*. Ars Quatuor Coronatorum, vol. 1, 1888, p. 199-211.
112. HUGHAN, W. J. *The Old Charges of the British Freemasons*. 2. ed. London: George Kenning, 1895.

A lenda de York sempre exerceu um fascínio sobre as Antigas Obrigações. A partir de meados do século XVI, assiste-se à mistura da lenda com as obrigações trabalhistas no norte da Inglaterra. A maioria dos manuscritos sobreviventes do século XVII das Antigas Obrigações pode ser ligada com o norte da Inglaterra, sendo que boa partes destes estava relacionada com a lenda de York, com o rei Athelstan e seu filho Edwin e as assembleias de York. Cópias das Antigas Obrigações foram encontradas entre os "Aceitos", uma ala social da Companhia dos Maçons de Londres. Cópias também foram usadas quando indivíduos eram iniciados na Maçonaria. Por exemplo: uma cópia do manuscrito Sloane MS. 3848, f. 179, foi tirada por Edward Sankey no dia em que Elias Ashmole foi iniciado em Warrington e estava aparentemente sendo usada em conexão com a cerimônia (Knoop, 1978, p. 149). O manuscrito Scarborough contém uma narração descrevendo a admissão de seis homens em uma Loja em 1705, sugerindo que esse rolo do manuscrito estava sendo usado em conexão com a cerimônia (Hughan, 1895, p. 17). Para Hughan, portanto, as Antigas Obrigações eram uma importante evidência da conexão e continuidade entre a Maçonaria escocesa e a inglesa. Cópias delas circulavam entre as Lojas fundadas na Escócia seguindo as inovações de William Shaw, e outras cópias sobreviveram ligadas com as Lojas escocesas em Aitcheson's Haven, Dumfries, Melrose, Kilwinning e Stirling (Stevenson, 2004, p. 17-26).

Com a circulação mais intensiva das Antigas Obrigações, elas foram perdendo sua conexão direta com a arte de construir. Por exemplo: Edward Thompson (+1701), que copiou o manuscrito William Watson em 1687, era um mercador que serviu como prefeito de York entre 1683-1684 e foi deputado da cidade em 1689, 1695 e 1700 (Prescott, 2014, p. 45).

A produção do manuscrito *Cooke* por George Payne na Grande Loja em 1721 parece ter justificado a antiguidade da lenda dos maçons operativos, embora alguns historiadores tivessem consciência de que os monges medievais forjaram alguns detalhes históricos. Ao autorizar James Anderson a usar sua *expertise* histórica para revisar e corrigir as lendas encontradas no *Cooke* e outros manuscritos, a

Grande Loja queria mostrar como o moderno método histórico da época poderia recuperar antigas verdades da ignorância gótica das Antigas Obrigações. Na primeira edição das Constituições, publicada em 1723, ele não faz menção da **assembleia** em seu relato do reino de Athhelstan, substituindo-o pela inserção de Eduardo IV em um extrato de uma cópia das Antigas Obrigações, supostamente compilada no reino de Eduardo no qual Edwin é descrito como filho de Asteltan (Anderson, 1997, p. 31-33). Dessa maneira, Anderson registrou a história, mas com certo distanciamento. Contudo, na versão da segunda edição de 1738, ele se mostrou mais confiante sobre a lenda de York. Seu trabalho sobre a genealogia real convenceu-o de que o Edwin da lenda da assembleia poderia ser identificado com o Irmão de Athelstan mas, qual fosse a razão de Anderson, ele moveu a lenda de York em sua entrada de Athelstan, apesar de tê-la endossado (Anderson, 1995, p. 151-153). Embora o texto de Anderson, tanto em 1723 quanto em 1738, tenha absorvido pouco dos textos das Antigas Obrigações, elas exerceram profunda influência em moldar seu trabalho.

Ao encerrar, convém salientar que: "... Após 1723, Desaguliers ajuda Anderson a redigir as famosas *Constituições* que se tornaram o farol básico da Maçonaria simbólica. Anderson faz uma síntese dos *antigos deveres* misturando-os com outros tirados das diversas tradições, especialmente os *documentos góticos*, queimando o resto, fato que escandalizou as velhas Lojas-mães de Londres, York e Westminster. *Constituições* de Anderson de 1723 é o divisor de águas entre maçons operativos e maçons especulativos. No mesmo ano, sobre a inspiração de Desaguliers, a Bíblia, qualificada daí por diante de Livro da Lei, substitui as Antigas Obrigações sobre as quais os juramentos eram prestados. É ainda atribuída a Desaguliers a redação do livro *Charges of a Free-Mason* (Obrigações de um Maçom) e que tem permanecido substancialmente o mesmo desde a edição de 1723.[113]

---

113. CARVALHO, William Almeida de. Jean Théophile Desaguliers (1683-1744). In: *Maçonaria, Tráfico de Escravos e o Banco do Brasil: e Outros Temas Maçônicos e Histórias Controversas*. São Paulo: Madras, 2010. p. 117. Disponível em: <http://www.freemasons-freemasonry.com/5carvalho.html>. Acesso em: 20 ago. 2016.

Capítulo 4

Origem da Maçonaria: Escócia e Inglaterra

4.1 Escócia[114]

Fonte: internet.

Disponível em: <https://www.google.com.br/search?q=old+charges+of+freemasonry&biw=1440&bih=745&source=lnms&tbm=isch&sa=X&ved=0ahUKEwirva_5ru7OAhUEhZAKHT8RBB4Q_AUIBigB#tbm=isch&q=freemasonry+scotland&imgrc=cbKjWQfIbCS4BM%3A>. Acesso em: 1º set. 2016.

A moderna historiografia sobre a Maçonaria, culminando com David Stevenson, comprova que a partir do século XVII a Escócia possuía uma rede permanente de instituições chamadas Lojas. Os membros dessas Lojas, a princípio, eram compostos inteiramente de

---

114. STEVENSON, David. The Origins of Freemasonry – Scotland. Chap. 4 In: BOUGDAN, Henrik; SNOEK, A.M (Eds.). *Handbook of Freemasonry*. Brill: Leiden/Boston, 2014. p. 50.

maçons operativos, mas, com o tempo, homens de outras ocupações e classes sociais diferentes foram admitidos, desde artesões até membros nobres. Os maçons nas Lojas se subdividiam em dois Graus: aprendizes e companheiros, também conhecidos como mestres. Os membros possuíam segredos, coletivamente conhecidos como a **Palavra do Maçom**. Nas cerimônias de iniciação, recebiam as palavras e as lendas referentes aos maçons e suas Lojas, com as quais podiam ser reconhecidos e identificados. Seus instrumentos de trabalho já possuíam uma explicação simbólica, principalmente o esquadro e o compasso. Ainda na segunda metade do século XVII, e provavelmente muito mais cedo, as Lojas Escocesas tinham cópias dos manuscritos do século XV das Antigas Obrigações, que continham a coletânea das lendas medievais dos maçons operativos. Ao mesmo tempo que visavam regulamentar o trabalho do maçom operativo, tinham também o propósito de operar os fundos de caridade tão necessários para os tempos de vacas magras. Assim, lá pelo ano de 1600, a Escócia desenvolveu uma forma de Maçonaria, na qual estes membros se tratavam não como maçons livres, mas simplesmente maçons (Stevenson, 2001 e 2005).

Os maçons escoceses medievais, assim como seus congêneres ingleses, tinham, antes do século XVII, Lojas associadas à construção de edifícios que funcionavam no próprio local de trabalho. Assim, o termo "Loja" significava simplesmente a casinha ou abrigo onde os maçons trabalhavam e guardavam suas ferramentas de trabalho. Algumas dessas Lojas existiam somente enquanto duravam as obras de edificação, mas em muitos casos elas continuavam a existir, depois de finalizada a obra, para servir de abrigo e prover refeições aos maçons que ainda continuavam mantendo e fazendo reparos necessários ao funcionamento da obra. Traços dessas Lojas ainda são raros, mas em Dundee, em 1537, quando as autoridades municipais nomearam o maçom (operativo) George Boiss para ser o conservador perpétuo da igreja paroquial e de outros edifícios afins, manteve-se a antiga Loja dos construtores (Knoop e Jones, 1939, p. 61-62). Consta que essa Loja era composta de Boiss e um ou dois aprendizes, que mantinham a tradição e as regulamentações do ofício.

A Reforma Protestante de 1560[115] e o longo período de instabilidade política concorreram para romper os liames com o ofício da construção. Muitos edifícios eclesiásticos foram destruídos ou caíram em ruínas e as oportunidades de emprego se tornaram cada vez mais limitadas. Contudo, lá pelo final do século, a estabilidade começou a retornar, e a Coroa e os nobres proprietários reiniciaram suas obras de edificação. Existe nessa época uma profusão de dados sobre a organização descentralizada da Maçonaria escocesa. Essa organização descentralizada não durou muito, pois William Schaw (1550-1602), um nobre escocês, foi nomeado para o cargo de Mestre de Obras por James VI da Escócia em 1584, significando que era agora o supervisor de **todos** os projetos de construção para o potencial maior empregador de maçons do país: a Coroa (Stevenson, 2005, p. 45). Em 28 de dezembro de 1598, um dia após a data em que se comemora o dia de São João Evangelista, Schaw lançou os chamados "Primeiros Estatudos de Schaw", endereçados a todos os mestres maçons no país, agora sob a supervisão de Schaw. O "Segundos Estatutos dele" foram lançados um ano depois, no mesmo dia. Como se sabe, o dia de São João Evangelista é aquele em que os maçons tradicionalmente, em muitos países, fazem sua reunião anual. Parece que os maçons em assembleia se reuniram neste dia com Schaw para discutir os referidos Estatutos, que foram assinados no dia seguinte.

Os maçons sobre os quais Schaw tinha agora jurisdição estavam organizados em Lojas, e ficava claro que essas Lojas já existiam há muito tempo. Ou seja, Schaw não as estava fundando, mas introduzindo padrões de regulamentação gerais, parcialmente derivados das Antigas Obrigações. Na cerimônia dos "Segundos Estatutos", três Lojas foram explicitamente nomeadas, existindo ainda um problema da disputa da precedência entre elas: a de Edimburgo foi reconhecida com a principal Loja da Escócia; Kilwinning seria a sênior e a segunda Loja; e Stirling, a terceira Loja. Além do mais, à Loja de

---

115. Na Escócia, John Knox (1505-1572), que tinha estudado com João Calvino em Genebra, levou o Parlamento da Escócia a abraçar a Reforma Protestante em 1560, sendo estabelecido o presbiterianismo. A primeira Igreja Presbiteriana, a Igreja da Escócia (ou *Kirk*), foi fundada como resultado disso.

Kilwinning foi concedida uma jurisdição única sobre as Lojas de sua região. Tinha-se a impressão de que as Lojas que Schaw estava reorganizando eram instituições de existência longevas.

Os Estatutos de Schaw são uma fonte fecunda de dados primários para os historiadores maçônicos. Ordenaram, a partir de então, que as Lojas deveriam nomear secretários e manter atas de suas reuniões. As atas sobreviventes de Aitchison's Haven e da Mary's Chapel de Edimburgo começaram em 1599, sendo assim as mais antigas do mundo (Carr, 1962, p. 30-46). As atas ainda revelam que essas Lojas de Schaw eram diferentes das Lojas de tempos mais antigos. As antigas Lojas de construção de edifícios continuavam a existir, cada uma sob a autoridade de um Mestre de Obras encarregado de cada construção. Contudo, o novo tipo de Lojas que emergiam dessas atas alegava ter jurisdição sobre todos os maçons em uma cidade ou em determinada área, sendo que a partir de então foram apelidadas de "Lojas territoriais". Por essas atas conclui-se que elas eram semelhantes às guildas (chamadas de incorporações na Escócia) que regulavam uma extensa variação de ofícios nas cidades escocesas. As incorporações estavam submetidas às autoridades do Conselho do Burgo (cidade) e, em contrapartida, elas tinham um assento no mesmo Conselho. Por exemplo, em Edimburgo e em algumas outras cidades, os maçons operativos tinham tais incorporações – os mestres maçons em Edimburgo pertenciam à incorporação dos maçons e dos carpinteiros. Diferentemente, contudo, de outras corporações de ofícios, os maçons começavam a ter, a partir do Estatudo de Schaw, uma dupla filiação: ao Burgo e às Lojas territoriais. Essas Lojas não possuíam uma função oficial na vida comunitária, e ainda que elas desenvolvessem muitas funções similares àquelas das incorporações – procurando regular o trabalho e os salários; o recrutamento por meio da aprendizagem, etc. –, atuavam de forma separada e mesmo se ignoravam mutuamente (Stevenson, 2014, p. 52).

Fica então a pergunta: por que somente os maçons sentiram a necessidade de ter duas organizações reguladoras paralelas, aparentemente uma desconhecendo a função da outra? Algumas razões podem ser aventadas. *Primo*, as incorporações a que os maçons se filiavam eram geralmente compartilhadas com outros ofícios: carpinteiros, colocadores de azulejos e telhas (*tilers*), encanadores, funileiros, etc. Os maçons, porém, tinham suas próprias tradições, rituais e segredos que não queriam compartilhar com os outros ofícios. Para essas funções "esotéricas" necessitavam de uma organização exclusiva e as Lojas territoriais cumpriam essa função. Isso não acontecia todas as vezes: em contrateste com Edimburgo, em Dundee eles frequentavam uma única organização que servia como Loja e como incorporação, referida nos documentos ora como Sociedade, ora como Companhia ou ora como Loja de Dundee. Desde que o Conselho do Burgo deu permissão aos maçons para ter sua própria, exclusiva organização (ainda que com poderes limitados), separada dos outros ofícios, eles poderiam atuar como uma Loja para os rituais e segredos maçônicos (Stevenson, 2001, p. 94-97).

Secondo, outra razão dessa dualidade é que as incorporações estavam restritas às cidades, enquanto as Lojas territoriais poderiam abranger várias cidades. Como profissionais à procura de trabalho, tinham certa mobilidade geográfica, e somente as Lojas territoriais poderiam cumprir tal função.

Uma terceira razão seria de que os mestres maçons escoceses poderiam ter o *status* de **mestre** nessas Lojas, o que era impossível nas incorporações. Em termos modernos, os mestres na incorporação eram trabalhadores autônomos ou microempresários. Convém salientar que muitos maçons passavam sua vida como assalariados ou trabalhadores avulsos, nunca tendo a oportunidade de se tornar microempresários. As Lojas, por outro lado, eram muito mais inclusivas: após se filiar como um aprendiz, um maçom poderia tornar-se um companheiro ou mestre – ainda que em termos econômicos e sociais continuasse a ser um trabalhador assalariado. Assim, uma parte considerável de maçons encontraria na Loja um reconhecimento de seu *status* de maestria ainda, que o mundo exterior não reconhecesse tal situação (Stevenson, 2014, p. 54).

As nomeações de William Schaw como Mestre de Obras e, posteriormente, de William Sinclair of Roslin como patrono hereditário visavão colocar certa ordem no ofício dos maçons naqueles tempos agitados, pois os conflitos religiosos e a decadência das construções geraram certa turbulência nesse período. A própria carta da nomeação de Sinclair falava da confusão e da decadência no ofício da Maçonaria e como os potenciais grandes empregadores abandonaram os empreendimentos de porte, referindo-se obviamente à perda do patrocínio eclesiástico após a Reforma e à crise que impedia a construção de empreendimentos mais ambiciosos (Stevenson, 1988, p. 52). Com a estabilidade econômica e política a partir de 1590, necessário se fazia arrumar a casa para os novos empreendimentos de porte: em suma, eis aí o papel de Schaw e Sinclair. Deve-se ainda assinalar que Schaw era católico, o que o tornava suspeito perante os calvinistas, e que os tempos eram de plena Renascença. O zelo de Schaw em reviver a arte maçônica de construir poderia ter sido influenciado pelo desenvolvimento intelectual de sua época e, particularmente, por sua obsessão com o hermetismo, um dos aspectos inflados pela Renascença, vendo o velho mundo como uma fonte de conhecimento e sabedoria. A influência da Renascença pode ser bem aquilatada no capítulo de Stevenson (2005, p. 105-156) sobre a contribuição dela na formação da Maçonaria desta época.

Fonte: Internet.

Disponível em: <https://www.google.com.br/search?q=old+charges+of+freemasonry&biw=1440&bih=745&source=lnms&tbm=isch&sa=X&ved=0ahUKEwirva_5ru7OAhUEhZAKHT8RBB4Q_AUIBigB#tbm=isch&q=hermes+trismegisto&imgrc=yUB76PyZ7kiheM%3A>. Acesso em: 1º set. 2016

Sobre o hermetismo, é supostamente derivado dos ensinamentos de um antigo sábio egípcio – Hermes Trismegistus – que enfatizava a natureza oculta da verdadeira sabedoria. Em relação a Hermes Trismegistus e à desmotagem do mito, ver meu livro sobre o assunto, com base nos estudos de Isaac Casaubon e da professora Frances Yates (Carvalho, 2006, p. 65-72). A IV parte do capítulo elucida a questão que ainda não chegou ao Brasil:

IV – A implosão do mito Hermes Trismegistus

Isaac Casaubon (1559-1614), um francês naturalizado inglês, é um personagem pouco conhecido nos países culturalmente atrasados. Nascido em Genebra, em uma família protestante, foi um dos mais brilhantes conhecedores do grego de seu tempo, sendo profundamente erudito em todos os ramos do saber clássico e da história da Igreja. Seu amigo José Escalígero considerava-o o homem mais culto da Europa. Em 1610, foi convidado a ir para a Inglaterra, sendo encorajado por Jaime I a empreender um estudo crítico dos *Annales ecclesiastici*, de Baronius, no qual se assenta o ataque dirigido à lenda à venerável antiguidade da *Hermética*. Morreu em 1614 e foi enterrado na Abadia de Westminster. Comentador clássico e inovador na metodologia da historiografia de sua época, Casaubon – cujo nome o erudito e gozador Umberto Eco coloca em um dos personagens de seu romance *Pêndulo de Foucault* – identificou os escritos herméticos não como uma obra de um antiquíssimo sacerdote egípcio, e sim como escritos posteriores à era cristã. Esse fato é um divisor de águas entre o mundo renascentista e o moderno. Francis Yates diz que "tal descoberta esmagou de um só golpe a estrutura do platonismo renascentista, cuja base se assentava nos *prisci theologi*, dos quais o principal era Hermes Trismegistus" (Yates, Francis, *Giordano Bruno e a Tradição Hermética*. São Paulo: Cultrix, 1987, p. 440). Garin chega a afirmar que a descoberta de Casaubon deve ser reconhecida como um dos fatos mais importantes para libertar pensadores do século XVII da magia. Como a notícia ainda não chegou ao Brasil, os nossos pensadores ainda continuam apegados à magia supersticiosa.

O desmascaramento de Hermes Trismegistus foi feito na obra inacabada, pois faleceu antes de finalizá-la, de Casaubon – *De rebus sacris et ecclesiasticis exercitationes XVI* – um comentário eruditíssimo àquela obra de Baronius: *Annales ecclesiastici*. Casaubon afirma que os textos atribuídos a Hermes Trismegistus foram forjados nos tempos dos primeiros cristãos, a fim de tornar a nova doutrina agradável aos gentios. Seriam de autoria de cristãos ou neoplatônicos semicristãos; falsificações feitas com bons propósitos, mas detestáveis porque inverídicas historicamente. Possivelmente houvesse uma pessoa real, concede ele, de grande antiguidade chamada Hermes Trismegistus, mas que não pode ter sido o escritor das obras a ele atribuídas. Elas não contêm as doutrinas de um antigo egípcio; são, em parte, escritos de Platão e dos platônicos, e em parte, de livros sagrados cristãos. O *Pimandro* contém ecos de Platão, particularmente do *Timeu*; do Gênesis; e do Evangelho segundo São João. As Potestades, no Corpus hermeticum XIII, lembram a Epístola de São Paulo aos romanos. Muitos hinos provêm de antigas liturgias, particularmente as de São João Damasceno, ou dos Salmos. Os tratados sobre a "regeneração" são insinuados por São Paulo; por Justino, o Mártir; por Cirilo; por Gregório Nazianzeno e outros.

A citação de Fídias e os jogos pítios, inexistentes nas priscas eras, e finalmente o estilo, são a pedra de cal final no desmascaramento de Hermes Trismegistus.

Pelo exposto, pensamos poder, agora, resgatar e estudar o pensamento dos escritos neo platônicos, atribuídos a Hermes Trismegistus (William, 2006, p. 71).

****

Para finalizar esses primórdios da Maçonaria na Escócia, conclui-se que a tentativa de impor uma liderança central sobre as Lojas maçônicas não logrou êxito, não obstante Schaw ter deixado sinais de seu legado. Novas Lojas foram criadas e as atas tornaram-se comuns desde então, provando a evidência de suas existências. Ao redor de 1700, existiam cerca de 35 Lojas. Salienta-se que até 1696 a grande maioria das Lojas escocesas tinha maçons operativos como seus membros. Então, a Loja de Dunblane foi

Loja de Dunblane.
Fonte: Internet.

Disponível em: <http://www.grandlodgescotland.com/masonic-subjects/lodge-
-histories/180-lodge-of-dunblane-no-ix>. Acesso em: 6 ago. 2016

fundada, pois não somente é a primeira Loja de que se conhece a data de fundação, como também em que a maioria era composta por não operativos. Uma Loja essencialmente política, pois muitos de seus membros eram jacobitas,[116] ou seja, homens

---

116. O **jacobismo** foi um movimento político dos séculos XVII e XVIII na Grã-Bretanha e Irlanda que tinha por objetivo a restauração do reinado da Casa de Stuart na Inglaterra e Escócia (e depois de 1707, ano em que o Reino da Escócia e o Reino da Inglaterra em um Tratado de União se uniram criando a Grã-Bretanha). Ou seja, marcou um momento de transição entre os governos absolutistas ou tradicionalistas dos Stuart para os governos parlamentares ou liberais da Casa de Hanover. O jacobismo tem igualmente um pendor católico e antiprotestante, querendo também uma abertura para a prática da sua religião

compromissados a restaurar a dinastia Stuart que tinha sido destronada alguns anos antes.

Um último tópico que deve ser citado é a Palavra do Maçom. Os segredos dos operativos podem ser traçados não só pela popularidade dos Antigas Obrigações, como também pelo fato de que eles chamavam seus segredos de "A Palavra do Maçom", como foi apontado anteriormente. O primeiro uso desse termo está em um poema de Perth de 1630. Esse termo também está ligado aos textos com forte influência rosa-cruz e à "Segunda Visão" – a alegada habilidade para "ver" o futuro –, pois se acreditava que estes três fenômenos (a Palavra do Maçom, o Rosacrucianismo e a Segunda Visão) envolviam um conhecimento e poderes ocultos (Stevenson, 2005, p. 127-135).

A partir de 1717, a influência dominante no desenvolvimento da Maçonaria escocesa era agora a nova Grande Loja fundada em Londres. Ela introduziu no menu um novo tipo de Maçonaria que tinha pouco contato com o ofício operativo e não possuía interesse em regular o respectivo ofício. Ao formalizar, pois, a Maçonaria na Inglaterra, a Grande Loja tinha um débito grande em relação à tradição maçônica da Escócia, pois o homem escolhido para formalizar suas Constituições em 1723 foi um escocês – James Anderson, um provável iniciado na Loja Aberdeen e cujo pai tinha sido mestre nessa mesma Loja (Stevenson, 2002, p. 96). Ainda nas Constituições de Anderson aparecem, pela primeira vez na Maçonaria da Inglaterra, os Graus de Aprendiz e Companheiro. Além do mais, o papel privilegiado que a Escócia exerceu no início da Grande Loja inglesa é que, dos primeiros 27 Grãos-Mestres "ingleses" (1717-1762), nove eram nobres escoceses (Frere, 1967, p. 262-271).

---

com ligações estreitas com o Vaticano. Sua designação advém de Jaime II da Inglaterra (e Jaime VII da Escócia), do qual eram adeptos, cujo nome em latim era *Iacobus Rex*, em uma altura em que era a única língua usada pelos sacerdotes durante as celebrações e aquela de uso corrente da diplomacia. Esse movimento acabaria por ser derrotado, sobretudo em dois grandes momentos e batalhas, em 1715 e 1748.

O jacobitismo foi a resposta à deposição do referido rei James em 1688, ano da Revolução Gloriosa, em que ele foi substituído por sua filha protestante Maria II de Inglaterra juntamente com seu marido Guilherme de Orange, por parte das forças que o apoiavam. Os *Stuart* passaram a viver no continente europeu depois disso, tentando ocasionalmente recuperar o trono britânico com a ajuda da França e Espanha (e das forças católicas existentes em certas zonas como a Irlanda e as Highlands escocesas) (Anexo II).

4.2 Inglaterra[117]

Fonte: Internet.

Disponível em: <https://www.google.com.br/search?q=old+charges+of+freemasonry&biw=1440&bih=745&source=lnms&tbm=isch&sa=X&ved=0ahUKEwirva_5ru7OAhUEhZAKHT8RBB4Q_AUIBigB#tbm=isch&q=england+freemasonry&imgrc=MN-N8gUnLmWXbM%3A>. Acesso em: 1º set. 2016.

4.2.1 Introdução

Antes de entrar propriamente no tema, talvez seja interessante bosquejar como o pensamento maçônico inglês saiu de uma visão lendária e apologética à la Anderson sobre a gênese da Maçonaria para uma visão mais científica do assunto.

Após a visão de Anderson, assistiu-se na Inglaterra a uma proliferação de historiadores amadores e "teóricos da conspiração" nesses últimos 200 anos. Nessa fase "proto-histórica" sobre o assunto, geralmente faltava o devido rigor do método científico da moderna historiografia. Ainda durante o século XIX, tentativas foram feitas para tentar melhorar o nível da pesquisa nesse campo minado pelos mitos e lendas sobre a gênese da Maçonaria. A primeira tentativa séria foi a fundação da Loja de Pesquisa Quatuor Coronati #2076 criada em 1884, cujo objetivo era substituir "os imaginosos escritos dos antigos autores sobre a história da Maçonaria". Os Objetivos Principais da Loja foram detalhados no primeiro volume do *Ars Quatuor Coronatorum*:

---

117. SCANLAN, Matthew D. J. The Origins of Freemasonry – England Chap. 5. *In*: BOUGDAN, Henrik; SNOEK, A. M (Eds.). *Handbook of Freemasonry*. Leiden/Boston: Brill, 2014. p. 63.

- proporcionar um centro e laço de união para os estudantes da Maçonaria e da História da Maçonaria;

- atrair os maçons para o encontro da Loja para encorajar a valorização da pesquisa maçônica;

- submeter as descobertas ou conclusões dos pesquisadores maçônicos ao julgamento e à crítica de seus companheiros por meio de ensaios e teses lidos em Loja;

- submeter as teses comunicadas e as discussões originadas depois disso ao povo maçônico e publicar em intervalos regulares esses Relatórios (Transactions) da Loja;

- reimprimir os raros e valiosos trabalhos sobre Maçonaria e publicar Manuscritos;

- tornar familiar para as Lojas de língua inglesa o progresso dos estudos maçônicos no exterior por meio de relatórios (parciais ou totais) dos trabalhos em língua não inglesa;

- catalogar em notas impressas nos livros da Loja (*Ars Quatuor Coronatorum*) o progresso da Maçonaria ao redor do mundo;

- formar uma biblioteca e um museu maçônicos.[118]

Muitos fundadores da Loja, especialmente Robert Freke Gould e William James Hughan, sabiam que essas "lendas" não poderiam explicar a enigmática gênese da Maçonaria, pois lhes faltava o instrumental e o treino dos historiadores profissionais. Estavam afeitos a uma visão erudita dos antiquários da época e a um enfoque tosco do positivismo, pretensamente historiográfico do momento, pois muitos eram homens de formação universitária (médicos, engenheiros, militares, etc.), mas não do setor da história propriamente dito. Nascia, assim, a "escola autêntica" na abordagem dos estudos históricos maçônicos, mas ainda lhes faltava o *approach* científico que só viria nos 50 anos seguintes. Convém aqui salientar que um acadêmico treinado na metodologia historiográfica seria a grande exceção da

---

118. Disponível em: <https://www.quatuorcoronati.com/about-qc-lodge/aims-of-the-lodge/>. Acesso em: 26 ago. 2016.

época – o professor alemão maçom dr. Georg Emil Begemann – que escreveu sobre as origens da Maçonaria. Seu trabalho seminal *Vorgeschichte und Anfänge der Freimaurerei in England* (Pré-história e Gênese da Maçonaria na Inglaterra, Berlim: Mittler und Sohn, 1909) nunca foi publicado na Inglaterra. É verdade que em 1913 Lionel Vibert, um Past Master da Loja QC, traduziu para o inglês, mas nunca veio à luz por algum editor (Scanlan, 2014, p. 64).

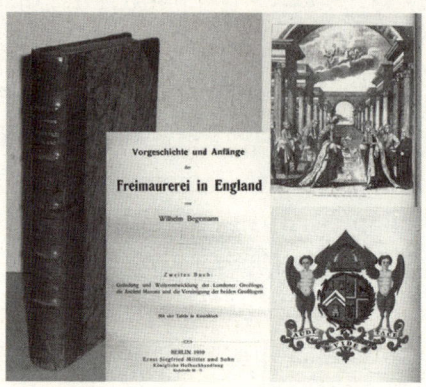

Fonte: Internet.

Disponível em: <https://www.google.com.br/search?q=%22Vorgeschichte+und+Anf%C3%A4nge+der+Freimaurerei+in+England%22&biw=1440&bih=745&source=lnms&tbm=isch&sa=X&ved=0ahUKEwijzpnd2d7OAhVIhZAKHXXqBWwQ_AUIBigB&dpr=1#imgrc=oF92gQnYCqHUpM%3A>. Acesso em: 28 ago. 2016.

Os primeiros historiadores profissionais ingleses que se debruçaram sobre a gênese da Maçonaria foram dois professores de economia da Universidade de Sheffield na Inglaterra: Douglas Knoop (maçom) e Gwilym Peredur Jones (não maçom). Durante as décadas de 30 e 40 do século passado, esses dois professores, algumas vezes acompanhados por um outro de Sheffield – prof. Douglas Hamer –, produziram uma série de trabalhos acadêmicos pioneiros, que culminou no livro seminal *The Genesis of Freemasonry* (A Gênese da Maçonaria) em 1947. Apesar de um trabalho de primeira qualidade, como citado anteriormente, eles pagaram tributo ao paradigma de Gould.

Com a morte de Knoop em 1948, os trabalhos maçônicos acadêmicos sofreram uma pausa, retornando ao arroz com feijão amadorístico. Somente duas décadas depois os estudos maçônicos acadêmicos ressurgem com o professor John Morris Roberts (http://www.telegraph.co.uk/news/obituaries/1432378/J-M-Roberts.html), da Universidade de Oxford, ao publicar um estudo sobre Maçonaria na *English Historical Review*. O professor Roberts notou que os historiadores de língua inglesa negligenciaram o tema da Maçonaria e, curiosamente no país que deu a Maçonaria ao mundo, seus historiadores profissionais deixaram de lado esse tema palpitante. Já era hora de retomar o assunto. Convém salientar, contudo que, mais uma vez, um historiador profissional pagou tributo ao paradigma de Gould. No mesmo ano em que Roberts publicou seu livro (1972), a professora Frances A. Yates publicou seu *The Rosicrucian Enlightenment* (O Iluminismo Rosa-Cruz), no qual se inclui um capítulo sobre as origens da Maçonaria.

O próximo autor acadêmico, como já visto, a escrever sobre as origens da Maçonaria foi a professora norte-americana Margareth Jacob da Universidade da Califórnia (UCLA), com seu controverso livro *The Radical Enlightenment: Pantheists, Freemasons and Republicans* (O Iluminismo Radical: Panteístas, Maçons e Republicanos), que também pagou tributo ao paradigma de Gould. A professora Margareth recebeu críticas acadêmicas sobre seu trabalho, sendo que uma delas foi, ao contrário de Roberts e Yates, não fazer referência, um pecado mortal para os ingleses, ao trabalho dos professores Knoop e Jones – *The Genesis of Freemasonry* (Scanlan, 2014, p. 66).

Assim, o primeiro trabalho acadêmico de um professor do Reino Unido sobre as origens da Maçonaria desde Knoop e Jones foi o do escocês David Stevenson que, em 1988, produziu dois livros muito importantes sobre esse tema tão controverso das origens (Stevenson, 2001 e 2005). Stevenson trabalhou com fontes primárias de dados disponíveis nos arquivos escoceses antes do século XVIII. Em *As Origens da Maçonaria – O Século da Escócia (1590-1710)*, começou analisando a natureza dos maçons operativos medievais antes de assinalar a contribuição do Mestre de Obras do rei James VI – William Schaw –, que reorganizou as Lojas operativas no final do século XVI. Como visto anteriormente, apesar de existirem várias Lojas antes do trabalho de Schaw, sua reorganização ajudou essas Lojas a se estabelecerem como entidades permanentes, corpos independentes das Incorporações escocesas que compreendiam diferentes ofícios e ficavam sob o controle das autoridades dos burgos locais. Além do mais, ressaltou que essas Lojas escocesas do final do século XVI absorveram ideias renascentistas – platônicas e herméticas, como já visto –, que as colocaram em situação ímpar em relação às associações dos outros ofícios. No cerne desse processo de aculturação estava a arte da memória, um método de aprendizagem de certa popularidade na Antiguidade clássica que foi revivido durante a Renascença, uma arte que Schaw estipulou para ser empregada em cada Loja escocesa como um instrumento pedagógico para que os membros dessas Lojas pudessem ser testados em seu conhecimento de Maçonaria (Stevenson, 2005, p. 69-72, 116-126). Com o tempo, o autor sugeriu que o uso desse instrumento mnemônico foi sendo descurado, dando surgimento à forma escrita dos rituais, na qual se incluía a Palavra do Maçom que se dava a um mestre qualificado como membro de uma Loja (Stevenson, 2005, p. 155-200). As pesquisas de Stevenson foram bem recebidas no meio acadêmico e hoje em dia sua tese é vista como o mais completo e fidedigno trabalho sobre o surgimento da Maçonaria até aqui publicado. A influência do trabalho de Stevenson impactou fortemente o mundo acadêmico. Há poucas críticas recebidas, como as da professora Margareth Jacob, que o censura por sua abordagem demasiadamente "positivista" e "nacionalista" (Jacob, 1990).

Nos últimos anos, vários trabalhos sobre a formação da Maçonaria de cunho acadêmico apareceram no mercado. Dentre eles, podem ser citados os seguintes: i) o do professor da Universidade de Manchester David Harrison – *The Genesis of Freemasonry* (A Gênese da Maçonaria) – que, mais uma vez, paga tributo ao paradigma de Gould; ii) o de Peter Kebell, sua tese de PhD na Universidade de Bristol, *The Changing Face of Freemasonry, 1640-1740* (A Mudança de Face da Maçonaria, 1640-1740) e iii) o livro de Ric Bermann, *The Foundations of Modern Freemasonry – The Grand Architects, Political Change and the Scientific Enlightenment, 1714-1740* (A Fundação da Moderna Maçonaria – Os Grandes Arquitetos, Mudança Política e o Iluminismo Científico, 1714-1740), que é baseado em sua tese de doutorado na Universidade de Exeter. Apesar de Bermann não pagar tributo ao paradigma de Gould, rejeitando a ideia de transição, ele emprega muito o termo especulativo, uma palavra que é usada com muito cuidado nas pesquisas modernas da Maçonaria.

4.2.2 Fraturas metodológicas e conceituais

Um problema que a área acadêmica nos países do Atlântico Norte vem enfrentando em relação às pesquisas sobre a Maçonaria é o da imprecisão e de ambiguidade conceitual. Historiadores trabalhando nessa área usam palavras e baseiam todo um raciocínio sem ter uma precisão conceitual, fator que, quando inexistente, é abominável na academia. Isso se deve muitas vezes a uma confiança geral em certas palavras-chave que são tomadas acriticamente por sua forma sedutora, visto que provêm da tradição maçônica, gerando inconsistência e anacronismo. Esse problema já tinha sido apontado por Knoop e Jones em seu capítulo 7 quando falavam sobre a Era dos Maçons Aceitos (Knoop e Jones, 1978, p. 129). Recentemente Lisa Kahler, uma orientanda de Stevenson, em sua tese de PhD na Universidade de St. Andrews, dedicou um capítulo inteiro sobre esse assunto, principalmente em relação aos termos Operativo, Aceito e Especulativo (Kahler, 1998, p. 41-57). Apesar de esses dois autores apontarem o problema, não conseguem resolvê-lo, pois mais adiante caem na arapuca conceitual. Vejam como Kahler colocava o dedo na questão:

> "Tradicionalmente, 'operativo' tem sido usado para descrever Lojas afiliadas a uma incorporação ou se relaciona com o ofício de maçom, Lojas essas que incluem membros que são na verdade talhadores de pedra. O termo tem sido aplicado no que diz respeito às Lojas escocesas, primeiramente porque existe pouca evidência das muitas Lojas inglesas na verdade capazes de atribuir sua criação a autênticas conexões de talhadores de pedra.

Maçons 'especulativos', por outro lado, têm sido definidos como 'não operativos', não talhadores de pedras e que inicialmente se filiaram a essas Lojas 'por curiosidade ou como membros honorários ou patronos'.[119] Supunha-se que esses homens mais tarde começariam sua própria Loja onde os 'operativos' não seriam bem-vindos" (Kahler, 1998, p. 41).

Continuando ainda com a ambiguidade:

"Existem dois problemas críticos com essas definições. Primeiro, os termos 'operativo' e 'especulativo' são ambíguos. Se 'operativo' é empregado para significar uma Loja com suas raízes na Maçonaria dos pedreiros, que contém *somente* membros pedreiros, e se restringe somente ao ofício de pedreiros, então existiriam muito poucas Lojas. Embora exista pouca dúvida de que as primevas Lojas escocesas eram estabelecidas no sentido de prover certa autonomia para seus membros talhadores, como discutido antes, isso não era a razão primordial de sua existência. As Lojas eram plenamente ativas nos interesses empregatícios de seus membros, mas quando a busca esotérica foi introduzida no quadro geral, tornou-se claro que as Lojas eram mais do que simples associações de ofício. Como Stevenson afiançou,[120] existiam poucas dúvidas de que os pedreiros nas Lojas 'operativas' estavam fazendo trabalho 'especulativo' bem antes que os cavalheiros não pedreiros entrassem em cena na Escócia" (Kahler, 1998, p. 42).

Finaliza com a descrição contraditória criada com uma Loja da Escócia feita por dois historiadores acadêmicos:

"A descrição da Loja Haughfoot fornece exemplos interessantes do uso desses termos distorcidos. A primeira ata da

---

119. DRAFFEN, George. Freemasonry in Scotland in 1717. *Ars Quatuor Coronatorum AQC*, 83, 1970, p. 365.
120. Ver (2005, p. 27).

Loja data de 1702. Ela foi fundada pela pequena nobreza local, parece não ter ofício regulado, e existia quase exclusivamente para intenções de ritual e propósito social.[121] Considerando que Stevenson relatou que 'tem sido descrita como a primeira Loja não operativa fundada na Escócia',[122] George Draffen descreveu-a de um modo totalmente diferente: 'que em uma pequena vila em uma parte remota da Escócia houve uma Loja totalmente *especulativa* é um dos mistérios da remota Maçonaria escocesa'"[123] (Kahler, 1998, p. 43).

E Kahler passa a citar diversos outros exemplos com Knoop e Jones, William Preston, Bernard E. Jones, etc.

---

121. Ver (2001, p. 119).
122. Id., ibid.
123. Ver (1970, p. 366).

4.2.3 O Caso de Elias Ashmole

Fonte: Internet.

Disponível em: <https://www.google.com.br/search?q=elias+ashmole+castellani&start=10&sa=N&biw=1440&bih=716&tbm=isch&imgil=Iaij7cMhPYV94M%253A%253B0BklrqjH7emxmM%253Bhttp%25253A%25252F%25252Fashmole.com%25252Fashmole-tree%25252Felias-ashmole%25252F&source=iu&pf=m&fir=Iaij7cMhPYV94M%253A%-252C0BklrqjH7emxmM%252C_&usg=__qxYUymrQ-4qBfWSwvWLsbUpi-GBA%3D&dpr=1&ved=0ahUKEwiLxfDBjeTOAhXLGpAKHQf_AwM4ChDKNwhu&ei=QNjCV4ulFsu1wASH_o8Y#imgrc=Iaij7cMhPYV94M%3A>.

A menção da filiação de Elias Ashmole a uma Loja é a mais antiga de um "maçom cavalheiro" na Inglaterra. Como é sabido, Ashmole era um antiquário do século XVII mais conhecido por ajudar a montar o Ashmolean Museum em Oxford e, em relação à Maçonaria, deixou dois manuscritos contando em detalhes sua filiação. No primeiro relato de seu Diário, lê-se no dia 16 de outubro [de 1646] [às] "4h30 da tarde – fui feito Franco-Maçom [Free Mason] em Warrington, Lancashire, com o coronel Henry Mainwaring de Karnicham em Cheshire. Os nomes daqueles que se encontravam, então, na Loja [eram]: sr. Rich[ard] Penket, Vigilante; sr. James Collier, sr. Rich[ard] Sankey, Henry Littler, John Ellam, Rich. Ellam e Hugh Brewer". Trinta e cinco anos mais tarde, Elias Ashmole ainda escreveria, sem mais comentários: "10 de março [1682], às 5h da tarde. Recebi uma intimação para apresentar-me a uma Loja, a ser realizada no dia seguinte no Freemasons' Hall, em Londres. 11 [de março] – Assim, fui até lá ao meio-dia e foram admitidos na Fraternidade de Maçons Livres: *sir* William Wilson, Cavaleiro, capitão Rich[ard] Borthwick, sr. Will[iam] Wood-man, sr. Wil[liam] Grey, sr. Samuel Taylor & sr. William Wise, etc. Eu era o decano dos Companheiros presentes (tendo sido admitido 35 anos antes). Estavam presentes, além de mim, os Companheiros listados a seguir: sr. Tho[mas] Wise, Mestre da Companhia dos Maçons, este ano, o sr. Thomas Shorthose, o sr. Thomas Shadbolt, X. Waindsford, esq., sr. Rich[ard] Young, sr. John Shorthose, sr. William Hamon, sr. John Thompson, & sr. Will[am] Stanton. Fomos todos para o jantar na Taverna Half Moon em Cheapside, reunidos em um banquete solene oferecido pelos novos maçons aceitos".[124]

Muito se escreveu sobre esses dois relatos na literatura maçônica com muitos comentadores concluindo sobre a existência de uma Maçonaria "especulativa" em pleno século XVII na Inglaterrra, completamente divorciada de uma associação de pedreiros. Entretanto, tais especulações se evaporam quando se aprofunda a análise dos relatos anteriores. Primeiramente, recentes análises do diário de 1682 revelam que a Loja, referida por Ashmole, na qual ele compareceu não somente se reunia na sede da London Masons' Company, mas também incluía o mestre governante (*reigning*) da Companhia, dois de seus ex-mestres governantes, e dois de seus atuais diretores (*wardens*). Segundo, dos 16 "maçons aceitos" que participaram do encontro, 14 eram conhecidos por serem notáveis pedreiros de sua época e, aproximadamente a metade tinha trabalhado com *sir* Christophen Wren[125] em uma série de projetos de construções Scanlan, 2002, p. 163-167, 177, 189-192). O fato de que essa Loja tinha como membros eminentes pedreiros e de que estava intimamente ligada à London Masons' Company, que, antes de 1654, era conhecida como a London Company of Freemasons, é muito sintomático. Ashmole também anotou que ele era um companheiro sênior entre eles (tinham se passado uns 35 anos desde que ele foi admitido),[126] uma alusão óbvia à sua iniciação na Maçonaria de Warrington em outubro de 1646, sugerindo assim uma forte conexão entre as duas Lojas às quais o diário faz menção.

A noção de que Ashmole se tornou membro de uma associação de pedreiros é também comprovada por várias outras evidências. Pelo

---

124. Bodleian Library, Oxford, Ashmole MS. 1136: f. 19v.
125. LIGOU, Daniel. *Dictionnaire de la Franc-Maçonnerie*. Paris: PUF, 1998, p. 1292. Christopher Wren (East Knoyle, Wiltshire, 20 de outubro de 1632 – Londres, 25 de fevereiro de 1723) foi projetista, astrônomo, geômetra e o maior arquiteto da Inglaterra de seu tempo. Wren projetou 51 igrejas em Londres, incluindo a Catedral de São Paulo, considerada uma das obras-primas da arquitetura europeia, e muitos prédios seculares, também dignos de nota. Foi fundador da Royal Society e seu presidente (1680-1682), e seus trabalhos científicos eram conhecidos, sendo citados por Isaac Newton e Blaise Pascal.
126. Bodleian Library, Oxford, Ashmole MS. 1136: f. 69v.

exposto, todos esses (pre)conceitos mencionados denotam certa confusão conceitual, sendo que estão sendo reanalisados na Maçonaria acadêmica do Atlântico Norte. Isso é uma quebra de paradigma, principalmente no Brasil, onde tais pesquisas são abolutamente inovadoras e podem chocar os maçons mais tradicionais.

4.2.4 Os maçons aceitos

Entre os manuscritos sobreviventes da London Masons' Company, existem diversos relativos às atividades dos maçons aceitos do século XVII que têm sido largamente negligenciados pelos historiadores acadêmicos do Atlântico Norte. As atas mais antigas da Company, então conhecida como London "Company of Freemasons", começam em 1º de julho de 1619[127] e revelam que entre 1630 e 1677 houve no mínimo oito reuniões de uma enigmática associação ligada à companhia chamada "aceitação" (*acception*). Recentes análises dessa "aceitação" revelam que ela se reunia em bases irregulares e que seus membros eram em sua maioria importantes pedreiros, membros da companhia. Entretanto, não membros da companhia, não pedreiros e cavalheiros tinham permissão para se filiar se eles quisessem, desde que estivessem preparados para pagar duplamente as taxas exigidas por aqueles que já eram membros da companhia.

O que fazia a aceitação possuir um carater não usual é que ela não estava relacionada aos três tipos honorários de filiação que todo grêmio (*levery company*) ou guilda, inclusive os maçons, eram obrigados a observar, tais como servidão, patrimônio e redenção. De fato, a aceitação era única para a Companhia dos Maçons, pois a maioria dos membros da aceitação já eram membros da companhia de longa data e eminentes quando introduziram essa curiosa associação. Infelizmente, os registros sobreviventes da companhia apenas proporcionam uma pintura parcial da aceitação, mas é sabido

---

127. Guildhall Library, Corporation of the City of London, MS. 5303/1:1 *apud* SCANLAN, Matthew D. J. The Origins of Freemasonry – England. Chap. 5. *In*: BOUGDAN, Henrik; SNOEK, A. M. (Eds.). *Handbook of Freemasonry*. Leiden/Boston: Brill, 2014. p. 75.

que ela se reunia em Lojas, que seus encontros normalmente envolviam um lauto banquete de almoço ou jantar e que seus membros eram conhecidos como maçons aceitos. Além disso, dois inventários feitos pela companhia, em 24 de junho de 1663 e 4 de julho 1676, revelam que os "nomes dos Maçons Aceitos" eram mantidos em uma caixa fechada com fechadura e chave e, ao lado, havia um livro das Constituições dos Maçons Aceitos e uma grande mesa de trabalho deles. Infelizmente tais itens não mais existem (Scanlan, 2014, p. 76). Outras referências também existem com Aceitos ou Adotados.

Capítulo 5

Maçonaria e Templarismo[128]

5.1 Introdução

Para encerrar este trabalho, seria interessante falar sobre a Ordem dos Pobres Cavaleiros de Cristo, mais conhecida como os Templários, que se transformou em um dos mais possantes mitos na Maçonaria. Assim como o mito de Hermes Trismegistus, elaborado na Renascença, regeu, durante um longo período, o imaginário de uma classe média de tendências esotéricas, os Templários exercem papel semelhante nos dias de hoje e parece que viverão ainda por um longo período no imaginário de determinados segmentos da população maçônica. Foi uma "tradição criada" no século XVIII, como se verá nas linhas seguintes. Os Templários foram uma das mais prestigiosas ordens de Cavalaria conhecidas no mundo latino e, posteriormente, no anglo-saxônico. Somente não conseguem concorrer nesse ibope esotérico no mundo germânico e parte do eslavo com os Cavaleiros Teutônicos (Dailliez, 1979).

---

128. MOLLIER, Pierre. *Freemasonry and Templarism*. Chap. 6. *In:* BOUGDAN, Henrik; SNOEK, A. M. (Eds). *Handbook of Freemasonry*. Leiden/Boston: Brill, 2014. p. 82-99.

Cavaleiros Templários.

Fonte: Internet.

Disponível em: <https://www.google.com.br/search?q=cavaleiros+templ%C3%A1rios&biw=1440&bih=745&source=lnms&tbm=isch&sa=X&ved=0ahUKEwj4sO3so-bOAhXEgpAKHRNACXEQ_AUIBigB#imgrc=kF5b7P-72qlaeEM%3A>. Acesso em: 2016.

A Cavalaria Templária medieval, mais conhecida por nós hoje como os guerreiros famosos das Cruzadas, foi, em verdade, uma Ordem Militar devota e religiosa, que operava um papel duplo: de cavaleiros e monges. De certa forma, o mundo ocidental medieval nunca tinha visto uma instituição assim antes. Originalmente, eram conhecidos como os Pobres Cavaleiros de Cristo e do Templo de Salomão, ou, mais simplesmente, como os Cavaleiros Templários. Os historiadores afirmam que eles foram a Primeira Ordem Militar, logo imitada por Cavaleiros Hospitalários e por várias Ordens espanholas e, até o final do século XII, pelos Cavaleiros Teutônicos. Os Templários oficialmente tiveram origem no Reino Latino de Jerusalém em 1118, quando nove cavaleiros nobres, principalmente franceses, prometeram proteger os peregrinos nas estradas perigosas que levavam a Jerusalém. Ganharam o favor do rei Balduíno II de Jerusalém, que lhes concedeu parte de seu palácio para a sua sede, localizada na parte sudeste do Monte do Templo, chamada de Templo de Salomão (impróprio, pois deveria ser chamada do Templo de Herodes, pois, em relação ao Templo de Salomão, nem mesmo se sabe sua localização). Incentivados pelo rei Balduíno II e Warmund de Picquigny, Patriarca de Jerusalém, eram geralmente vistos como os Hospitalários, que cuidavam de doentes e peregrinos cansados de sua viagem a Jerusalém.

Durante os primeiros nove anos da Ordem (1119-1128), os Templários não vestiam mantos e sua marca registrada – manto branco – só passou a ser usada após o Concílio de Troyes em 1129, quando foi posta uma regra religiosa sobre um manto branco. A cruz vermelha em seu famoso manto foi adicionada mais tarde, quando o papa Eugênio III (1145-1153) permitiu-lhes usá-la como um símbolo do martírio cristão. No ano de 1170, haviam cerca de 300 cavaleiros com sede no Reino de Jerusalém e poucos mais em outras áreas. Nos meados da década de 1180, havia pelo menos 600 cavaleiros em Jerusalém, sozinhos e sem um comando permanente. Somente passaram a ter um comando em 1229, quando a Ordem cresceu exponencialmente com milhares de cavaleiros, tornando-se cada vez mais poderosa. Como esses privilégios indicavam, durante o ano de 1130, a Ordem, mesmo com poucos, tinha atraído um número crescente de grandes doadores, provando ter um ibope muito grande no seio da aristocracia francesa. Também os governantes de Aragão e Portugal, na época, confrontados diretamente com os problemas da guerra sobre uma fronteira volátil, perceberam seu valor militar mais rapidamente do que a maioria dos outros.

Os Templários começaram a acumular uma base substancial desembarcando no Ocidente, não só na Província Francesa, na Ibéria e Inglaterra, onde foram conhecidos, mas também na Itália, Alemanha e Dalmácia e, com as conquistas latinas de Chipre de 1191 e de Morea em 1204 nessas regiões. Ao final do século XIII, podem ter sido vistos para muitos, com mais de 870 castelos, preceptorias, casas subsidiadas e espalhadas pela cristandade latina. Durante os séculos XII e XIII, esses imóveis foram construídos em uma rede de apoio que fornecia homens, cavalos, dinheiro e suprimentos para os Templários no Oriente.

O desenvolvimento da atividade de banqueiros surgiu dessas circunstâncias, pois estavam bem posicionados para oferecer crédito e trocar moedas, por meio de suas participações no leste e oeste. Foi um pequeno passo para mover-se com mais financiamento geral, sem nenhuma relação com as atividades cruzadas pelos anos de 1290. Em Paris, poderiam oferecer um banco de depósitos com uma caixa aberta e, ao mesmo tempo, uma base diária de serviços de contabilidade especializados, de grande valor para as administrações contemporâneas seculares. Assim, os Templários se tornaram os primeiros banqueiros para nobres, reis e papas, bem como para os peregrinos a caminho de Jerusalém e de outros lugares sagrados.

Os "créditos financeiros" de hoje são um exemplo moderno de como usar uma "carta de crédito", assim como eles o fizeram no século XII, em pleno medievo. A estrutura dos Templários foi cimentada por comunicações eficazes, incluindo seu próprio transporte, não só terrestre, como também naval no Mediterrâneo. Eles tinham muitas galeras e, como os Hospitalários, participaram na guerra naval e em alguns episódios, como em 1301, que tiveram seu próprio almirante. A perda do Acre, em 1291, e a conquista dos mamelucos da Palestina e da Síria foram muitas vezes vistas como um ponto de mudança na história dos Templários. Na verdade, o fracasso das ordens militares para impedir o avanço do Islã havia atraído críticas, pelo menos desde 1230; com a perda do reforço cristão no continente, os adversários foram favorecidos com um foco específico para os seus ataques. O ataque a eles por Filipe IV, o Belo, rei da França, em outubro de 1307, coadjuvado pelo papa Clemente V, representou o começo do fim, sendo finalmente extintos por uma bula papal em 1312. A partir daí, cessa a história e tem início o começo do folclore e do mito (Dailliez, 1972). Prova disso é a vendagem excepcional dos livros romanceados sobre o assunto, principalmente no Brasil: *O Livro de Hiram*, de Christopher Knight e Robert Lomas, e *O Templo e a Loja*, de Michael Baigent e Richard Leigh, ambos editados pela Madras.

O apelo emocional ao assunto gerou a teoria da "sobrevivência" dos Templários, buscando refúgio na distante Escócia para escapar da perseguição que estavam sofrendo, o que tem muita semelhança com a sobrevivência de Hitler na América do Sul, acontecimentos tão comuns em teorias conspiratórias, como demonstrado no início deste trabalho.

A VIA NORMAL   ALGUNS MAÇONS OU MÍSTICOS

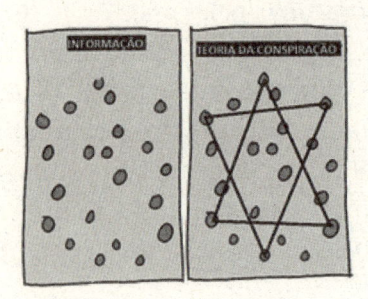

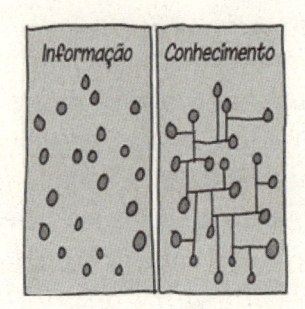

Fonte: edição do autor.

Segundo essas teorias conspiratórias em voga, os Templários, para não serem extintos e passarem despercebidos, se transmutaram, nessa alquimia esotérica conceitual, na Maçonaria que, com seus segredos, proporcionou refúgio seguro. Escondidos assim nesses pequenos reinos setentrionais, longe do papa e das principais monarquias europeias, a Ordem do Templo pôde sobreviver por séculos e continuar maquinando, agora, sob o manto da Maçonaria. E mais, se os Templários foram condenados pelo papa, foi em razão de seus conhecimentos esotéricos e heréticos adquiridos no Oriente Médio. Esse conhecimento secretíssimo era a fonte de seu poder e o que permitiu sua sobrevivência. Tudo isso seria somente possível por causa da proteção dos reis da Escócia, que explicava seu inabalável apoio à dinastia dos Stuart. São histórias fantásticas e aprazíveis, mas sem nenhuma base na realidade histórica. Para os historiadores de verdade, especialistas em Idade Média, não existe um único documento, uma peça com um mínimo de evidência que pudesse sustentar tais hipóteses hauridas no romantismo do século XVIII e XIX de que os Templários sobreviveram por causa daquela maneira romanceada. Um conto de carochinha para adultos ávidos de esoterismo para fugir da realidade cinzenta do século XXI. Outra patranha que não encontra ressonância nos historiadores medievais é a de que inexiste documento no qual os Templários não professassem o mais ordotoxo Catolicismo, pelo qual lutaram por mais de dois séculos, nem de que eles tivessem ideias "esotéricas". A séria acusação de heresia, trazida quando compareceram diante dos tribunais, era simplesmente um procedimento clássico para os julgamentos pré-iluministas, pelos quais o acusado era condenado antes do veredicto.

Os Cavaleiros Templários que escaparam da fogueira ou da prisão provavelmente se filiaram a outras ordens – cavalheirescas ou religiosas – ou retornaram para uma vida secular como soldados ou para seus reinos. Somente no reino português sobreviveu à abolição uma ramificação dos Templários pela graça dos reis de Portugal. No início, somente o nome foi modificado e, com o decorrer dos séculos, a Ordem de Cristo tornou-se uma dignidade nacional. Ainda hoje é considerada uma distinção nacional em plena República portuguesa (Mollier, 2014, p. 82-83).

Pierre Mollier[129] com o autor no Congresso de Edimburgo.

Fonte: arquivo do autor.

5.2 Maçonaria e Cavalaria

Nas Constituições de Anderson de 1723, encontram-se as primeiras sugestões sobre uma ligação entre a Cavalaria e a Maçonaria:

---

129. Diretor da biblioteca do Grand Orient de France, conservador do Musée de la Franco-maçonnerie e redator-chefe da revista de estudos maçônicos *Renaissance traditionnelle*.

"Em resumo, numerosos e grossos volumes seriam necessários para conter os múltiplos e esplêndidos exemplos da *potente Influência* da Arte de Construir desde a Criação, em cada Época [...] Pelo contrário, se fosse conveniente, poder-se mostrar que as Sociedades ou Ordens de CAVALARIA *Militares* e *Religiosas,* igualmente no curso dos tempos, tomaram emprestado a essa antiga *Fraternidade* um grande número de Usos solenes ..." (Anderson, 1997, p. 44 e 46).

Neste pequeno parágrafo Anderson estabelece, no documento fundador da Maçonaria Obediencial, uma ligação, apresentada como uma certeza, entre Maçonaria e Cavalaria. Contudo, o mais importante dessa afirmação diz relativamente pouco, porém implica muito mais, pois abre a porteira para uma invasão de especulações sobre o assunto. Assim, logo após 1724, um autor anônimo revela em detalhes a natureza precisa da conexão entre Maçonaria e Cavalaria. Em um folheto irlandês intitulado *Uma Carta da Grã-Mestra da Maçonaria Feminina*, lê-se o seguinte:

"O Ramo do Templo da *Loja de Salomão,* posteriormente chamada de *Loja de São João de Jerusalém*, a qual nosso Guardião afortunadamente atingiu, é, como eu facilmente provo, o Mais Puro e o Mais Antigo agora na Terra: a velha e famosa *Loja Escocesa de Killwining,* na qual todos os Reis da *Escócia* têm sido de Tempos em Tempos Grão-Mestres sem Interrupção, desde os Dias de *Fergus*, que reinou há mais de 2 mil anos, muito antes dos Cavaleiros de São *João de Jerusalém* ou dos Cavaleiros de *Malta*, nas quais duas *Lojas* eu devo mesmo assim conceder a Honra de ter adornado a Antiga *Maçonaria Judaica* e *Pagã* com muitas Regras Religiosas e Cristãs".[130]

---

130. KNOOP, Douglas; JONES, G. P.; HAMER, Douglas. *The Early Masonic Catechisms*. London: Quatuor Coronati Lodge, 1975. p. 235.

Um fato, agora **crucial**, aconteceu em 1737 com a famosa carta, ou Discurso ou Oração (ver Anexo II na íntegra) de Andrew Michael (*le chevalier*) Ramsay,[131] que popularizou a ideia de que os maçons eram descendentes dos Cruzados e, portanto, a fraternidade era na verdade uma Ordem da Cavalaria. Em alguns trechos pode-se ler o seguinte:

> "Nossos ancestrais, os Cruzados, reunidos de todas as partes da cristandade na Terra Santa, desejavam, assim, unir em uma única Fraternidade os indivíduos de todas as nações... Criar, no decorrer do tempo, uma nação totalmente espiritual... No tempo das Cruzadas na Palestina, muitos Príncipes, Senhores e Cidadãos se associaram e prometeram restaurar o Templo dos Cristãos na Terra Santa e se empregar para fazer retornar sua arquitetura à primeira instituição. Eles concordaram sobre vários antigos sinais e palavras simbólicas extraídas do fundo da religião, para reconhecer uns aos outros entre os infiéis e os sarracenos. Comunicavam-se esses sinais e palavras apenas àqueles que prometiam solenemente, e muitas vezes até mesmo diante do altar, nunca os revelar. Essa promessa sagrada não era, portanto, um juramento execrável, como tem sido chamado, mas um laço respeitável para unir os cristãos de todas as nacionalidades em uma mesma Fraternidade. Algum tempo depois, nossa Ordem formou uma união íntima com os Cavaleiros de São João de Jerusalém. A partir daquele momento, nossas Lojas assumiram o nome de Lojas de São João. Essa união se fez de acordo com o exemplo dos israelitas quando eles ergueram o segundo Templo. Enquanto

---

131. RAMSAY, Andrew Michael (1686-1743). Nascido em Ayr na Escócia, filho de um padeiro segundo uns, de uma grande família nobre, segundo outros. Seu pai era calvinista e sua mãe, anglicana. Casou-se com Marie de Nairne, filha de um barão inglês. Morreu em Saint-Germain-en-Laye. Seu obituário é assinado por dois maçons conhecidos: o conde de Derwenwater e o conde de Engletown. Foi membro da Sociedade dos Gentlemen e da Academia Real de Ciências de Londres. Em 1723 foi feito Cavaleiro de São Lázaro pelo Grão-Mestre da Ordem, o duque de Orléans, regente de França. É famoso por ter escrito o Discurso de Ramsay, explicando aos nobres franceses que a Maçonaria provinha das Cruzadas. LIGOU, Daniel. *Dictionnaire de la Franc-Maçonnerie*. Paris: PUH, 1998. p. 1009.

lidavam com a trolha e a argamassa com uma mão, na outra eles tinham a espada e o escudo" (ver Anexo II).

Com esse discurso, agora a nobreza francesa poderia ingressar em uma nova instituição, que não era descendente de pedreiros e sim dos nobres que conquistaram a Terra Santa. A influência do discurso de Ramsay não foi importante só na França, mas também em diversos países europeus que estabeleceram contato com as Lojas francesas da época (tais como Alemanha, Itália, Suécia e Rússia). O mito dos Templários na Maçonaria não é um segredo mantido no recôndito das Lojas, mas uma peça de evidência no imaginário dos maçons contemporâneos. As centenas de textos aparecidos na França, no mundo latino e anglo-saxão, desde 1740 até os dias atuais, que condenam ou defendem a Maçonaria, acreditam piamente que ela é uma espécie de Ordem de Cavalaria. Em virtude do rápido crescimento do tema da cavalaria no imaginário da Maçonaria francesa depois de 1730, parece certo afirmar que isso se deve, em boa parte, por essa peculiar inovação de Ramsay. Tanto assim que Pierre Chevalier, em sua monumental *Histoire de la Franc-Maçonnerie Française*, intitula seu capítulo I de "Les Ducs sous l'Acacia" (Os Duques sob a Acácia), demonstrando que o discurso de Ramsay foi fundamental para trazer os nobres para a Maçonaria. Claro que Ramsay não é a única causa nesse fenômeno social complexo. Qual seria então os indivíduos ou os grupos que, entre as primeiras Lojas francesas, queriam transformar a Maçonaria em uma Ordem de Cavalaria? Sabe-se hoje que Ramsay, iniciado em uma Loja de Anderson em Londres em 1730, era membro na França de uma Loja do Grão-Mestre Derwentwater.[132] Essa hipótese está baseada nas opiniões do Venerável Mestre John Coustos,[133] que informa ser a ideia de considerar a Maçonaria

---

132. DERWENTWATER, Charles Radcliffe, lord, 1693-1746. Filho de Eduardo Radcliffe e de Mary Tudor, filha natural de rei Carlos II e da atriz Mary Davies. Católico jacobita. É considerado um dos fundadores e Venerável-Mestre da primeira Loja maçônica na França: a Santo Tomás. Ver LIGOU, Daniel. *Dictionnaire de la Franc-Maçonnerie*. Paris: PUF, 1998. p. 360.
133. John Coustos desempenhou um papel importante na constituição dos primórdios da Maçonaria portuguesa, sendo alvo desde cedo do interesse do Santo Ofício. O interesse terá resultado de indicações da imperatriz austríaca e católica Maria Teresa, obstinada na perseguição e ilegalização das associações de franco-maçons austríacas e das suas ramificações, consideradas centros de influência protestante inglesa. Influência que era contrária

"uma ordem de cavalaria" uma "inovação criada na Loja do... Grão-Mestre" (Anonyme, 1965, p. 38). Derwentwater era reconhecido na época dos primórdios da Maçonaria francesa como o terceiro dos Grão-Mestres jacobitas anglo-saxões na França. Os outros seriam: o duque de Wharton, antigo grão-mestre da Grande Loja de Londres, que se converteu ao Catolicismo e passou do partido do rei George para o dos Stuart; e o baronete Mac Leane. As primeiras Lojas parisienses seriam: Saint Thomas, que se reunia na taverna Louis d'Argent, perto de Saint-Germain-des-Prés; a Coustos-Villeroy, a Bussi-Aumont, a Loja do duque de Richmond ou d'Aubigny. Todas com um séquito de nobres e cavaleiros jacobitas (Chevalier, 1974, p. 6-7). Muitos deles vindos de Saint-Germain-en-Laye, onde apareceram as primerias Lojas maçônicas na França, pois a guarda pessoal dos reis franceses era composta por regimentos escoceses. Além do mais, a nobreza escocesa se refugiou na França após a Revolução Inglesa de 1688. Com todo esse *background,* a conclusão é de que os apoiadores dos Stuart – majoritários na Loja do Grão-Mestre Derwentwater – eram os interessados em transformar a Maçonaria em uma Ordem de Cavalaria. Curioso é que a Escócia foi um dos últimos países onde o mito dos Templários alcançou a Maçonaria (COOPER, 2003). A propósito, Cooper apresenta em seu trabalho os esquemas de como analisar o mito dos Templários:

---

aos interesses das famílias dinásticas europeias, de orientação católica. Coustos seria preso em 14 de março de 1743 com outros maçons da sua Loja e seu processo no Santo Ofício, como dos Irmãos Mouton, Bruslé, Richard e Boulanger, revela-se de grande interesse documental. Coustos não era um maçom qualquer. Nascido em Berna em 1703 de uma família protestante, vivera como emigrante em França e depois na Inglaterra, onde se casou com uma inglesa. Tendo sido iniciado em 1730, em uma Loja londrina, viveria os cinco anos seguintes em Paris, tornando-se Venerável Mestre de uma das Lojas e presidindo a iniciação do duque de Villeroy. Decidido a emigrar para o Brasil, demandou Portugal a fim de partir dali, via Lisboa. Tendo gostado de Lisboa, instalou-se lá como lapidário de diamantes, tendo contatado uma das Lojas localizadas em Lisboa. Ver Ligou, op. cit., p. 323.

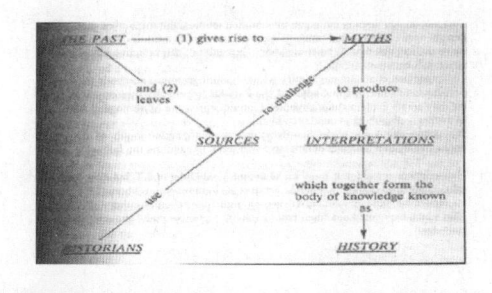

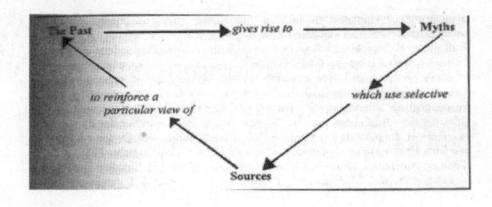

Fonte: COOPER, R. L. D. The Knights Templar in Scotland, the Creation of a Myth. *Ars Quatuor Coronatorum – AQC*, CXV, 2003, p.95.

Assim, as duas abordagens para se estudar as origens e o desenvolvimento da Maçonaria são as seguintes:

1. o método acadêmico;
2. o leigo ou alternativo (também conhecido como mitológico).

Em seu esquema, o passado dá origem aos mitos que são, com o tempo, arranhados e derrubados pelas fontes em um processo contínuo.

Como explicar então a junção da cavalaria com a Maçonaria? Na verdade, na transição do século XVII para o XVIII, a cavalaria estava na moda. Logo em seguida, o pré-romantismo exponenciou essa tendência. Apesar de os últimos cavaleiros desaparecerem na segunda metade do século XIV, a imagem da cavalaria sobreviveu. No mundo, e especialmente no Brasil, os romances da cavalaria medieval são frequentemente modernizados e republicados. As livrarias estão repletas de *best-sellers* sobre os Templários. O imaginário dos maçons é como um para-raios atraindo os raios do mito.

5.3 Dos Cavaleiros aos Templários

A trajetória da formação do mito seguiria então a seguinte rota: i) estabelecimento da ligação da Maçonaria com a Cavalaria; ii) Cavalaria conectada às Cruzadas; iii) como falar em Cruzadas sem mencionar os Templários?

O prestígio da Ordem foi assinalado em vários autores da época. Elias Ashmole, um dos primeiros maçons, faz menção ao prestígio dos Templários (Ashmole, 1715, p. 24). Liga os Templários com a cidade de York, que, posteriormente, se autoproclamava o berço da Maçonaria inglesa. O próprio Ramsay já insinuava os Templários em seu discurso: "Esta promessa sagrada não era, portanto, um juramento execrável, como tem sido chamado, mas um laço respeitável para unir os cristãos de todas as nacionalidades em uma única Fraternidade" (Anexo II). O "juramento execrável" se referia a uma das acusações dos Templários em seu julgamento, no qual forçavam os noviços a fazer um juramento herético e obsceno. Além do mais, foram a única ordem de cavalaria a receber tal "execrável" acusação. E os exemplos continuam a proliferar a partir do século XVIII: i) em 1737, pode-se ler em uma carta: "uma nova Ordem, originada na Inglaterra, estabeleceu-se em Paris e a qual é chamada... de Maçons Livres. Membros dessa Ordem fazem um juramento de fidelidade... e essa é mais ou menos como a Ordem dos Cavaleiros Templários" (Luquet, 1963, p. 192); ii) em 1746, *L'Examen de la Société des Francs-maçons* (O Exame da Sociedade dos Franco-Maçons) explicava: "Os Franco-Maçons têm, como os Templários, algumas características vitais e de segredo que eles preferem perder a vida a revelá-los (*apud* Mollier, 2014, p. 87); iii) em 1752, *Les Vrais Jugements sur la Société des Francs-Maçons* (Os Verdadeiros Julgamentos sobre a Sociedade dos Franco-Maçons) afirmava: "ao examinar [a seita] dos Templários no final de seus dias, parece que ela sobrevive em sua inteireza entre os maçons"[134]. De 1740 em diante, a opinião pública letrada

---

134. HONDT, Pieter de. *Les Vrais Jugements sur la Société dês Francs-Maçons*. Ed. do autor, 1752, Bruxelles. Disponível em: <https://books.google.combr/books?id=veJA-AA AcAAJ&pg=PA168&lpg=PA168&dq=les+vrais+jugements+sur+la+soci%C3%9t%-

estabeleceu uma ligação entre os mistérios maçônicos e a Ordem do Templo. Para concluir, veja-se esta citação de Willermoz:[135]

> "... em 1752, ou seja, 30 anos atrás, tendo sido escolhido para presidir uma Loja na qual fui iniciado e não tendo conexões nem com o defunto VM *ab Ense* [Von Hund] nem com alguns dos seguidores de seu Sistema, eu misteriosamente ensinei àqueles a quem conferi o 4º Grau da Loja que eles se tornaram sucessores dos Cavaleiros Templários e de sua sabedoria; eu repeti ininterruptamente por dez anos, como eu tinha aprendido de meu predecessor, que por sua vez tinha aprendido através da antiga tradição, e que ele desconhecia as origens..."[136]

Esse testemunho de Willermoz levanta uma série de perguntas. O que seria o 4º Grau? Estaria ele limitado a revelar os princípios gerais ocultos sob a conexão entre os Templários e a Maçonaria ou era o começo de uma cerimônia especial que deveriam seguir aqueles da Ordem do Templo?

C3%A9+des+Francs-Ma%C3%A7ons&source=bl&ots =0zFQaki3l8&sig=MNr FbSRYdVnQg9zbH1-4LFsb30&hl=pt-BR&sa=X&ved=0ahUKEwjNzIidxPHOAh W G5AKH b3BZ4Q6AEIKzAD#v=onepage&q=les%20vrais%20jugements%20sur%20la%20soci%-C3%A9t%C3%A9%20des%20Francs-Ma%C3%A7ons&f=false>. Acesso em: 2 set. 2016.
135. WILLERMOZ, Jean-Baptiste, 1730-1824. Era filho de Claude e Caterin Willermoz, comerciante da cidade. Em virtude das necessidades da família, foi obrigado a deixar os estudos aos 12 anos de idade para ajudar o pai nos negócios; três anos mais tarde ingressou como aprendiz em uma Loja especializada em comércio de seda. Tendo aprendido a profissão, instalou-se, aos 24 anos, por conta própria, produzindo e comercializando sedas. Havia sido iniciado na Maçonaria aos 20 anos de idade, dois anos depois já era Venerável da Loja, no ano seguinte, 1753, fundou sua própria Loja Maçônica, A PERFEITA AMIZADE, a qual teve um rápido desenvolvimento realizando estudos ocultistas e, principalmente, a alquimia. No meio ocultista era admirado pela solidez de seus conhecimentos, que eram praticados juntamente com um pequeno grupo de esoteristas, escolhidos criteriosamente no seio da Maçonaria. Durante muito tempo, Willermoz manteve correspondência com os principais ocultistas de sua época: Martinez de Pasqually, Saint Martin, Joseph de Maistre, Savallete de Lange, Brunswick, Saint German, Cagliostro, Dom Pernety, Salzman e outros ocultistas alemães, franceses, ingleses, italianos, dinamarqueses, suecos e russos. Ver LIGOU, Daniel. *Dictionnaire de la Franc-Maçonnerie*. Paris: PUF, 1998. p. 1286.
136. VAR, Jean-François. *Les Actes du Convent de Wilhelmsbad*. Les Cahiers Verts, VII, p. 51. Disponível em: <http://www.gsc.fr/verts/Cahiers%20Verts%2007.pdf>. Acesso em: 2 set. 2016.

Desse modo, os maçons estavam instados a reclamar a natureza cavaleiresca de sua Ordem e sua conexão com os Templários. E, como sói acontecer, logo seguiram-se nas Lojas as cerimônias próprias com seus respectivos Graus. E aí o mito começa a ser inflado até os dias atuais.

5.4 O Primeiro Grau Templário

A lenda templária faz sua primeira aparição em um ritual maçônico em uma antiga versão do Grau "Cavaleiro Kadosh" em 1750. Lida-se aqui com os famosos documentos relativos à "Sublime Ordem dos Cavaleiros Eleitos" (Ordre Sublime des Chevaliers Elus) descobertos simultaneamente em Quimper[137] e Poitiers (Mollier, 2014, p.88). Deve-se ver agora o que esse antigo ritual Kadosh[138] revela. Um estudioso da Maçonaria, ao se defrontar com ele pela primeira vez, fica um pouco desapontado. Longe de ser uma fonte de novas e originais revelações, a coisa tem um ar de *déjà-vu*. Na prática, parece ser o ritual para os "Eleitos dos Nove", um dos mais antigos e difundidos Graus do século XVIII, no qual se agregou um enobrecimento por meio da cavalaria, com a "escada mística" lançada e uma estranha história em que os Templários fazem sua aparição no cenário ritualístico, com a sensação de um arranjo artificial. Esse artificialismo talvez seja uma reflexão com os olhos de hoje do século XXI. Se colocados, contudo, no contexto de 1740, é justamente sua proximidade com o Grau do "Mestre Eleito,"[139] à altura de seu nome, que dá significado à "Sublime Ordem dos Cavaleiros Eleitos". O ritual que ele

---

137. Quimper é uma comuna francesa na região administrativa da Bretanha, no departamento Finistère.
138. Kadosh ou Kadosch (hebraico, consagrado [separado]). 1 – Também se escreve Kadesh: consagrado, santo. Alguma coisa reservada para o culto do Templo. 2 – Na Maçonaria, designa ora um Grau, ora um sistema e implica ou deveria implicar conhecimento de profundos e misteriosos ensinos maçônicos. 3 – Grande Eleito – Nome do 24º Grau do Rito de Heredom. 4 – Cavaleiro Eleito – Título do 30º Grau do Rito Escocês Antigo e Aceito. (Figueiredo, 2016, p. 200).
139. Eleito: nome genérico dado a toda uma série de Graus ditos "de vingança", cujo tema essencial é a punição dos assassinos de Hiram. Parecem ter nascido na França depois de 1740 e são posteriormente integrados nos diferentes sistemas, dentre os quais o Rito Francês e o Rito Escocês Antigo e Aceito (Ligou, 1998, p. 419).

contém aparece como uma revelação, e nesse lugar repousa seu ensinamento e a chave para as novas perspectivas que traz. O Grau do "Mestre Eleito" é um dos mais antigos dos altos Graus da Maçonaria especulativa francesa. Está bem próximo, por seu simbolismo, ao Grau de "Mestre Maçom". Por conseguinte, era conhecido de todos os maçons, possivelmente desde 1730. Assim, os rituais dos "Cavaleiros Eleitos" adiciona esse charme cavaleiresco ao que se conhece, revelando uma parte secreta do "Mestre Eleito". Esse Grau, que cada maçom pensava, na primeira metade do século XVIII, que conhecia, é de fato o vestígio e a sobrevivência remanescentes de uma das mais famosas Ordens de Cavalaria, a "Sublime Ordem", que foi extinta por uma injustiça clamorosa. Assim se tem a trajetória dos conceitos e dos rituais: Mestre Maçom -> Mestre Eleito -> Cavaleiro Eleito. Passeando então pelo mito e em uma análise mais rigorosa, nota-se que a lenda do Grau do "Cavaleiro Eleito" é composta de várias partes. *Primo*, os "Cavaleiros Eleitos" são descendentes dos Templários. *Secundo*, a Ordem do Templo era, nada mais, nada menos, que a extensão de uma longa linhagem de iniciados. *Terzo*, o elemento final e mais importante é que a "Sublime Ordem" sobreviveu na Escócia. A conclusão é óbvia, pois, desse modo, os "Cavaleiros Eleitos" são descendentes dos Templários. Membros da mais ilustre Ordem de Cavalaria da Idade Média, seu nome está associado com os mistérios de sua riqueza e suposta heresia. Seu destino destaca-se como um dos grandes exemplos de injusta perseguição de inocentes.

O tema da lenda do "Cavaleiro Eleito" é ainda mais convincente, visto que ele oferece uma coesão estrutural com o arcabouço simbólico do "Mestre Eleito". Atrás, então, da eleição dos "Eleitos dos Nove" para vingar a morte injusta de Hiram, o ritual agora desvela a eleição de outra vingança: a injusta morte de Jacques de Molay e o fim da fina flor da Cavalaria medieval. Em ambos os casos, o ponto comum é que os Eleitos buscam vingar os inocentes. E é essa compartilhada estrutura simbólica que pleiteia o "Mestre Eleito" ao lado de sua Maçonaria Templária, que injeta seus rituais na tradicional Maçonaria especulativa. Não se deve esquecer que o fio condutor é a vingança em um contexto jacobita. Vingança de Hiram, de Jacques de Molay e agora da morte de Carlos I, e do banimento da Casa de Stuart da sucessão do trono inglês.

5.5 Sistemas maçônicos Templários

Aparecendo na França em 1740 no coração da rica e complexa Maçonaria dos altos Graus, a "Sublime[140] Ordem dos Cavaleiros Eleitos" é provavelmente a fonte direta de todos os Graus maçônicos Templários. De modo efetivo, desse período em diante, a maioria dos sistemas maçônicos assumiria a ideia de uma ligação com a Ordem do Templo. Muitos fazem disso o objeto de um ou mais Graus, tanto mais importante quanto mais alto se sobe na escada mística. Podem ser identificadas quatro grande famílias dos Graus Templários, a saber: i) a francesa; ii) a anglo-saxônica; iii) a alemã; e iv) a sueca.

Na França, o "Cavaleiro Kadosh" e um certo número de suas variações concebidas em 1760 (alguns dos quais são conhecidos também como "Cavaleiros do Templo") são uma direta continuação da "Sublime Ordem dos Cavaleiros Eleitos"; o principal elemento desses rituais é preservado, somente expandindo ou diminuindo esta ou aquela parte de acordo com as diferentes versões. O "Kadosh" permanece o pináculo de um sistema de alguns 20 e tantos Graus praticados em Paris no início de 1760, os quais o famoso maçom francês Stephen Morin levou com ele para a América. Conhecido pelo nome, incorreto, mas legitimado pelo costume, de Rito de Perfeição, estabeleceu-se, depois de muitas modificações, nos Estados Unidos, dando origem ao famoso Rito Escocês Antigo e Aceito – REAA. Hoje é o sistema dos altos Graus mais praticado no mundo, e o Grau de "Kadosh" é o trigésimo entre os 33 Graus. O 31º, o 32º e o 33º Graus desenvolvem mais os elementos Templários que já se encontravam *in nuce* no 30º.

---

140. Sinônimo de "Supremo". Designa o Grau mais elevado de um sistema, aquele que dá a iniciação definitiva e completa (Ligou, 1998, p. 1161).

O segundo sistema seria o da Maçonaria britânica e norte-americana, que também tem o Grau de Cavaleiro Templário. Na Inglaterra, não se tem uma ideia de quando a Ordem do Templo revivida foi introduzida (CAMERON, 1900, p. 156). Mesmo na Irlanda não se conhecem também as circunstâncias em que a Ordem dos Templários foi renascida. As primeiras referências começam a aparecer somente na década de 1780 (CAMERON, 1900, p. 158). Na Escócia, assistiu-se aos complicadores dos jacobitas que migraram para a França quando os Stuart foram destronados. Tirante esse interregno em solo francês da Maçonaria escocesa, somente também lá pelo começo da década de 1780 a Loja-Mãe de Kilwinning, na Escócia, outorgou uma autorização para funcionar em Dublin um Alto Cavaleiro Templário da Loja Kilwinning da Irlanda (CAMERON, 1900, p. 161). Em suma, somente a partir de 1780, encontram-se referências documentais nas Ilhas britânicas. Assim, o relato mais antigo anglo-saxão encontra-se nos Estados Unidos. O livro de atas da Saint Andrews Royal Arch Lodge de Boston constitui-se então no primeiro do mundo anglo-saxão. No dia 28 de agosto de 1769, William Davis fez uma petição "implorando para ter e receber as Partes pertencentes ao Maçom do Arco Real... estava de acordo para receber os quatro Graus – aqueles de Excelente, Superexcelente, Arco Real e Cavaleiro Templário".[141] Essa Loja de Saint Andrews obteve sua carta patente da Grande Loja da Escócia, mas manteve laços estreitos com uma Loja militar irlandesa. Nesse início do renascimento da Ordem do Templo no mundo anglo-saxão, pode-se notar uma certa diferença entre o "Knight Templar" das Ilhas Britânicas com o "Chevalier Kadosh" do continente europeu. Neste último, fica bem patente o relato trágico da morte de Jacques de Molay nos rituais, enquanto os anglo-saxões operam uma Ordem de Cavalaria em um

---

141. *Proceedings of the Grand Commandery of Knights Templar.* Isaac T. Hinton, New Orleans, 1868, p. 38. Disponível em: <https://books.google.com.br/books?id=aJMwAQAAMA-AJ&pg=PA38&dq=william+davis+ august+28+1769&hl=pt-BR&sa=X&ved=0ahUKEwj_yv-plfTOAhUBC5AKHcZ7DiIQ6AEIJjAB#v=onepage&q =william%20davis%20august%20 28%201769&f=false>. Acesso em: 3 set. 2016.

contexto cristão. Mais tarde é que o relato trágico de Jacques de Molay é introduzido (Mollier, 2014, p. 90).

A Alemanha se apresenta com um peculiar, excêntrico e mitológico terceiro sistema de Maçonaria Templária: a Estrita Observância.[142] No início de 1750, em Kittliz, na região de Dresden, um grupo de jovens aristocratas e soldados, liderados pelo Barão von Hund,[143] fundou a Loja *Aux Trois Colonnes* (As Três Colunas). Desde o início tinha uma forte dimensão de cavalaria, por exemplo: os adeptos iniciados adotavam um nome de cavalaria e imediatamente reinvidicavam uma ligação com a Ordem do Templo. Von Hund e seus adeptos gradualmente desenharam alguns Graus e absorveram

---

142. O Rito da Estrita Observância era um rito da Maçonaria, uma série de Graus progressivos que eram conferidos pela Ordem da Estrita Observância, uma entidade maçônica do século XVIII inicialmente desenvolvida por jacobitas escoceses que depois se refugiaram na França. O barão Karl Gotthelf von Hund introduziu um novo Rito Escocês para a Alemanha, que ele renomeou "Maçonaria Retificada" e, após 1764, a "Estrita Observância", referindo-se ao sistema inglês da Maçonaria como a "Observância Tardia". O Rito apelou para o orgulho nacional alemão, atraiu os não nobres e foi supostamente dirigido pelos "Superiores Desconhecidos". A Estrita Observância era particularmente dedicada à reforma da Maçonaria, com especial referência para a eliminação das ciências ocultas que, na época, eram amplamente praticadas em muitas Lojas, e o estabelecimento de coesão e homogeneidade na Maçonaria por meio da imposição de uma disciplina rigorosa, a regulação das funções, etc. Apesar de sua popularidade inicial, a insatisfação crescente entre os membros sobre a falha de serem iniciados nos mistérios dos Superiores Desconhecidos ("mestres ascencionados", que foram mais tarde afirmados serem clérigos dos Cavaleiros Templários), levou a Estrita Observância a ser dissolvida em 1782. Disponível em: <http://www.freemasonry.bcy.ca/texts/strict_observance.html>. Acesso em: 4 set. 2016.
143. HUND, Karl, Gotthelf, Barão Von, 1722-1776. Uma das grandes figuras da Maçonaria alemã. Fundou o Rito da Estrita Observância em 1751, e promoveu a ideia da linhagem dos Cavaleiros Templários na Maçonaria alemã. Aos 20 anos era camareiro do Eleitor de Colônia e subsequentemente camareiro do Eleitor da Saxônia, Conselheiro de Estado e Assessor do imperador habsburgo. Figura controversa, não era um charlatão nem um mitômano, pois não lucrava com a promoção do Rito. Como o Cavaleiro Ramsay, o barão von Hund estava ligado aos exilados escoceses na corte jacobita que cercava Charles Edward Stuart, o qual ele alegava tê-lo iniciado na Ordem Templária Maçônica em 1742. Existe um debate se ele teria ou não feito uma viagem para a Inglaterra, ou se estava em Paris, quando foi recebido em um Capítulo Templário, na presença de lorde Kilmarnock, por um misterioso cavaleiro da pena vermelha – *Eques a Penna Rubra* –, mas que ele tinha a firme convicção de que seria o Pretendente Stuart, Charles Edward, e de que teria recebido pelo Desconhecido Superior a missão de reformar, [retificar] a Maçonaria. Ao redor de 1750, assumiu a posição de Grão-Mestre Provincial, após a morte de Marechal von Bieberstein. Von Hund, Schmidt e Von Tanner de Bieberstein da Loja Naumberg são presumivelmente os criadores de rituais e outros detalhes. Seu amigo Von Springseisen sempre alegou que Hund recebeu os três Graus em 20 de março de 1742 na Loja União de Frankfurt, apesar de que esse fato não é comprovado por Georg Kloss. Teria sido iniciado em uma Loja não reconhecida operando então em Frankfurt. Em 20 de fevereiro de 1743, como Venerável Mestre, consagrou uma nova Loja em Paris. Ver Ligou (1998, p. 611).

outros dos diferentes sistemas Templários aparecidos na época na Alemanha, entre 1750 e 1760. Passaram, em seguida, a estruturar seu sistema maçônico como a VIIª Província da Ordem do Templo. Os nomes, a organização e a decoração eram em geral emprestados de tratados na história das Ordens de Cavalaria. A Estrita Observância – implicando "Templário" – encontrou um grande sucesso em 1770 na Alemanha e em outros diversos países, como na França, onde se estabeleceu a IIª Província em 1773-74. A estruturação do mito templário na Alemanha contou com a colaboração de diversos Conventos,[144] tais como: Kohlo (1772), Braunschweig (1775), Wiesbadem (1776), Wolfenbüttel (1778) e Wilhelmsbad (1782). Nesse congresso, depois de muito debater e, pela iniciativa dos membros da delegação francesa da Estrita Observância, renunciou-se à reivindicação de estabelecer um laço histórico com a Ordem do Templo. A Estrita Observância morreu no final da década de 1780. Os membros franceses introduziram mudanças fundamentais na convenção de Lyon em 1778. Transformaram a Estrita Observância em uma Ordem de Cavalaria Cristã com forte dimensão teosófica sob o nome de "Rito Escocês Retificado" e "Ordem dos Cavaleiros Benfeitores da Cidade Santa". No século XIX, o RER e CBCS somente continuavam a existir na Suíça, e foi de Genebra que a Ordem se restabeleceu na França em alguns outros países durante o século XX. No Brasil, foi fundado um Grande Priorado em 7 de setembro de 2008, constituindo-se assim na XIª Província da Ordem.

---

144. Do latim *conventus*, assembleia, reunião, as Lojas anglo-saxônicas empregam o termo "communication" e algumas Lojas americanas chamam de "Convention", as alemãs de "Konvente". O termo geralmente é utilizado no sentido de "Congresso Maçônico". Ver Ligou (1998, p. 310).

Von Hund.
Fonte: Internet.
Disponível em: <http://freemasonry.bcy.ca/biography/hund_k/hund_k.html>.
Acesso em: 4 set. 2016.

Finalizando com o quarto sistema da Maçonaria Templária, tem-se o Rito Sueco. Os altos Graus que chegaram à Suécia no despertar da Maçonaria simbólica, notadamente da França, tornaram-se objeto de várias tentativas para organizá-los a partir de 1750. Finalmente foi fundado o "Capítulo Iluminado de Estocolmo", em 1759, por Karl Friedrich Eckleff. Em 1774, o duque Carl de Södermanland, Irmão do rei, a partir de 1809, tornou-se ele mesmo o rei Carlos XIII da Suécia e presidiu o Capítulo. Desde então começaram a se relacionar intensamente com a Estrita Observância da Alemanha. Em 1778, no Convento de Wolfenbüttel, o duque Carl foi eleito "Heermeister" (Grão-Mestre) da VIIª Província da Estrita Observância.[145] Contudo,

---

[145]. Enquanto existiu a Estrita Observância Templária, estava dividida em nove províncias (indica-se entre parênteses as províncias afetadas pela Ordem dos Cavaleiros Benfeitores da Cidade Santa): I. Aragão (Baixa Alemanha); II. Auvergne (Auvergne); III. Occitanie (Occitanie); IV. Leão (Itália); V. Borgonha (Borgonha); VI. Grã-Bretanha (Alta Alemanha); VII. Baixa Alemanha (Áustria); VIII. Alta Alemanha (Rússia); IX. Grécia e arquipélago (Suécia). A Helvécia constituiu um Subpriorado ligado à Vª Província, mas se erigiu em Grande Priorado independente no ano de 1779, logo após um voto expresso no Congresso de Lyon. Ver Ligou, (1998, p. 614).

muitos alemães não queriam estar sob o guante de um príncipe sueco e seu grão-mestrado encontrou muita oposição. Teve de renunciar em 1781, mas um ano antes transformou a Grande Loja da Suécia na IXª Provincia da Estrita Observância. Os rituais do sistema foram revisados duas vezes: pelo duque Carl em 1778-1780 e 1798-1801 (Snoek, 2003, p. 41-44), tornando a herança templária cada vez mais forte. O Rito Sueco continua ativo até o momento e firmemente estabelecido em todos os países escandinavos e parte da Alemanha (Mollier, 2014, p. 92).

5.6 - Conclusão

O grande dilema da historiografia é que ela, prioritariamente, tem de se basear em documentos, senão se alça voo até Alpha do Centauro e cai-se na esfera do mito e não se retorna ao empírico, mas tal constatação, também, é sua limitação metodológica. Assim, como se pode avançar nessa senda dos Templários se a documentação começa a rarear antes de 1740 pela inexistência de arquivos? Para superar essa limitação deve ser permitido evocar algumas hipóteses para se estabelecer algumas avenidas de trabalho. Por um longo tempo os altos Graus, e em particular os Graus cavaleirescos, foram considerados atrasados e artificiais. Mollier conclui seu artigo lançando um desafio ao afirmar que:

> "Historiadores hoje em dia estão cada vez mais convencidos de que os altos Graus são contemporâneos aos inícios da Maçonaria especulativa e estreitamente ligados aos alicerces da Ordem. Os elementos pelos quais nos tornamos conscientes levam-nos a pensar que a noção da cavalaria é muito antiga dentro da Maçonaria. Comparações não são provas, mas nós podemos no entanto nos recordar de que na França certas guildas ou companhia de arqueiros, por exemplo, bem antes do século XVIII, reivindicavam suas qualidades cavaleirescas. Isso mostra também, no mínimo, a possibilidade de tal referência

para os grupos sociais burgueses e de negociantes. Assim, essa referência simbólica não era impossível dentro da Maçonaria dos 'aceitos', no final dos séculos XVI e XVII, e isso nos habilita a explicar sua forte presença avançada na Maçonaria especulativa no início do século XVIII. Se isso é um legado da Maçonaria do século XVII, ou se isso toma forma a partir das sementes lançadas em 1717, o aparecimento dos Graus de cavalaria e Templários não é o resultado de caprichos ou fantasias da história maçônica. A falta de material de arquivo, especialmente para tempos mais antigos, muitas vezes obriga o historiador a subestimar a intenção deliberada atrás da criação da Maçonaria especulativa no século XVIII. Se, como todo fenômeno social, o espírito do tempo, coincidências e oportunidades de eventos têm um papel fundamental, certos elementos estruturais da Ordem parecem demonstrar sinais de um planejamento deliberado. Parece-nos que a Cavalaria maçônica cai dentro dessa categoria. Não foi uma invenção de Chevalier Ramsay nem de outros nesse assunto – pré-moldados e despertados – para injetar o sopro vital no ideal da cavalaria que assombra a consciência europeia século após século. É de fato uma peculiaridade de nossa cultura propor um modo de vida que unisse espiritualidade e pragmatismo para a sociedade. Acima e além das contingências das eras sucessivas, essa estranha aliança permanece como uma trilha para o homem assumir seu destino sem virar as costas para o que é trágico no mundo" (Mollier, 2014, p. 97-98).

Apesar de ser um pouco quixotesco, concordo em parte com suas palavras. Somente com novas pesquisas nos próximos anos poder-se-á tentar levantar um pouco o véu que cobre esse mito maçônico que perpassa através dos últimos séculos. Quem viver, verá...

E, com isso, encerra-se este módulo. Críticas e comentários são bem-vindos.

Referências Bibliográficas

Básica:

AGULHON, Maurice. *Pénitents et Francs-Maçons de l´Ancienne Provence*. Paris: Fayard, 1984.

ANDERSON, James. *Constituições dos Franco-maçons ou Constituições de Anderson de 1723*. Ed. do Grande Oriente do Brasil, Brasília, 1997. Tradução e introdução de João Nery Guimarães.

_____. *Les Constitutions d'Anderson – 1723 et 1738*. Traduction de Georges Lamoine, editeur GLNF – Grande Loge de la Province d'Occitanie. Toulouse: Edition SNES, 1995.

ANONYME. *Le Premier Livre d'Architecture de la Maçonnerie Française:* le Registre Coustos-Villeroy. Bulletin du Centre de Documentation du Grand Orient de France, 1965, 51, p. 33-69.

ASHMOLE, E. *The History of the Most Noble Order of the Garter*. London, A. Bell, 1715. Disponível em: <http://quod.lib.umich.edu/e/ecco/004894364.0001.000?rgn=main;view= fulltext>. Acesso em: 2 set. 2016.

ARS QUATUOR CORONATORUM – AQC. The Transactions of the Quatuor Coronati Lodge nº 2076, London, 128 volumes.

BAIGENT, Michael e LEIGH, Richard. *O Templo e a Loja –* o Surgimento da Maçonaria e a Herança Templária, São Paulo: Madras, 2014.

BENIMELI, José A. Ferrer, *Arquivos Secretos do Vaticano e a Franco-Maçonaria*. São Paulo: Madras, 2007.

BERMAN, Eric. *The Foundations of Modern Freemasonry – The Grand Architects, Political Change and the Scientific Enlightenment, 1714-1740*. Brighton, Portland and Toronto: Sussex Academic Press, 2012.

BORD, Gustave. *La Franc-Maçonnerie en France – Des Origines a 1815*. Genève-Paris: Slatkine, 1985.

BOUGDAN, Henrik; SNOEK, A.M (Eds.). *Handbook of Freemasonry*. Leiden/Boston: Brill, 2014.

CAMERON, Sir Charles A. On the Origin and Progress of Chilvaric Freemasonry in the British Isles. *Ars Quatuor Coronatorum – AQC*, XIII, 1900, p. 156-176.

CARR, Henry. The Minutes of the Lodge of Edinburgh, Mary's Chapel, nº 1, 1598-1738. *Quatuor Coronatorum Antigrapha*. London: Masonic Reprints, 1962.

_____. The Transition from Operative to Speculative Masonry London: Lewis Masonic, 1984. (*The Collected Prestonian Lectures*, vol. I, 1925-1960).

_____. World of Freemasonry. London: Lewis Masonic, 1985.

CARVALHO, William Almeida de. *Maçonaria Negra*. Londrina: A Trolha, 1999.

_____. *Espionagem e Maçonaria* – Temas Maçônicos e Histórias Controversas. Londrina: A Trolha, 2006.

_____. *Maçonaria, Tráfico de Escravos e o Banco do Brasil:* e Outros Temas Maçônicos e Histórias Controversas. São Paulo: Madras, 2010.

CHEVALIER, Pierre. *Histoire de la Franc-Maçonnerie Française*. Paris: Fayard, 3 v. 1974.

COIL, Henry Wilson. *Coil's Masonic Encyclopedia*. Richmond, Virginia: Macoy Publishing & Masonic Supply, 1996.

COOPER, R. L. D. The Knights Templar in Scotland, the Creation of a Myth. *Ars Quatuor Coronatorum – AQC*, CXV, 2003, p. 94-151.

DAILLIEZ, Laurent. *Les Templiers* – Ces Inconnus. Paris: Librairie Académique Perrin, 1972.

_____. *Les Chevaliers Teuthoniques*. Paris: Librairie Académique Perrin, 1979.

DURR, Andrew. The Origin of the Craft. *AQC*, 96, 1983.

FIGUEIREDO, Joaquim Gervásio de. *Dicionário de Maçonaria*. São Paulo: Pensamento, 2016.

FRERE, A. S. (Ed.). *Grand Lodge, 1717-1967*. Oxford: Oxford University Press, 1967.

GOULD, Robert Freke. *History of Freemasonry (1882-87)*. Edinburgh: 3 v. T.C. & E.C. Jack, Grange Publishing Works, Edinburgh, s.d.

HAMILL, John. *The History of English Freemasonry*. London: Lewis Masonic Book, 1994. Cap. I (Theories of Origin), p. 19-29. Existe um extrato com uma tradução em português, disponível em: <https://bibliot3ca.wordpress.com/teorias-sobre-a-origem-da-maconaria/>. Acesso em: 3 ago. 2016.

HARRISON, David. *The Genesis of Freemasonry*. Surrey UK: Lewis Masonic, 2009.

HAYWOOD, H.L. *The Builder Magazine,* v. IX, nº 3, disponibilizado no Pietre-Stone em inglês: <http://www.freemasons-freemasonry.com/mysteries.html>. Acesso em: 10 ago. 2016. Existe uma tradução do Ir. Filardo disponível em: <https://bibliot3ca.files.wordpress.com/2011/03/capc3adtulos-da-historia-mac3a7c3b4nica-h-l-haywood.pdf>.

HOBSBAWM, Eric; RANGER, Terence (Org.). *A Invenção das Tradições*. São Paulo: Paz e Terra, 2008. Disponível em: <https://pt.scribd.com/document/246283184/A-Invencao-das-Tradicoes-Eric-Hobsbawm-pdf>. Acesso em: 31 jul. 2016.

HUGHAN, W. J. *The Old Charges of the British Freemasons*. London: George Kenning, 1895.

ISRAEL, Jonathan I. *Iluminismo Radical* – a Filosofia e a Construção da Modernidade 1650-1750. São Paulo: Madras, 2009.

JACOB, Margaret C. *The Radical Enlightenment*: Pantheists, Freemasons and Republicans. Lafayette: Cornerstone book, 2006.

_____. Review of David Stevenson's Origins of Freemasonry and The First Freemasons. *Eighteenth-Century Studies*, 1990, 23:3, p. 322-329.

_____. *Living the Enlightenment*: Freemasonry and Politics in Eighteenth-Century Europe. New York: Oxford University Press, 1991.

_____. *The Origins of Freemasonry. Facts and Fictions*. Philadelphia: University of Pennsylvania, 2006.

JONES, Bernard E. *Freemasons' Guide and Compendium*. London: Harrap, 1956.

KAHLER, Lisa. *Freemasonry in Edinburgh 1721-1746*: Institutions and Context. Unpublished PhD thesis, University of St. Andrews, 1998. Disponível em: <https://core.ac.uk/download/files/95/1154374.pdf>. Acesso em: 28 ago. 2016.

KANT, Immanuel. *O Que É o Esclarecimento?*. Disponível em: <http://coral.ufsm.br/gpforma/2senafe/PDF/b47.pdf>. Acesso em: 3 ago. 2016.

KEBBELL, Peter. *The Changing Face of Freemasonry, 1640-1740*. University of Bristol: Unpublished PhD Thesis, 2009. Disponível em: <http://research-information.bristol.ac.uk/files/34504807/509580.pdf>. Acesso em: 27 ago. 2016.

KNIGHT, Christopher; LOMAS, Robert. *O Livro de Hiram*. São Paulo: Madras, 2005.

KNOOP, Douglas. The Mason Word. *AQC*. 51, London, 1938.

_____. JONES, G. P. *The Mediaeval Mason*. Manchester: Manchester University Press 1933.

_____. *The Scottish Mason and the Mason Word*. Manchester University Press, Manchester, 1939.

_____. *The Genesis of Freemasonry* – an Account of the Rise and Development of Freemasonry in its Operative, Accepted, and Early Speculative Phases. London: Q.C. Correspondence Circle – Quatuor Coronati Lodge, 1978. Disponível em: <http://www.phoenixmasonry.org/genesis_of_freemasonry.htm>. Acesso em: 28 ago. 2016.

_____; JONES, G. P.; HAMER, D. *The Two Earliest Masonic MSS*. Manchester: Manchester University Press, 1938.

_____. *The Early Masonic Catechisms*. London: Quatuor Coronati Lodge, 1975.

LE FORESTIER, René. *La Franc-Maçonnerie Templière et Occultiste au XVIIIe et XIXe Siècles*. Paris: La Table d'Hémeraude, 1987 II v.

LES CAHIERS DE L'HERNE. *La Franc-Maçonnerie*: Documents Fondateurs. Paris: Éditions de l' Herne, 1992.

LIGOU, Daniel. *Dictionnaire de la Franc-Maçonnerie*. Paris: PUF, 1998.

LUQUET, G.H. *La Franc-Maçonnerie et l'Etat en France au XVIIIe Siècle*. Paris: Vitiano, 1963.

MCLEOD, W. *The Old Charges, with an Appendix Reconstituting the Standard Original Version*. Prestonian Lectures for 1986. *Ars Quatuor Coronatorum*, 99, p. 120-130.

MOLLIER, Pierre. *Freemasonry and Templarism* Chap. 6. *In*: BOUGDAN, Henrik; SNOEK, A. M (Eds.). *Handbook of Freemasonry*. Leiden/Boston: Brill, 2014. p. 82-99.

NASCIMENTO, Ricardo S. R. *De um Antigo e Famoso Documento da Maçonaria Operativa*. Grande Oriente do Brasil, Doc. nº 003, Brasília, DF, 1999.

POPPER, Karl. *A Lógica da Pesquisa Científica*. São Paulo: Cultrix, 2013. Disponível em: <http://www.fisica.net/epistemologia/Karl-Popper-A-Logica-da-Pesquisa-Cientifica.pdf>. Acesso em: 3 ago. 2016.

PRESCOTT, Andrew. The Old Charges. Ch. 3. In: BOUGDAN, Henrik; SNOEK, A. M (Eds.). *Handbook of Freemasonry*. Leiden/Boston: Brill, 2014.

PRESTON, William. *Ilustrations of Masonry*. Wellinghorough: The Aquarian Press, 1986.

ROBERTS, J. M. Freemasonry: Possibilities of a Neglected Topic. *The English Historical Review*, 84, 1969, p. 322-335.

_____. *The Mithology of the Secret Societies*. London: Secker and Warburg, 1972.

SADLER, Henry. *Masonic Facts & Fictions*. Wellingborough: The Aquarian Press, 1985.

SCANLAN, M. D. J. The Mystery of the Acception, 1630-1723: a Fatal Flaw. *Heredom* 11 (2003), p. 55-112.

_____. Operative versus Speculative. *Acta Macionica* 14 (2004), 25-54.

_____. Freemasonry and the Mystery of the Acception, 1630-1723 – a Fatal Flaw. *In:* WEISBERGER, R. W. *Freemasonry on both sides of the Atlantic:* Essays Concerning the Craft in the British Isles, Europe, the United States and Mexico. New York and Boulder: Columbia University Press, East European Monographs, 2002. Republicado em Heredom. The Transactions of the Scottish Rite Research Society, vol. 11, Washington, 2003.

_____. The Origins of Freemasonry – England. Chap. 5. *In:* BOUGDAN, Henrik; SNOEK, A. M. (Eds.). *Handbook of Freemasonry.* Leiden/Boston: Brill, 2014. p. 63-81.

_____. Swedenborg, Freemasonry, and Swedenborgian Freemasonry: An Overview; *In:* ROTHSTEIN, M.; KRANENBORG, R. (Eds.). *New Religions in a Portmordern World.* Aarhus: Aarhus University Press, 2003. p. 23-75.

_____. *Researching Freemasonry. Where are we?* Paper, Edinburg/Sheffield, 2008. Disponível em: <http://www.docfoc.com/download/documents/researching-freemasonry>.

SPETH, G. H. Commentary to Cooke Manuscript. *Quatuor Coronatorum Antigrapha.* Masonic Reprints of the Lodge Quatuor Coronati, nº 2076, London, 1890. Disponível em: <http://freemasonry.bcy.ca/aqc/cooke.html>. Acesso em: 3 ago. 2016).

_____. The Grand Lodge N° 1, Manuscript Roll of the Old Constitutions of Masonry. *Quatuor Coronatorum Antigrapha*, 4. Masonic Reprints of the Lodge Quatuor Coronati, nº 2076, London, 1892.

STEVENSON, David. *As Origens da Maçonaria* – o Século da Escócia (1590-1710). São Paulo: Madras Editora, 2005. Encontrado parcialmente em inglês no googlebooks.

_____. *The First Freemasons. Scotland's Early Lodges and their Members.* 2.ed. Edinburgh: Grand Lodge of Scotland, 2001.

_____. Heredom. The Transactions of the Scottisch Rite Research Society. *The Scottish Rite Research Society*, Washington, DC, v. x, 2002.

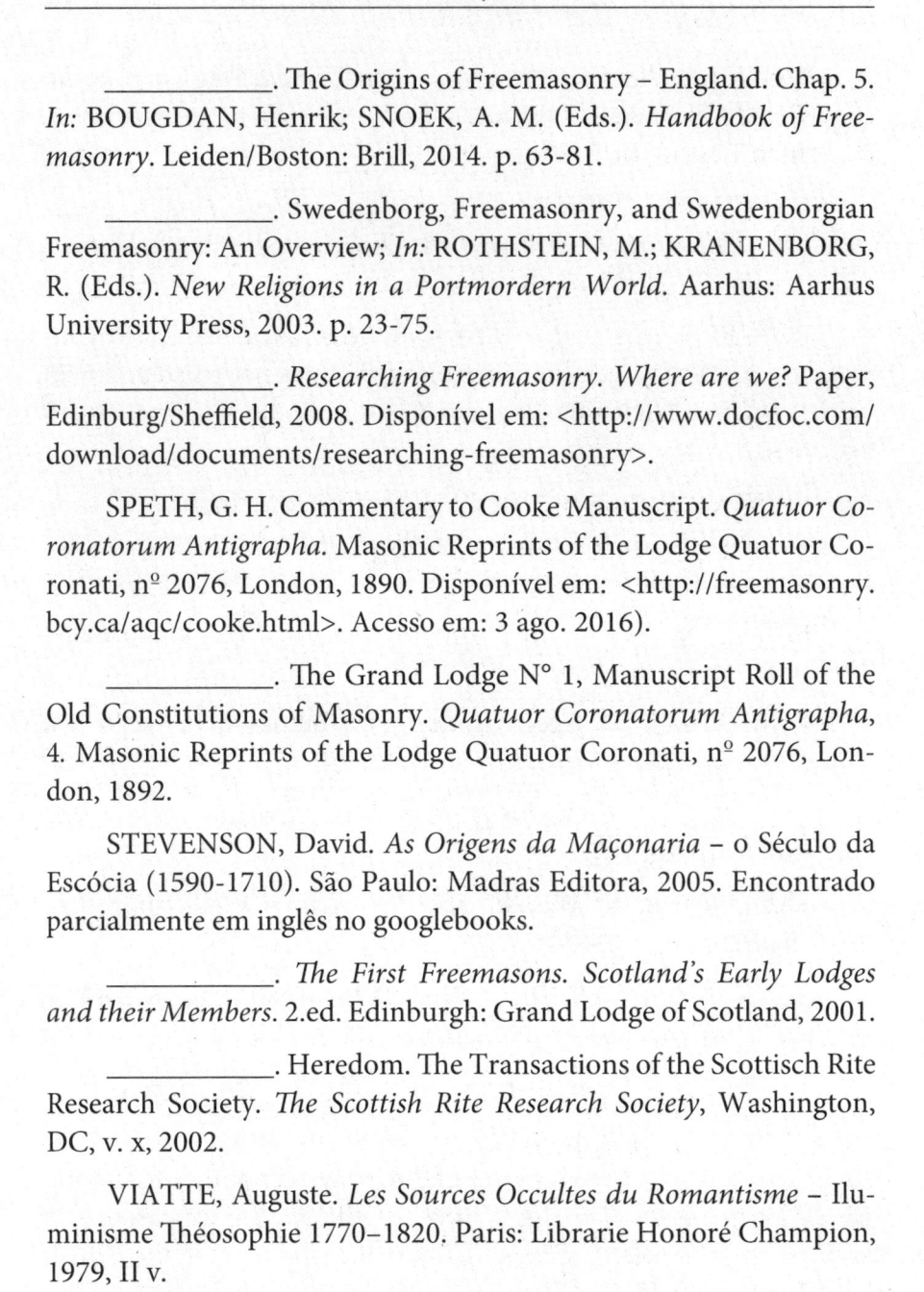

VIATTE, Auguste. *Les Sources Occultes du Romantisme* – Iluminisme Théosophie 1770–1820. Paris: Librarie Honoré Champion, 1979, II v.

YATES, Francis. *Giordano Bruno e a Tradição Hermética.* São Paulo: Cultrix, 1995. Disponível em: <https://pt.scribd.com/

doc/89398950/Giordano-Bruno-e-a-Tradicao-Herme-tica-Frances-A-Yates>. Acesso em: 23 ago. 2016.

_____. *O Iluminismo Rosa-Cruz*. São Paulo: Cultrix, 1972. Existe uma tradução em espanhol na Internet > googlar.

_____. *A Arte da Memória*. Campinas: Unicamp, 2008. Internet: existem traduções em espanhol e inglês.

Suplementar:

AMBELAIN, Robert. *A Antiga Franco-Maçonaria*: Cerimônias e Rituais dos Ritos de Memphis e Misraïm. São Paulo: Madras, 2004.

ARÃO, Manoel. *A Legenda e a História na Maçonaria*. São Paulo: Madras, 2004.

BECK. Raph T. A *Maçonaria e Outras Sociedades Secretas*. São Paulo: Planeta, 2005.

BENIMELI, José A. *Ferrer, Arquivos Secretos do Vaticano e a Franco-Maçonaria*. São Paulo: Madras, 2007.

BOUCHER, Jules. *A Simbólica Maçônica*. São Paulo: Pensamento, 1979.

BULFINCH, Thomas. *O Livro de Ouro da Mitologia*: Histórias de deuses e heróis, Rio de Janeiro: Ediouro, 2006.

CAMPBELL, Joseph. *As Máscaras de Deus*. São Paulo: Palas Atena, São Paulo, 2004.

CASTELLANI, José. *Origens do Misticismo na Maçonaria*. São Paulo: Traço, 1982.

CASSIRER, Ernst. *A Filosofia do Iluminismo*. Campinas: Unicamp, 1992.

CHURTON, Tobias. *O Mago da Franco-Maçonaria*: a Vida Misteriosa de Elias Ashmole, Cientista, Alquimista e Fundador da Royal Society. São Paulo: Madras, 2008.

COPLESTON, Frederick. *Nietzche* – Filósofo da Cultura. Porto: Livraria Tavares Martins, 1979.

DAEHNHARDT, Rainer. *A Missão Templária nos Descobrimentos*. Lisboa: Nova Acrópole, 1993.

DEMURGE, Alain. *Auge y Caída de los Templarios*: 1118-1314. Barcelona: Martínez Roca, 1990.

FERRÉ, Jean. *A História da Franco-Maçonaria*. São Paulo: Madras, 2008.

FILHO, Ubyrajara de Souza. *Cognição e Evolução dos Rituais Maçônicos*. Londrina: A Trolha, 2010.

FREUD, Sigmund. *Obras Completas*. Madri: Ed. Biblioteca Nueva, 1981. 3 v.

HORNE, Alex. *O Templo do Rei Salomão na Tradição Maçônica*. São Paulo: Pensamento, 1972.

ISRAEL, Jonathan I. *Iluminismo Radical e a Construção da Modernidade, 1650-1750*. São Paulo: Madras, 2009.

JEFFERS, H. Paul. *La Masonería*: Historia de Una Sociedad Secreta. Buenos Aires: El Ateneo, 2013.

KINNEY, Jay. *O Mito Maçônico*: a Verdade sobre os Símbolos, os Rituais Secretos e a História da Maçonaria. São Paulo: Record, 2010.

KOSELLECK, Reinhart. *Crítica e Crise* – uma Contribuição à Patogênese do Mundo Burguês. Rio de Janeiro: UERJ-Contraponto, 1999.

LIMA, Adelino de Figueiredo. *Os Templários*. Rio de Janeiro: Bradil, 1972.

LINHARES, Marcelo. *História da Maçonaria*: Primitiva, Operativa, Especulativa. Londrina: A Trolha, 1997.

LOCKE, John. *An Essay Concerning Human Understanding* Oxford, 1894. 2 v.

LOMAS. Robert, A Maçonaria e o Nascimento da Ciência Moderna: o colégio invisível, SãoPaulo: Madras, 2007.

_____. *O Poder Secreto dos Símbolos Maçônicos*. São Paulo: Madras, 2014.

ACKEY. Alberto G. Os Princípios das Leis Maçônicas, 2 vols. São Paulo: Universo dos Livros, 2009.

MACNULTY, W. Kirk. *Maçonaria*: uma Jornada por meio do Ritual e do Simbolismo. São Paulo: Madras, 2008.

MARTÍN-ALBO, Miguel. *A Maçonaria Universal*: uma Irmandade de Carácter Secreto. Chiado/Lisboa: Bertrand, 2005.

MORETTI. Fernando. *Os Ritos Secretos da Maçonaria*. São Paulo: Escala, 2012.

NAME, Mario. *O Templo de Salomão nos Mistérios da Maçonaria*. São Paulo: Gazeta, 1988.

NEWTON, Joseph Fort. *Os Maçons Construtores*. Londrina: A Trolha, 2000.

NOVAES, Adauto (Org.). *A Crise da Razão*. São Paulo: Minc-Funarte-Cia. das Letras, 1996.

_____. *Libertinos e Libertários*. São Paulo: Minc-Funarte-Cia. das Letras, 1996.

_____. *Os Sentidos da Paixão*. São Paulo: Minc-Funarte-Cia. das Letras, 1988.

PARTNER, Peter. *O Assassinato dos Magos*: os Templários e seus Mitos. Rio de Janeiro: Campus, 1991.

PERAU, Abade Gabriel Luiz Calabre. *A Ordem Maçônica Traída e seus Segredos Revelados*. Londrina: A Trolha, 2001.

PIMENTA, José da Costa. *Direito Maçônico*. Lisboa: DisLivro, 2006.

ROBERTS J. M. *A Mitologia das Sociedades Secretas*. São Paulo: Madras, 2012.

ROBINSON. John J. *Nascidos do Sangue*: os Segredos Perdidos da Maçonaria. São Paulo: Madras, 2006.

ROCHA, Luiz Gonzaga da. *Nas Tabernas dos Antigos Maçons*. Londrina: A Trolha, 2003.

ROUANET, Sérgio Paulo. *As Razões do Iluminismo*. São Paulo: Cia. das Letras, 1992.

SOCIEDADE PORTUGUESA DE ESTUDOS DO SÉCULO XVIII. *Constituições de Anderson* – 1723. Lisboa: Universitária, 1993.

Parte III
Apêndices e Anexos

Apêndices e Anexos

Anexo I

Resposta à Pergunta: O que é o Esclarecimento?

Immanuel Kant

(5 de dezembro de 1783)[146]

Traduzido por Luiz Paulo Rouanet

Esclarecimento (*Aufklärung*) significa a saída do homem de sua minoridade, pela qual ele mesmo é responsável. A minoridade é a incapacidade de se servir de seu próprio entendimento sem a tutela de um outro. É a si mesmo que se deve atribuir essa minoridade, uma vez que ela não resulta da falta de entendimento, mas da falta de resolução e de coragem necessárias para utilizar seu entendimento sem a tutela de outro. *Sapere aude!*[147]

Tenha a coragem de se servir de seu próprio entendimento, tal é portanto a divisa do Esclarecimento.

A preguiça e a covardia são as causas pelas quais uma parte tão grande dos homens, libertos há muito pela natureza de toda tutela

---
146. O crítico da "Berlinischer Monatschrifft" coloca de início a seguinte observação: "É conveniente que a união conjugal fique sob a sanção da religião?" E o reverendo sr. Zöllner: "O que é o Esclarecimento? Essa questão é aproximadamente a seguinte: o que é a verdade, é preciso responder a essa questão para que o homem se julgue esclarecido! E ainda não vi ninguém que tenha respondido a isso!".
147. "Ousa saber!" Horácio, *Epistulae*, livro 1, carta 2, verso 40.

alheia (*naturaliter majorennes*), comprazem-se em permanecer menores por toda sua vida; e é por isso que é tão fácil a outros instituírem-se seus tutores. É tão cômodo ser menor. Se possuo um livro que possui entendimento por mim, um diretor espiritual que possui consciência em meu lugar, um médico que decida acerca de meu regime, etc., não preciso eu mesmo esforçar-me. Não sou obrigado a refletir, se é suficiente pagar; outros se encarregarão por mim da aborrecida tarefa. Que a maior parte da humanidade (e especialmente todo o belo sexo) considere o passo a dar para ter acesso à maioridade como sendo não só penoso, como ainda perigoso, é ao que se aplicam esses tutores que tiveram a extrema bondade de encarregar-se de sua direção. Após ter começado a emburrecer seus animais domésticos e cuidadosamente impedir que essas criaturas tranquilas sejam autorizadas a arriscar o menor passo sem o andador que as sustenta, mostram-lhes em seguida o perigo que as ameaça se tentam andar sozinhas. Ora, esse perigo não é tão grande assim, pois após algumas quedas elas acabariam aprendendo a andar; mas um exemplo desse tipo intimida e dissuade usualmente toda tentativa ulterior.

É portanto difícil para todo homem tomado individualmente livrar-se dessa minoridade que se tornou uma espécie de segunda natureza. Ele se apegou a ela, e é então realmente incapaz de se servir de seu entendimento, pois não deixam que ele o experimente jamais. Preceitos e fórmulas, esses instrumentos mecânicos destinados ao uso racional, ou antes ao mau uso de seus dons naturais, são os entraves desse estado de minoridade que se perpetua. Quem o rejeitasse, no entanto, não efetuaria mais do que um salto incerto por cima do fosso mais estreito que seja, pois ele não tem o hábito de uma tal liberdade de movimento. Assim, são poucos os que conseguiram, pelo exercitar de seu próprio espírito, libertar-se dessa minoridade tendo ao mesmo tempo um andar seguro.

Que um público, porém, esclareça-se a si mesmo, é ainda assim possível; é até, se lhe deixarem a liberdade, praticamente inevitável. Pois então sempre se encontrarão alguns homens pensando por si mesmos, incluindo os tutores oficiais da grande maioria, que, após terem eles mesmos rejeitado o jugo da minoridade, difundirão o espírito de uma apreciação razoável de seu próprio valor e a vocação de cada homem de pensar por si mesmo. O que há de especial nesse caso é que o público, que outrora eles haviam submetido, os forçará então a permanecer nesse estado, por pouco que eles sejam pressionados pelas iniciativas de alguns de seus tutores totalmente inaptos ao Esclarecimento. O que prova a que ponto é nocivo inculcar preconceitos, pois eles acabam vingando-se de seus autores ou dos predecessores destes. É por esse motivo que um público só pode aceder lentamente ao Esclarecimento. Uma revolução poderá talvez causar a queda do despotismo pessoal ou de uma opressão cúpida e ambiciosa, mas não estará jamais na origem de uma verdadeira reforma da maneira de pensar; novos preconceitos servirão, assim como os antigos, de rédeas ao maior número, incapaz de refletir.

Esse Esclarecimento não exige todavia nada mais do que a liberdade; e mesmo a mais inofensiva de todas as liberdades, isto é, a de fazer um uso público de sua razão em todos os domínios. Mas ouço clamar de todas as partes: não raciocinai! O oficial diz: não raciocinai, mas fazei o exercício! O conselheiro de finanças: não raciocinai, mas pagai! O padre: não raciocinai, mas crede! (Só existe um senhor no mundo que diz: raciocinai o quanto quiserdes, e sobre o que quiserdes, mas obedecei!) Em toda parte só se vê limitação da liberdade. Mas que limitação constitui obstáculo ao Esclarecimento, e qual não constitui ou lhe é mesmo favorável? Respondo: o uso público de nossa razão deve a todo momento ser livre, e somente ele pode difundir o Esclarecimento entre os homens; o uso privado da razão, por sua vez, deve com bastante frequência ser estreitamente limitado, sem que isso constitua um entrave particular ao progresso do Esclarecimento. Mas entendo por uso público de nossa razão o que fazemos enquanto sábios para o conjunto do público que lê. Denomino de uso privado aquele que se é autorizado a fazer de sua razão em certo posto civil ou em uma função da qual somos encarregados. Ora, muitas tarefas que concorrem ao interesse da coletividade (*gemeinem Wesens*) necessitam de certo mecanismo, obrigando certos elementos da comunidade a se comportar passivamente, a fim de que, graças a uma unanimidade artificial, sejam dirigidos pelo governo a fins públicos, ou pelo menos impedidos de destruí-los. Nesse caso, com certeza, não é permitido argumentar (*räsonieren*). Deve-se somente obedecer. Dado que essa parte da máquina, no entanto, se concebe como elemento do bem público como um todo, e mesmo da sociedade civil universal, assume por conseguinte a qualidade de um erudito que se dirige a um só público, no sentido próprio do termo, por meio de escritos, ele pode então raciocinar sem que as tarefas às quais ele está ligado como elemento passivo sejam afetadas. Desse modo, seria muito nocivo que um oficial, tendo recebido uma ordem de seus superiores, ponha-se durante seu serviço a raciocinar em voz alta sobre a conveniência ou utilidade dessa ordem; ele só pode obedecer. Mas não se pode com justiça proibir-lhe, enquanto especialista, fazer observações sobre as faltas cometidas durante o período de guerra, e submetê-las ao julgamento de seu público. O cidadão não pode recusar-se a pagar os impostos que lhe são exigidos; a crítica insolente de tais impostos no momento em que ele tem a obrigação de pagá-los pode até ser punida como um escândalo (que poderia provocar rebeliões gerais).

Mas não está em contradição com seu dever de cidadão se, enquanto erudito, ele manifesta publicamente sua oposição a tais imposições inoportunas ou mesmo injustas. Do mesmo modo, um padre está obrigado diante de seus catecúmenos e de sua paróquia a fazer seu sermão de acordo com o símbolo da Igreja à qual ele serve; pois ele foi empregado sob essa condição. Mas, enquanto erudito, ele dispõe de liberdade total, e mesmo da vocação para tanto, de partilhar com o público todas as suas ideias minuciosamente examinadas e bem-intencionadas que tratam das falhas desse simbolismo e de projetos visando a uma melhor abordagem da religião e da Igreja. Não há nada aí que seja contrário à sua consciência. Pois o que ele ensina em virtude de sua função enquanto dignitário da Igreja, ele o expõe como algo que não pode ensinar como quiser, mas que é obrigado a expor segundo a regra e em nome de uma outra. Ele dirá: nossa Igreja ensina isso ou aquilo; eis as provas das quais ela se serve. Ele extrairá em seguida todas as vantagens práticas, para sua paróquia, dos preceitos, os quais, por sua parte, ele não subscreve com convicção total, mas que ele expõe de modo sólido, pois não é impossível que haja neles uma verdade oculta, e em todo caso, nada há ali que contradiga a religião interior. Pois, se ele julgasse encontrar tal coisa, não poderia em consciência exercer sua função; deveria demitir-se. O uso, portanto, que um pastor em função faz de sua razão diante de sua paróquia é apenas um uso privado; pois essa é uma assembleia de tipo familiar, qualquer que seja sua dimensão; e, levando isso em conta, ele não é livre enquanto padre e não tem o direito de sê-lo, pois ele executa uma missão alheia à sua pessoa. Em contrapartida, enquanto erudito que, por meio de seus escritos, fala ao verdadeiro público, isto é, ao mundo, por conseguinte no uso público de sua razão, o padre desfruta de uma liberdade ilimitada de servir-se de sua própria razão e de falar em seu próprio nome. Pois querer que os tutores do povo (nas coisas eclesiásticas) voltem a ser menores é um absurdo que contribui para a perpetuação dos absurdos. Entretanto, uma sociedade de eclesiásticos, um sínodo, por exemplo, ou uma Classe[148] (como são chamados entre os holandeses) não deveriam ter o direito de comprometer-se mutuamente por juramento sobre um certo símbolo imutável, para assim manter sob tutela superior permanente cada um de seus membros e, graças a eles, o povo, e desse modo perenizar tal tutela? Digo que é absolutamente impossível. Tal contrato, concluído para proibir para sempre toda extensão do Esclarecimento ao gênero humano, é completamente nulo e para todos os efeitos não ocorrido, tivesse sido implementado mesmo pelo poder supremo, pelas Dietas do Império e pelos mais solenes tratados de paz. Uma época não pode se aliar e conspirar para tornar a seguinte incapaz de estender seus conhecimentos (sobretudo tão urgentes), de libertar-se de seus erros e finalmente fazer progredir o Esclarecimento. Seria um crime contra a natureza humana, cuja vocação original reside nesse progresso; e os descendentes terão pleno direito de rejeitar essas decisões tomadas de maneira ilegítima e criminosa. A pedra de

---

148. *Klassis*, termo neerlandês que servia para designar os sínodos ou reuniões de tipo eclesiástico.

toque de tudo o que pode ser decidido sob forma de lei para um povo se encontra na questão: um povo imporia a si mesmo uma tal lei? Ora, esta seria possível, por assim dizer, na espera de uma melhor, e por um breve e determinado período, a fim de introduzir uma certa ordem; sob condição de autorizar ao mesmo tempo cada um dos cidadãos, principalmente o padre, em sua qualidade de erudito, a fazer publicamente, isto é, por escrito, suas observações sobre os defeitos da antiga instituição, sendo enquanto isso mantida a ordem introduzida. E isso até que a compreensão de tais coisas esteja publicamente tão avançada e confirmada a ponto de, reunindo as vozes de seus defensores (nem todos, com certeza), trazer diante do trono um projeto: proteger as paróquias que se julgassem a respeito de uma instituição da religião modificadas segundo suas concepções, sem prejudicar contudo aquelas que quisessem manter-se na situação antiga. Mas é simplesmente proibido acordar-se sobre uma constituição religiosa imutável, a não ser contestada publicamente por ninguém, mesmo que fosse o tempo de duração de uma vida, e anular literalmente, desse modo, todo um período da marcha da humanidade em direção à sua melhoria, e torná-la não só estéril, mas ainda prejudicial à posteridade.

Um homem pode, a rigor, pessoalmente e, mesmo então, somente por algum tempo, retardar o Esclarecimento em relação ao que ele tem a obrigação de saber; mas renunciar a ele, seja em caráter pessoal, seja ainda mais para a posteridade, significa lesar os direitos sagrados da humanidade, e pisar-lhe em cima. Mas o que um povo não é sequer autorizado a decidir por si mesmo, um monarca tem ainda menos o direito de decidir pelo povo; pois sua autoridade legislativa repousa precisamente sobre o fato de que ele reúne toda a vontade popular na sua. Se ele propõe apenas conciliar toda verdadeira ou pretensa melhoria com a ordem civil, ele só pode, por outro lado, deixar a cargo de seus súditos o que eles estimam necessário para a salvação de sua alma; isso não lhe diz respeito. Em contrapartida, ele deve velar para que ninguém impeça a outro pela violência de trabalhar com todas suas forças para a definição e promoção de sua salvação. Ele prejudica à sua própria majestade quando intervém nesses assuntos, como se concernissem à autoridade do governo os escritos nos quais seus súditos tentam esclarecer sua ideia, ou quando age por sua própria vontade e se expõe à censura de *Caesar non est supra Grammaticos*.[149] É também, e mais ainda, o caso quando ele rebaixa seu poder supremo defendendo contra o resto de seus súditos o despotismo eclesiástico de alguns tiranos em seu Estado. Quando se pergunta, portanto: vivemos atualmente em uma época esclarecida? A resposta é: não, mas em uma época de esclarecimento. Muito falta ainda para que os homens, no estado atual das coisas, tomados conjuntamente, estejam já em um ponto em que possam estar em condições de se servir, em matéria de religião, com segurança e êxito, de seu próprio entendimento sem a tutela de outrem. Mas que, desde já, o campo lhes esteja aberto para mover-se livremente, e que os obstáculos à generalização do Esclarecimento e à saída da minoridade que lhes é autoimputável sejam cada vez menos numerosos, é o que temos signos evidentes para crer. A esse respeito, é a época do Esclarecimento, ou o século de Frederico.[150]

Um príncipe que não julga indigno de si mesmo considerar como um dever nada prescrever aos homens em matéria de religião, que lhes deixa sobre esse ponto uma liberdade total, e recusa, no que lhe diz respeito, o orgulhoso termo de tolerância, é ele mesmo esclarecido, e por ter sido o primeiro a libertar o gênero humano de sua minoridade, pelo menos no que concernia ao governo, e por ter deixado a cada um livre de se servir de sua própria razão em todas as questões de consciência, merece ser louvado pelo mundo que lhe é contemporâneo, e pelo futuro agradecido. Sob seu reinado, honoráveis eclesiásticos, a despeito de seu dever de função, têm a permissão, em qualidade de eruditos, de apresentar livre e publicamente ao exame de todos os juízos e pontos de vista que se afastam aqui ou ali dos símbolos adotados; melhor ainda, esse direito é concedido a todos que não se encontram limitados por seu dever de função. Esse espírito de liberdade estende-se também ao exterior, mesmo onde deve lutar com os obstáculos externos de um governo que ignora sua

---

149. "César não está acima dos gramáticos."
150. Trata-se de Frederico II, o Grande, rei da Prússia.

verdadeira missão. Pois mostra a este, por seu exemplo brilhante, que ali onde reina a liberdade nada há a temer para a tranquilidade pública e unidade do Estado. Os homens procuram libertar-se de sua grosseria, por pouco que não se esforcem para mantê-los artificialmente em tal condição.

Situei o alvo principal do Esclarecimentro, a saída do homem da minoridade da qual ele mesmo é culpado, principalmente no domínio da religião: pois, em relação às ciências e às artes, nossos soberanos não se interessaram em desempenhar o papel de tutores de seus súditos. Além disso, essa minoridade à qual me referi, além de ser a mais nociva, é também a mais desonrosa. Mas a reflexão de um chefe de Estado que favorece o Esclarecimento vai mais longe e vê bem que, mesmo a respeito da legislação, não há perigo em autorizar seus súditos a fazer publicamente uso de sua própria razão, e em expor ao mundo suas ideias sobre uma melhor redação das leis, mesmo que seja com ajuda de uma crítica franca das já existentes; é disso que temos um exemplo brilhante, que nenhum outro monarca, a não ser aquele que veneramos, forneceu ainda. Mas somente aquele que, além disso, ele mesmo esclarecido, não teme as trevas, mas ao mesmo tempo tendo sob o comando um exército numeroso e bem disciplinado, garantia da tranquilidade pública, pode dizer o que um Estado livre não ousa dizer: raciocinai o quanto quiserdes, e sobre o que desejardes, mas obedecei! Revela-se assim uma marcha estranha, inesperada das coisas humanas; de todo modo, aqui como em todo lugar, quando se considera globalmente, quase tudo o que há nisso é paradoxal. Um Grau mais elevado de liberdade civil parece ser vantajoso para a liberdade de espírito do povo, e lhe impõe todavia barreiras intransponíveis; um Grau menos elevado daquela proporciona a este em contrapartida a possibilidade de estender-se de acordo com suas forças. Quando, portanto, a natureza libertou de seu duro envoltório o germe sobre o qual ela vela mais ternamente, isto é, a inclinação e a vocação para pensar livremente, então essa inclinação age por sua vez sobre a sensibilidade do povo (graças à qual este se torna cada vez mais capaz de ter a liberdade de agir) e finalmente, também sobre os princípios do governo, que encontra seu próprio interesse em tratar o homem, que doravante é mais do que uma máquina, na medida de sua dignidade.[151]

Königsberg, Prússia,

30 de setembro de 1784.

Disponível em: <http://bioetica.catedraunesco.unb.br/wp-content/uploads/2016/04/Immanuel-Kant.-O-que-%C3%A9-esclarecimento.pdf>. Acesso em: 4 set. 2016.

---

151. Na revista semanal de Büsching de 13 de setembro, leio hoje, 30 do mesmo mês, o anúncio da *Berlinische Monatsschrift* deste mês, na qual é anunciada a resposta do senhor Mendelssohn à mesma questão. Ainda não a tive entre as mãos; senão teria segurado a presente, cujo único interesse é agora o de tentar mostrar o que o acaso pode conter de concordância entre pensamentos.

Anexo II

O Discurso ou a Oração do Cavaleiro Ramsay

O ardor nobre que vocês mostram, senhores, para entrar na mui nobre e mui ilustre Ordem dos Maçons é uma prova certa de que vocês já possuem todas as qualidades necessárias para se tornarem membros, ou seja: HUMANIDADE, MORAL PURA, O SEGREDO INVIOLÁVEL e o GOSTO PELAS BELAS-ARTES.

Licurgo, Sólon, Numa e todos os legisladores políticos foram incapazes de tornar suas instituições permanentes, e por mais sábias que fossem suas leis, eles não foram capazes de se espalhar em todos os países e todas as eras. Como tinham em vista somente as vitórias e conquistas, a violência militar e a ascendência de um povo sobre outro, elas não podiam se tornar universais, nem atender ao gosto, à engenharia e aos interesses de todas as nações. A Filantropia não era sua base. O amor à Pátria, mal entendido e levado ao extremo, muitas vezes, destruiu nessas repúblicas guerreiras, o amor e a humanidade em geral.

Os homens não se distinguem essencialmente pelas diferentes línguas que falam, as roupas que usam, os países que ocupam, ou as dignidades com que são investidos. O MUNDO TODO NÃO PASSA DE UMA REPÚBLICA ONDE CADA NAÇÃO É UMA FAMÍLIA E CADA INDIVÍDUO UM FILHO. É para fazer reviver e espalhar essas máximas essenciais, emprestadas da natureza do homem, que nossa Sociedade foi inicialmente estabelecida.

Queremos reunir todos os homens de espírito esclarecido, maneiras gentis e humor agradável, não só pelo amor às belas-artes, como ainda mais pelos grandes princípios de virtude, ciência e religião, onde os interesses da Fraternidade se tornam aqueles de toda a raça humana, onde todas as nações podem recorrer a conhecimentos sólidos e onde os habitantes de todos os reinos possam aprender a valorizar um ao outro, sem abrir mão de sua pátria.

Nossos ancestrais, os Cruzados, reunidos de todas as partes da cristandade na Terra Santa, desejavam, assim, reunir em uma única Fraternidade os indivíduos de todas as nações.

Quantas obrigações nós devemos a esses Homens Superiores, que sem interesse egoísta, sem sequer escutar o impulso natural de dominar, imaginaram uma instituição cujo único propósito é reunir mentes e corações para torná-los melhores e criar no decorrer do tempo uma nação totalmente espiritual, onde sem derrogar os diferentes deveres que diferentes estados exigem, criarão um novo povo, que, composto de diferentes nações, consolidará todos eles de alguma forma pelo vínculo da Virtude e da Ciência.

O segundo requisito de nossa sociedade é uma moral sã. As ordens religiosas foram estabelecidas para tornar os homens cristãos perfeitos; as Ordens militares, para inspirar o amor à verdadeira glória; e a Ordem dos maçons para transformar os homens em homens gentis, bons cidadãos, bons súditos, invioláveis em suas promessas, adoradores fiéis do Deus da Amizade, mais amantes da virtude do que de recompensa.

Polliciti servare fidem, sanctumque vereri, Numen amicitiae, mores, non munera amare.

No entanto, não nos limitamos às virtudes puramente civis. Temos entre nós três tipos de Irmãos: os noviços ou aprendizes, os companheiros ou professores, os mestres ou Irmãos perfeitos. Explicam-se aos primeiros as virtudes morais, aos segundo as virtudes heroicas e aos últimos as virtudes cristãs, de modo que toda a nossa instituição abranja toda a filosofia dos sentimentos e toda a teologia do Coração. É por isso que um de nossos veneráveis Irmãos disse:

Maçons, Ilustre Grão-Mestre,

Recebam meus primeiros transportes

Em meu coração a Ordem os faz nascer;

Feliz! Se os nobres esforços

Fazem-me merecer sua estima

E me elevam a esse verdadeiro sublime

À primeira verdade,

À essência pura e divina

da origem divina da alma,

Fonte de vida e clareza.

Porque uma filosofia triste, selvagem e misantropa desgostava dos homens virtuosos, nossos antepassados, os Cruzados, quiseram torná-la agradável, de uma alegria pura e uma satisfação moderada. Nossas festas não são o que o mundo secular e o vulgar ignorante imaginam. Todos os vícios do coração e da alma são dali banidos, e temos uma proibição de irreligião e libertinagem; incredulidade e corrupção. É nesse espírito que um de nossos poetas disse:

Seguimos hoje caminhos pouco percorridos,

Nós procuramos construir, e todos os nossos edifícios

Ou são masmorras aos vícios

Ou templos às virtudes.

Nossos banquetes são semelhantes aos simpósios virtuosos de Horácio, onde se podia falar de qualquer coisa que pudesse iluminar a mente, regular o coração e inspirar o gosto pela bondade, verdade e beleza.

O noctes coenoeque Deum...
Sermo oritur, non de regnis domisbusve aliens
... sed quod magis ad nos
Pertinet et nescire matum est agitamus; utrume
Divitits homines, an sint virtuti beati;
Quitue ad amicitas usus rectumve trehat nos,
Et quae sit natura boni, summumque quid ejus.

Aqui o amor de todos os desejos se fortifica, nós banimos de nossas Lojas toda a disputa que possa alterar a tranquilidade do espírito, a doçura dos costumes, os sentimentos de amizade, e essa harmonia perfeita, que não se encontra a não ser na eliminação de todos os excessos indecentes e de todas as paixões discordantes.

Assim, obrigações que a ordem lhes impõe são de proteger seus Irmãos com sua autoridade, iluminá-los com suas luzes, edificá-los com suas virtudes, socorrê-los em suas necessidades, sacrificar todo o ressentimento pessoal e procurar tudo o que possa contribuir para a paz e a união da Sociedade.

Nós temos segredos, são sinais figurativos e as palavras sagradas, compondo uma linguagem às vezes chamada muda, às vezes muito eloquente, para se comunicar a distância e para reconhecer nossos Irmãos em qualquer de qualquer língua que eles sejam. Essas eram palavras de guerra que os cruzados davam um ao outro para garantir as surpresas dos sarracenos, que se infiltravam entre eles para cortar suas gargantas. Esses sinais e essas palavras recordam a lembrança de qualquer parte de nossa ciência, ou uma virtude moral ou algum mistério da fé. Aconteceu conosco o que nunca aconteceu com qualquer outra Sociedade. Nossas Lojas foram criadas e se espalharam por todas as nações civilizadas e, no entanto, mesmo entre uma numerosa multidão de homens, jamais algum Irmão traiu nossos segredos. Aquelas naturezas mais triviais, mais indiscretas, os menos educados no silêncio, aprendem a ficar quietos, aprendem essa grande ciência ao entrar em nossa Sociedade. Tamanho é o poder da ideia de união fraterna sobre os espíritos! Esse segredo inviolável contribui poderosamente para unir os súditos de todas as Nações e fazer a comunicação de benefícios fácil e mútua entre nós. Temos vários exemplos nos anais de nossa Ordem. Nossos Irmãos que viajaram a diferentes países tiveram apenas que se fazerem conhecidos em nossas Lojas para ali receberem todo tipo de ajuda, mesmo em tempo das mais sangrentas guerras, e presos ilustres encontraram Irmãos, onde esperavam encontrar inimigos. Se alguém faltasse com as promessas solenes que nos unem, vocês sabem, senhores, que as sanções que impomos são o remorso de consciência, a vergonha de sua perfídia e a exclusão de nossa sociedade, de acordo com estas belas palavras de Horácio:

Est et fideli tuta silentio

Merces; vestabo qui Cereris sacrum

Vulgaris arcanum sub lisdem

Sit trabibus, fragilemque mecum

Solvat phaselum...

Sim, senhores, os famosos festivais de Ceres em Elêusis, de Ísis no Egito, de Minerva em Atenas, de Urânia entre os fenícios e de Diana na Cítia tinham relações com os nossos. Nesses lugares, mistérios eram celebrados, onde havia muitos vestígios da antiga religião de Noé e dos Patriarcas. Eles terminavam com refeições e libações, e não conhecemos nem a intemperança nem os excessos em que os gentios gradualmente caíram. A fonte dessas infâmias foi a admissão às assembleias noturnas de pessoas de ambos os sexos, contra os usos primitivos. É para evitar esses abusos que as mulheres estão excluídas de nossa Ordem. Nós não somos tão injustos ao ponto de considerar o sexo frágil como incapaz de sigilo, mas sua presença poderia alterar imperceptivelmente a pureza de nossas máximas e nossa moral.

> *Se o sexo é banido, que não seja isso ponto para alarmes,*
> *Isso não é um ultraje à sua fidelidade;*
> *Mas tememos que o amor entrando com seus charmes*
> *Não produza o esquecimento da fraternidade.*
> *Nomes de Irmãos e de amigos seriam as fracas armas*
> *Para garantir os corações contra a rivalidade.*

A quarta qualidade necessária em nossa Ordem é o gosto pelas Ciências e Artes Liberais. Assim, a Ordem exige que cada um de vocês contribua com sua proteção, por sua generosidade ou seu trabalho, para uma vasta obra para a qual nenhuma Academia pode ser suficiente, porque todas essas Sociedades são compostas por um número muito pequeno de homens e seu trabalho não pode abraçar um objeto tão amplo.

Todos os Grandes Mestres na Alemanha, Inglaterra, Itália e em outros lugares apelam a todos os Sábios e todos os artesãos da Fraternidade que se unam para fornecer os materiais para um *Dicionário Universal das Artes Liberais e Ciências Úteis*, com exceção somente da Teologia e Política. Já começamos a trabalhar a obra em Londres e por meio da união de nossos Irmãos, poderemos concluí-la em poucos anos. Ali são explicados não só os termos técnicos e sua etimologia, mas ainda oferece a história de cada ciência e de cada arte, seus princípios e a maneira de trabalhá-los. Por meio dela serão reunidas as luzes de todas as nações em um único trabalho que será uma biblioteca universal de tudo o que é belo, grande, luminoso, sólido e útil em todas as ciências e em todas as artes nobres. Essa obra aumentará a cada século, de acordo com o aumento do conhecimento, e ela difundirá por todos os lados a emulação e o gosto pelas coisas belas e úteis por toda a Europa.

O nome de maçom não deve, assim, ser tomado no sentido literal grosseiro e material, como se nossos fundadores tivessem sido trabalhadores comuns em pedra ou gênios meramente curiosos que desejavam aperfeiçoar as artes. Eles eram arquitetos qualificados que queriam dedicar seus talentos e seus bens à construção de templos exteriores, mas também de princípios religiosos e guerreiros que queriam esclarecer, edificar e proteger os templos vivos do Altíssimo, que é o que eu vou lhes mostrar desenvolvendo a história, ou melhor, a RENOVAÇÃO da ordem.

Cada família, cada república, cada império, cuja origem se perde na antiguidade obscura, tem sua fábula e sua verdade e sua história. Alguns fazem nossa instituição remontar até os dias de Salomão, alguns até Noé, e mesmo até Enoque, que construiu a primeira cidade, ou até Adão.

Sem pretender negar essas origens, eu passo a coisas menos antigas. Aqui está o que eu recolhi nos anais antigos da Grã-Bretanha, nos Atos do Parlamento britânico, que falam muitas vezes de nossos privilégios e na tradição viva da nação inglesa que era o centro de nossa Fraternidade desde o século XI.

No tempo das Cruzadas na Palestina, muitos príncipes, senhores e cidadãos se associaram e prometeram restaurar o templo dos cristãos na Terra Santa e se empregar para fazer retornar sua arquitetura à primeira instituição. Eles concordaram sobre vários antigos sinais e palavras simbólicas extraídas do fundo da religião, para reconhecer uns aos outros entre os infiéis e os sarracenos. Comunicavam-se esses sinais e palavras apenas àqueles que prometiam solenemente, e muitas vezes até mesmo diante do altar, nunca os revelar. Essa promessa sagrada não era, portanto, um juramento execrável, como tem sido chamado, mas um laço respeitável para unir os cristãos de todas as nacionalidades em uma mesma Fraternidade. Algum tempo depois, nossa Ordem formou uma união íntima com os Cavaleiros de São João de Jerusalém. A partir daquele momento, nossas Lojas assumiram o nome de Lojas de São João. Essa união se fez de acordo com o exemplo dos israelitas quando eles ergueram o segundo templo. Enquanto lidavam com a trolha e a argamassa com uma mão, na outra eles tinham a espada e o escudo. Nossa Ordem, portanto, não deve ser considerada uma renovação das Bacanais, mas uma ordem moral, fundada em tempos imemoriais, e renovada na Terra Santa por nossos antepassados, para lembrar a memória das mais sublimes verdades em meio aos prazeres da Sociedade.

Os reis, príncipes e senhores, voltando da Palestina, fundaram várias Lojas em seus Estados. Desde o tempo das últimas Cruzadas, já vimos várias Lojas erguidas na Alemanha, na Itália, na Espanha e na França, e daí para a Escócia, em razão da estreita aliança entre escoceses e franceses. James, Lord Steward da Escócia, foi Grão-Mestre de uma Loja estabelecida em Kilwin no oeste da Escócia, no ano 1274 pouco depois da morte de Alexandre III, rei da Escócia, e um ano antes de John Baliol ter subido ao trono. Esse senhor recebeu os maçons em suà Loja, os condes de Gloucester e Ulster, um inglês e o outro irlandês.

Pouco a pouco, nossas Lojas e nossas solenidades foram negligenciadas na maioria dos lugares. Por isso é que assim muitos historiadores, os da Grã-Bretanha, são os únicos que falam de nossa ordem. No entanto, ela se manteve em seu esplendor entre os escoceses, a quem os reis (da França) confiaram durante muitos séculos a guarda de suas pessoas sagradas.

Após os deploráveis acontecimentos das Cruzadas, o perecimento dos exércitos cristãos e o triunfo do Bendocdar, sultão do Egito, durante a oitava e última Cruzada, o Grande Príncipe Edward, filho de Henrique III, rei da Inglaterra, vendo que não havia mais segurança para os seus Irmãos na Terra Santa, de onde as tropas cristãs estavam se retirando, os trouxe de volta, todos, e essa colônia de Irmãos foi estabelecida na Inglaterra. Como esse príncipe tinha todas as qualidade heroicas, ele amava as belas-artes, declarou-se protetor da nossa Ordem, concedendo-lhe novos privilégios e, em seguida, os membros dessa fraternidade assumiram o nome de maçons-livres, a exemplo de seus antepassados. Desde aquela época, a Grã-Bretanha foi a sede de nossa Ordem, a conservadora de nossas leis e depositária de nossos Segredos. As fatais discórdias de Religião que envergonharam e rasgaram a Europa no século XVI fizeram degenerar a Ordem da Nobreza de sua origem. Mudaram-se, disfarçaram-se, suprimiram-se muitos de nossos ritos e costumes que eram contrários aos preconceitos da época.

É assim que muitos de nossos Irmãos esqueceram, como os antigos judeus, o espírito de nossas leis, e somente retiveram a letra e a casca. Começa-se a trazer para ela alguns remédios. É necessário apenas continuar e finalmente trazê-la de volta à sua instituição de origem. Essa obra não pode ser difícil em um estado onde a religião e o governo só podem ser favoráveis às nossas leis. Das Ilhas Britânicas, a Arte Real está passando à França sob o reinado do mais amável dos reis, cuja humanidade anima todas as virtudes e sob o Ministério de um Mentor, que fez tudo o que poderia ser imaginado de mais fabuloso.

Nestes tempos felizes onde o amor da paz tornou-se a virtude dos heróis, a Nação, uma das mais espirituais da Europa, se tornará o centro da Ordem. Ela revestirá nossas obras, nossos Estatutos, nossos costumes com graça, delicadeza e bom gosto, qualidades essenciais em uma ordem cuja base é a sabedoria, a força e a BELEZA do GÊNIO. É no futuro em nossas Lojas, assim como era em escolas públicas, que os franceses aprenderão sem viajar o caráter de todas as nações e que os estrangeiros experimentarão que a França é a pátria de todos os povos: **"Patria gentis Humanae"**.

Disponível em: <https://bibliot3ca.wordpress.com/o-discurso-de-ramsay-1738-versao-impressa/>. Acesso em: 29 ago. 2016.

Anexo III

Maçonaria Jacobita

Tradução José Antonio Filardo M∴ I∴.

Para entender bem as origens da Estrita Observância Templária, é essencial que digamos algumas palavras sobre a Maçonaria chamada Jacobita. Essa Maçonaria está intimamente ligada à dinastia Stuart.

Os jacobitas (vindos principalmente da Irlanda, Escócia e noroeste da Inglaterra), seguidores legitimistas de James II Stuart e seu filho, emigraram para o continente de 1689 a 1750. Este êxodo provocou a saída de dezenas de milhares de irlandeses, escoceses e ingleses não só para a França, mas também para a Polônia, Noruega, Dinamarca e Suécia. Grande número de jacobitas ingressa em conventos femininos de Ypres, Ostend e Bruxelas.

Os vínculos unindo a Escócia e a França não são novos: alguns lembretes sobre a Guerra dos Cem Anos. Enquanto a França e a Inglaterra estavam em guerra, a Escócia era ainda independente, e ela era aliada da França contra a Inglaterra.

O delfim, futuro Carlos VII, que será salvo pela intervenção providencial de Joana d'Arc, também tinha planejado fugir para a Escócia, se a fortuna da guerra lhe tivesse sido desfavorável. Os soldados escoceses desempenharam um papel fundamental nas campanhas de Joana d'Arc. Poucos sabem que o bispo de Orleans, na época, era escocês. O estandarte de Joana d'Arc foi pintado por um escocês, etc.

Uma consequência da guerra foi a criação de um exército permanente em que a "Companhia de Guardas Escoceses" gozava de um estatuto privilegiado. Ela desfilava primeiro nas paradas e seu comandante tinha o posto de "Primeiro Mestre de Campo da Cavalaria Francesa".

E era uma unidade da Guarda escocesa que formava o corpo de guarda-costas do rei de França. (Lembremo-nos do romance de Walter Scott, *Quentin Durward*, que narra as aventuras de um jovem nobre escocês na época de Luís XI.) Dali surgiu uma espécie de fraternidade que tinha seus ritos especiais.

Isso persistiu até o dia trágico em que Henrique II (1519-1559), por ocasião do casamento de duas de suas irmãs, participou de um torneio contra o capitão da Guarda Escocesa, Montgomery. Nenhum dos adversários tendo sido eliminado, o rei exigiu uma segunda carga. Sabemos que a lança de Montgomery escorregou na viseira do capacete do rei, levantou a viseira e entrou em sua cabeça acima do olho direito.

Após esta tragédia, a Guarda escocesa continuaria a fazer parte do exército francês, mas perdeu alguns de seus privilégios. No entanto, permaneceu a tradição escocesa de envio de jovens para fazer suas aulas militares no exército francês.

James I (1566-1625), filho de Maria Stuart e rei da Inglaterra, nasceu em Edimburgo em 1566. Rei da Escócia sob o nome de James VI (1567-1625), tornou-se rei da Inglaterra (1603-1625) depois de Elisabeth I.

Em 1593, ele formou a Rosa-Cruz Real com 32 cavaleiros da Ordem de Santo André do Cardo, fundada já em 1314 por Robert Bruce e reaberta por seu pai James V, rei da Escócia, em 1540 (1513-1542). Tornando-se rei da Inglaterra, ele foi Grão-Mestre dos maçons ingleses, mas os maçons escoceses conservaram o privilégio de escolher seu Grão-Mestre: William Sinclair de Rosslyn.

Os maçons da época estavam intimamente ligados à monarquia e durante a guerra civil e o protetorado de Cromwell, em sua maioria, os maçons se mantiveram fiéis à monarquia dos Stuart. Seu filho Charles I tornou-se rei de 1625-1649 e viria a ser decapitado em 1649. Após o Protetorado e a abdicação do filho de Cromwell, seu filho Charles II será reconduzido ao poder em 1660.

Em 1685, James II (1633-1701) ascendeu ao trono da Inglaterra (1685-1688), rei da Escócia sob o nome de James VII (1685-1688). Católico, intolerante e pouco diplomático (a tolerância religiosa não era uma honra nessa época, e Luís XIV viria a revogar o Édito de Nantes), ele se fará odiado de tal forma que o Parlamento oferecerá a coroa ao príncipe William de Orange.

James II parte para o exílio na França em 1688. Todos aqueles que tentaram fazê-lo recuperar o trono e que lutaram, após sua morte, em favor de seu sucessor James III Stuart, dito o Pretendente ou o Cavaleiro de São Jorge, nascido em Londres (1688-1766), ou de seu filho, Charles Edward, nascido em Roma, também conhecido como o Pretendente (1720-1788), são designados como jacobitas.

Os escoceses jacobitas se refugiaram na França, em grande número, especialmente depois da derrota de Culloden em 16 de abril de 1746. Em Saint-Germain, a corte dos Stuarts tinha 2.500 pessoas. A relação manteve-se forte o suficiente entre a nobreza e o clero de ambos os países para lhes abrir acesso amplo ao clero, aos militares, ao comércio, assim como aos mais altos cargos do reino da França. Um regimento escocês composto por exilados stuartistas terá seu quartel ao lado da abadia de Munster.

Para dar uma ideia da influência dos jacobitas, é suficiente saber que embora a Maçonaria azul francesa tenha sido importada para a França pelas Lojas originárias dos "Modernos" e, portanto, hostil aos Stuart, em seus primórdios terá jacobitas como grão-mestres.

A Grande Loja dos chamados Modernos alega que ela também foi formada após a rebelião escocesa de 1715. Sua fundação é obra de algumas Lojas hostis aos Stuart, pois as Constituições de Anderson começam com estas palavras reveladoras: "Após a rebelião". Sabemos que ela não virá a reunir mais que quatro Lojas, as outras Lojas preferindo permanecer temporariamente independentes ou permanecer fiéis aos "Antigos".

Após a chegada ao poder do rei George, em 1714, algumas Lojas sentiram que precisavam afastar delas a suspeita de serem jacobitas. Assim é que em 1723 quatro Lojas se tornaram 52.

A Maçonaria é muito mais antiga que 1717 ou 1723. Na lista de Lojas de 1723, pelo menos 36 Lojas eram anteriores a 1717. É a data do surgimento da Maçonaria chamada especulativa e das obediências. Essas datas são as da fundação da Grande Loja dos "Modernos" e das chamadas Constituições de Anderson. Uma Constituição não passa de um texto legislativo e nunca um texto ritual ou iniciático.

Naquela época, já existia um grande número de Lojas independentes, que se uniram gradualmente, seja à Grande Loja dos Modernos, seja à Grande Loja chamada dos Antigos, porque estes permaneceram fiéis aos costumes antigos que não eram praticados pelos Modernos. Além disso, não se pode excluir totalmente a hipótese de que existiam ainda no século XIX, na própria Inglaterra, na Irlanda ou na Escócia Lojas independentes por recusarem a Grande Loja Unida da Inglaterra.

Essa rivalidade entre as duas organizações persistiria até as guerras napoleônicas. Foi graças a Napoleão e à sua intenção de invadir a Inglaterra que a Grande Loja Unida da Inglaterra viu a luz! Grande Loja Unida porque ela pôs fim à rivalidade entre as duas organizações. As pessoas não entendiam a rivalidade entre as duas Grandes Lojas, a dos Modernos, fundada em 1717, e a dos Antigos, fundada em 1753. O rei exigiu a "união sagrada" de todas as forças vivas da Inglaterra para derrubar Napoleão. E foi ainda mais fácil, uma vez que os grão-mestres das duas organizações eram dois Irmãos do rei.

Uma Loja em particular, chamada "Loja Especial de Promulgação", foi realizada em Londres de 21 de novembro de 1809 a 5 de março de 1811, a fim de harmonizar as práticas das duas Grandes Lojas.

Na verdade, é principalmente o uso de Antigos, que prevalece, e os Modernos foram gradualmente absorvidos pela nova organização. Vamos nos limitar a apenas duas de suas decisões: a cerimônia de instalação, chamada "secreta" dos Veneráveis, foi considerada um uso secular, e a localização das colunas.

Como a Maçonaria continental "latina" teve cortado seu contato com a Inglaterra por causa do bloqueio continental, de uma parte ela virá a ignorar os acordos e, de outra, não tendo participado, ela também não ratificará. Como o século XIX estava longe de ser a *entente cordiale* entre a França e a Inglaterra, e em 1877 as relações foram rompidas entre a Grande Loja Unida da Inglaterra e o Grande Oriente de França, fica explicado por que os diferentes usos persistiram. Por exemplo, é especialmente no continente que se manteve a fidelidade às práticas dos "Modernos", e também às Constituições de Anderson, abandonadas na Inglaterra.

Disponível em: <https://bibliot3ca.wordpress.com/a-maconaria-jacobita/>. Acesso em: 4 set. 2016.

<http://loge-la-cite-sainte.wifeo.com/la-franc-maconnerie-jacobite.p>.

Resumo

Uma síntese da História da Maçonaria no Brasil através de seu tronco básico e mais antigo: o Grande Oriente do Brasil – GOB. As informações básicas foram retiradas do livro clássico de José Castellani e William Almeida de Carvalho – *História do Grande Oriente do Brasil: a Maçonaria na História do Brasil* –, da Editora Madras, São Paulo, 2009.

Relata como até 1930 a história do GOB se confundia com a história do Brasil, sendo que a partir dessa data as duas se separam, seguindo vias paralelas. Assim, a partir de 1930, a Maçonaria brasileira deixa de ser um grupo estratégico, tornando-se um grupo convencional.

Expõe sinteticamente que a partir da Proclamação da República, em 1889, uma "matriz ideológica de cunho positivista" toma o poder no Grande Oriente do Brasil, perdendo nitidez até a mudança do GOB do Rio de Janeiro para Brasília em 1978.

Especial ênfase foi dada às duas grandes cisões do GOB no século XX: a de 1927 e a de 1973.

Finaliza dizendo que a Maçonaria brasileira tem crescido muito nos últimos 20 anos, sugerindo que poderá haver uma mudança qualitativa nos próximos anos. Acompanham dois quadros estatísticos: i) a relação dos Grão-Mestres do Grande Oriente do Brasil de 1822 a 2010; e ii) o número total de maçons brasileiros, divididos entre o Grande Oriente do Brasil (GOB), as Grandes Lojas (CMSB) e o Oriente Independente (COMAB).

Pequena História da Maçonaria no Brasil

William Almeida de Carvalho*

I – Introdução

O presente artigo visa dar uma ideia panorâmica da Maçonaria brasileira através da história do Grande Oriente do Brasil – GOB, o tronco básico, e de suas posteriores cisões, principalmente a de 1927 e a de 1973.

Para uma visão mais completa e aprofundada sobre o assunto, pode ser consultado o livro *História do Grande Oriente do Brasil*, de José Castellani e William Almeida de Carvalho, da Editora Madras, 2009.

Até a primeira cisão de 1927, a história da Maçonaria brasileira se confundia com a história do Brasil. A partir de então, ou seja, no momento em que a Maçonaria deixa de ser um grupo estratégico, a história se bifurca, segue rumos paralelos, com alguns contatos ocasionais.

A partir da gestão de Jair Assis Ribeiro (1983-1993) no GOB, assistiu-se a um ponto de inflexão do desenrolar da Maçonaria brasileira. Atualmente cresce a taxas chinesas, mas ainda não voltou a ser um interlocutor estratégico do país, como fora no passado.

A Maçonaria brasileira, pelo menos, está entrando em um patamar de efervescência cultural e educacional, com a criação de Lojas de pesquisas, universitárias, academias, etc., que, dentro em breve, inevitavelmente terá desdobramentos significativos.

Assim como no passado a Maçonaria emprestou sua organização para um país que não possuía partidos políticos, ela poderá, neste limiar do século XXI, ajudar o país, que ainda possui instituições políticas com ranço de desempenho pré-iluministas, a criar valores e instituições verdadeiramente republicanos. O Brasil proclamou a República, mas seus valores ainda são patrimonialistas. Esse é o grande desafio que a Maçonaria terá de enfrentar para ajudar o Brasil a adequar sua escala de valores e desempenho neste século.

Deu-se particular ênfase às duas cisões no século XX por sua importância estratégica.

Compõem ainda o presente trabalho dois anexos: i) a relação dos Grão-Mestres do GOB; e ii) um quadro estatístico sobre as Obediências e os maçons brasileiros, considerados regulares, tais como o GOB, as Grandes Lojas e a COMAB (Confederação Maçônica do Brasil). Convém ainda salientar que todas as cisões no Brasil se devem à perda de eleições e não a divergências doutrinárias.

Pelos dados apresentados, pode-se afirmar que o Brasil possui mais de 6 mil Lojas Maçônicas e quase 200 mil maçons. Essas são as potências ditas regulares.

II – Primórdios

Com os dados hoje disponíveis, a primeira referência a uma Loja Maçônica brasileira de que se tem notícia teria sido em águas territoriais da Bahia, em 1797, em uma fragata francesa *La Preneuse*, denominada "Cavaleiros da Luz", sendo pouco tempo depois transferida para a Barra, um bairro de Salvador.

Contudo, a primeira Loja regular do Brasil foi a Reunião, fundada em 1801, no Rio de Janeiro, filiada ao Oriente da Ilha de França (*Ille de France*), antigo nome da Ilha Maurício, à época possessão francesa e hoje britânica.

Dois anos depois, o Grande Oriente Lusitano, desejando propagar, no Brasil, a "verdadeira doutrina maçônica", nomeou para esse fim três delegados, com plenos poderes para criar Lojas regulares no Rio de Janeiro, filiadas àquele Grande Oriente. Criaram, então, as Lojas Constância e Filantropia, as quais, junto com a Reunião, serviram de centro comum para todos os maçons existentes no Rio de Janeiro, regulares e irregulares, tratando de iniciar outros, até o Grau de Mestre.

Apesar de controvérsias a exigir maiores pesquisas nessa área, essas foram as primeiras Lojas oficiais e consideradas regulares, pois já existiam, anteriormente, agrupamentos secretos, em moldes mais ou menos maçônicos, funcionando mais como clubes ou academias, mas que não eram Lojas na acepção da palavra.

Depois da fundação daquelas três primeiras Lojas "oficiais", espalharam-se, nos primeiros anos do século XIX, Lojas nas províncias da Bahia, de Pernambuco e do Rio de Janeiro, livres, ou sob os auspícios do Grande Oriente Lusitano e do da França.

Convém salientar que os governos coloniais da época tinham instruções precisas para impedir o funcionamento de Lojas no Brasil. Tanto assim que aquelas Lojas – Constância e Filantropia – foram fechadas em 1806 no Rio de Janeiro, cessando as atividades maçônicas nessa cidade, mas continuando e se expandindo, principalmente na Bahia e em Pernambuco. O Rio de Janeiro, contudo, não podia ficar sem uma Loja, e apesar dessa proibição os trabalhos prosseguiam com as Lojas São João de Bragança e Beneficência.

Um fato importante para a história do futuro Grande Oriente do Brasil foi que a Loja Comércio e Artes, fundada em 1815, conservara-se independente, adiando sua filiação ao Grande Oriente Lusitano, porque seus membros pretendiam criar uma Obediência brasileira.

Convém ainda salientar que no ano de 1817 ocorreram dois fatos de suma gravidade em termos de crime de lesa-majestade. Estouraram duas revoluções: i) a Revolução Pernambucana de 1817, um movimento revolucionário, de caráter fortemente nacionalista, declarado no sentido de implantar a República em Pernambuco; e ii) a Conspiração Liberal de Lisboa de 1817, liderada pelo nosso Ir∴ general Gomes Freire de Andrade, ex-Grão-Mestre do Grande Oriente Lusitano.

Dado esse clima de sedição, tanto em Portugal como no Brasil, houve a expedição do draconiano alvará de 30 de março de 1818, que proibia o funcionamento das sociedades secretas. As Lojas resolveram então cessar seus trabalhos, até que pudessem ser reabertas sem perigo. Os maçons, todavia, continuaram a trabalhar secretamente como no Clube da Resistência, fundado no Rio de Janeiro.

Estoura a Revolução Liberal do Porto em 1820, liderada pelos maçons portugueses, exigindo a volta de d. João VI para Portugal. A partir de então os acontecimentos começam a se precipitar. Também é desencadeada na Espanha a Revolução de 1820. A vaga liberal (maçônica) começava contestar os Estados Absolutistas da Península Ibérica.

No Brasil, o ano de 1821 começou com uma série de acontecimentos político-militares que culminariam na Independência do Brasil. Como naquela época inexistiam os partidos políticos, foi necessária uma organização que coordenasse e mobilizasse o descontentamento político, e a Maçonaria brasileira emprestou sua organização para tal fim. Voltava, então, à plena atividade.

O primeiro fato foi a sedição das tropas a 26 de fevereiro, que impunham ao rei d. João VI o juramento à Constituição portuguesa, o que provocou o início de intensa conspiração, com a participação de muitos maçons, visando à independência do Brasil. Os acontecimentos seguintes foram os de 20 e 21 de abril, quando houve a sedição dos eleitores, exigindo a permanência do rei no país, o que provocou a pronta reação das tropas portuguesas, que garantiram o embarque da Família Real.

Todos esses fatos atraíram a atenção policial contra os maçons, o que não impediu, todavia, que a Loja Comércio e Artes voltasse a trabalhar secretamente, reerguendo suas colunas a 24 de junho de

1821, agora com o nome de Loja Comércio e Artes na Idade do Ouro, sob os auspícios do Grande Oriente de Portugal, Brasil e Algarves.

A afluência de adesões foi tão grande nos meses seguintes que logo se pensou em criar uma Obediência nacional, o que aconteceria a 17 de junho de 1822, com a subsequente divisão da Comércio e Artes, formando o trio de Lojas fundadoras do Grande Oriente.

A partir deste momento, a Maçonaria brasileira deixava de ser um grupo heterogêneo de Lojas esparsas ou ligadas a algumas Obediências Estrangeiras para se transformar em mais uma célula do sistema obediencial mundial.

Apresenta-se um breve resumo desse os primórdios até a fundação do Grande Oriente do Brasil, a mais antiga, a maior e a mais tradicional Obediência brasileira. Apesar da precariedade documental, pode-se apresentar a seguinte cronologia:

1796 – Fundação, em Pernambuco, do Areópago de Itambé, que não era uma verdadeira Loja, pois, embora criado sob inspiração maçônica, não era totalmente composto por maçons;

1797 – Fundação da Loja Cavaleiros da Luz, na povoação da Barra, Bahia;

1800 – Criação, em Niterói, da Loja União;

1801 – Instalação da Loja Reunião, sucessora da União;

1802 – Criação, na Bahia, da Loja Virtude e Razão;

1804 – Fundação das Lojas Constância e Filantropia;

1806 – Fechamento, pela ação do conde dos Arcos, das Lojas Constância e Filantropia;

1807 – Criação da Loja Virtude e Razão Restaurada, sucessora da Virtude e Razão;

1809 – Fundação, em Pernambuco, da Loja Regeneração;

1812 – Fundação da Loja Distintiva, em S. Gonçalo da Praia Grande (Niterói);

1813 – Instalação, na Bahia, da Loja União;

1813 – Fundação de uma Obediência efêmera e sem suporte legal – que alguns consideram como o primeiro Grande Oriente Brasileiro –, constituída por três Lojas da Bahia e uma do Rio de Janeiro;

1815 – Fundação, no Rio de Janeiro, da Loja Comércio e Artes;

1818 – Expedição do Alvará de 30 de março, proibindo o funcionamento das sociedades secretas, o que provocou a suspensão – pelo menos aparentemente – dos trabalhos maçônicos;

1821 – Reinstalação da Loja Comércio e Artes, no Rio de Janeiro;

1822 – 17 de junho: fundação do Grande Oriente.

III – A luta pela independência

O objetivo principal dos fundadores do Grande Oriente era a independência do país no momento em que a Família Real era forçada a voltar a Portugal, pela Revolução Constitucionalista do Porto de 1820.

Os maçons brasileiros irão aos poucos perceber que, além da solidariedade e da fraternidade internacionais, a geopolítica portuguesa, manejada pelos maçons do Porto, buscaria levar o Brasil ao *status quo ante* de colônia, depois de ser elevado a Reino Unido de Portugal e Algarves no final de 1815 por d. João VI, então príncipe regente no reinado de d. Maria I, sua mãe.

O primeiro passo oficial dos maçons, nesse sentido, foi o Fico, de 9 de janeiro, o qual representou uma desobediência aos decretos, emanados das Cortes Gerais portuguesas, e que exigiam o imediato retorno do príncipe a Portugal e, praticamente, a reversão do Brasil à sua condição colonial, com a dissolução da união brasílico-lusa, elaborada por influência do Congresso de Viena.

Assiste-se então ao embate de duas forças econômicas nos dois países: os comerciantes do Porto, que sempre foram o entreposto entre a Colônia e a Metrópole, e a Base Escravocrata do Brasil, representada pelas grandes famílias do Tráfico de Escravos e os grandes fazendeiros, que a partir da vinda da Família Real, em 1808, já operava com os interesses britânicos. Os maçons brasileiros, que no início estavam embalados pelas ideias do Reino Unido ou implantação de uma República, vão aos poucos se desligando da Cortes Gerais portuguesas.[152]

O episódio do "Fico" – 9 de janeiro de 1822 – ocorreu, no Rio de Janeiro, sob a liderança dos maçons José Joaquim da Rocha e José Clemente Pereira e com a representação de diversas províncias ao príncipe, principalmente a Província de São Paulo, cujo motor principal era o Ir∴ José Bonifácio de Andrada e Silva,[153] o futuro Patriarca da Independência, no sentido de que desobedecesse aos decretos, permanecendo no país.

Começava, nesse momento, o processo de aliciamento do príncipe regente – d. Pedro[154] –, que começava a perceber a força do Grande Oriente, o qual continuaria, logo depois, quando os maçons fluminenses resolviam, a 13 de maio de 1822, outorgar-lhe o título de Defensor Perpétuo do Brasil, em uma cartada política a qual não faltavam, porém, interesses das lideranças, que pretendiam melhorar seu prestígio político junto ao regente e até suplantar o respeito de que José Bonifácio, já então o ministro todo-poderoso das pastas do Reino e de Estrangeiros, desfrutava junto a ele. As escaramuças entre os grupos de Gonçalves Ledo, de tendência mais republicana, e de José Bonifácio, de tendência mais monárquica constitucional, já começavam a se propagar.

Com o grande número de adesões à Loja líder do movimento emancipador, a Comércio e Artes, Primaz do Brasil, dividiu-se em três – Comércio e Artes, União e Tranquilidade e Esperança de Nichtheroy – para então formar o Grande Oriente Brasílico ou

---

152. CARVALHO, William. *Maçonaria, Tráfico de Escravos e o Banco do Brasil*. São Paulo: Madras, 2010.
153. Disponível em: <http://pt.wikipedia.org/wiki/Jos%C3%A9_Bonif%C3%A1cio_de_Andrada_e_Silva>.
154. http://pt.wikipedia.org/wiki/Pedro_I_do_Brasil.

Brasiliano, o primeiro nome do Grande Oriente do Brasil – GOB, a 17 de junho de 1822.

Já existia uma instituição paramaçônica chamada Apostolado da Nobre Ordem dos Cavaleiros da Santa Cruz, ou simplesmente Apostolado, fundada por José Bonifácio a 2 de junho de 1822. Era uma organização nos moldes da Carbonária europeia, cuja atuação Bonifácio bem conhecera, durante os anos em que permanecera na Europa.

José Bonifácio

O Apostolado e o Grande Oriente viriam a representar facções diferentes da Maçonaria brasileira, a primeira sob a liderança de José Bonifácio, que teve papel importante na história do Brasil, e a segunda, sob a de Gonçalves Ledo, com papel considerável na História da Maçonaria, ambas defendendo a emancipação política do país, mas sob formas diferentes de governo e maneiras diversas de encarar a questão. O grupo filorrepublicano de Ledo, Clemente Pereira, Francisco Nóbrega e cônego Januário Barbosa defendia o rompimento total dos laços com a metrópole monárquica portuguesa e um regime que se aproximasse mais daquele dos demais países latino-americanos, que, paulatinamente, iam conseguindo sua independência da Coroa espanhola. O grupo de Bonifácio, presente no Grande Oriente, mas encastelado principalmente no Apostolado, pregava a união brasílico-lusa, ou seja, uma comunidade luso-brasileira de países autônomos, que englobasse as colônias e não admitisse a escravização dos negros e, mais tarde, a união do Brasil em torno da figura imperial de d. Pedro I. Crucial para entender o *Zeitgeist* da época são as Anotações à Biografia de Vasconcelos de Drummond, escritas pelo próprio.[155]

José Bonifácio foi o primeiro Grão-Mestre do Grande Oriente, sendo, pouco depois, sucedido pelo próprio imperador no Grão-Mestrado.

D. Pedro I

Após a Proclamação da Independência por d. Pedro I em 7 de setembro de 1822,[156] ele resolveu fechar o Grande Oriente em 25 de outubro do mesmo ano, permanecendo adormecido até 1831. Trabalhos maçônicos continuaram, contudo, a ser executados em Lojas individuais. O próprio imperador chegou a montar uma Loja no palácio.

Os maçons deputados à Assembleia Nacional Constituinte continuaram atuando em forte oposição ao imperador, que resolveu fechá-la e outorgar uma Constituição em 24 de março de 1824 que durou todo o período imperial.

---

155. *As Anotações de Vasconcellos de Drummond*, disponível em: <http:// freemasonry.com/carvalhofr.html>.
156. Sobre o 7 de setembro, ver o artigo de William Carvalho intitulado "A Verdadeira Data da Independência do Brasil", disponível em: <http:// freemasonry.com/carvalhofr.html>.

Depois disso, os maçons do Grande Oriente e os do Apostolado, que tinham visto suas entidades encerradas pelo imperador, uniram-se contra ele, em um processo de solapamento do trono, o qual viria a culminar na abdicação de 7 de abril de 1831, após a qual foi reinstalado o Grande Oriente.

IV – Adormecimento, reinstalação e um Oriente concorrente

No período compreendido entre a suspensão dos trabalhos do Grande Oriente, em outubro de 1822, e a abdicação de d. Pedro I, a atividade maçônica foi bastante atenuada, embora não tenha parado totalmente, nem nos trabalhos de Loja nem na política. Antes de abdicar, d. Pedro I nomeou José Bonifácio tutor de seu filho.

Turbulências políticas não faltaram neste reinado de d. Pedro I, sendo que o principal fato foi o movimento revolucionário de 1824, que visava congregar sob regime republicano – na chamada Confederação do Equador – as províncias do Nordeste, que se haviam rebelado contra os atos de d. Pedro.

Movimento de nítida inspiração maçônica, a Revolução de 1824 teve como um de seus principais líderes frei Caneca – Joaquim do Amor Divino Rabelo e Caneca –, frade carmelita, maçom e republicano, que já havia sido um dos expoentes da Revolução Pernambucana de 1817 e que, entre dezembro de 1823 e agosto de 1824, fez intensa pregação republicana em 29 números do *Typhis Pernambucano*, jornal que publicou no Recife, desferindo campanha contra o imperador, desde a dissolução da Constituinte até a imposição da Constituição de 24 de março de 1824.

De 1824 a 1829, pouco se sabe sobre a atividade maçônica.

Após a abdicação de d. Pedro I, a 7 de abril de 1831, os maçons começaram a se reagrupar. Os remanescentes do primeiro reconhecido Grande Oriente Brasileiro, vendo que, após a renúncia, havia um clima mais liberal, o qual seria propício aos trabalhos maçônicos, reuniram-se em outubro de 1831, reinstalando os três primeiros quadros. E, para que esse ato fosse legal, os primeiros oficiais da Obediência instalada em 1822 juntaram-se em assembleia, com o primeiro Grão-Mestre, José Bonifácio, sob a determinação de que todos só serviriam provisoriamente, até que fosse concluída a Constituição do Grande Oriente do Brasil, sucessor do Grande Oriente Brasiliano. Logo depois que foi reinstalado, o Grande Oriente publicou um manifesto, assinado por José Bonifácio, dirigido a todos os maçons brasileiros e às Obediências estrangeiras, anunciando que seus trabalhos retomavam força e vigor.

Antes, todavia, da reinstalação do Grande Oriente do Brasil, já havia surgido outro, denominado Grande Oriente Nacional Brasileiro, ou simplesmente Grande Oriente do Passeio, em alusão à rua onde funcionava.

O Grande Oriente do Brasil, que se considerava sucessor do Grande Oriente Brasílico (ou Brasiliano), de 1822, seria reinstalado a 23 de novembro de 1831. No manifesto do Grande Oriente do Brasil, entre uma visão do desenvolvimento na Maçonaria no Brasil até aquela data, havia o convite para que os membros do Grande Oriente do Passeio se reunissem em um só círculo maçônico, o qual, todavia, foi rejeitado.

Assistir-se-á a um conflito permanente entre os dois Orientes na busca de representar a Maçonaria brasileira.

Os problemas aumentariam, no fim de 1832, com a introdução, por Francisco Jê Acaiaba de Montezuma, filiado a ambas as Obediências, de um Consistório e de um Supremo Conselho do Grau 33 do Rito Escocês Antigo e Aceito, já que o Grande Oriente do Passeio iria fazer que suas oficinas adotassem o rito. E o Grande Oriente do Brasil assumia o Rito Moderno, ou Francês.

Apesar desses percalços, o Grande Oriente do Brasil continuava trabalhando no terreno social, começando sua luta pela libertação dos escravos, com a autorização de despesas para cartas de alforrias, até desembocar, na metade do século, em franca e decidida campanha abolicionista.

Após a renúncia de d. Pedro, o país passou a ser governado por Regência – trinas ou unas, ocupadas por maçons de tendências liberais –, gerando nesse período uma série de convulsões políticas e sociais. Dada a fragilidade da regência, acontecia que setores conservadores trabalhassem pela restauração do primeiro imperador brasileiro, enquanto os setores liberais queriam impedir qualquer tentativa de retorno do imperador deposto.

Em 1835, o GOB instalava, a 6 de agosto, o Soberano Capítulo do Rito Francês, ou Moderno. A 26 de março de 1836, era fundado, no Rio de Janeiro, o Ilustre Conselho Kadosh nº 1. Em 1836, José Bonifácio era reeleito Grão-Mestre. Em 1837, constituía-se, em lugar dos Capítulos, um Grande Colégio de Ritos, ficando, com isso, regulamentado o REAA, embora o rito oficial da Obediência continuasse a ser o Francês. No final do mesmo ano, a 3 de dezembro, José Bonifácio, com a saúde bastante abalada (viria a falecer a 6 de abril de 1838), entregava o Grão-Mestrado ao futuro visconde de Albuquerque, Holanda Cavalcanti de Albuquerque, que havia sido eleito para o cargo. O novo GM tenta uma reaproximação com o Passeio. No mesmo ano ainda era reinstalada uma Loja no Rito Adoniramita, que não era mais praticado no Brasil. O Rito Adoniramita, até pouco tempo atrás, era praticado somente no Brasil, perecendo no resto do mundo.

No início da década de 1840, o Passeio começa a entrar em decadência, perdendo diversas Lojas para o GOB.

No terreno político, membros das duas Obediências participavam ativamente dos acontecimentos do período da Regência, em que quase todos foram maçons e iriam ter atuação marcante no movimento pela maioridade do herdeiro do trono.

Nesse período regencial, as correntes políticas organizavam-se em diversos grupos, trazendo instabilidade ao regime: o grupo dos exaltados queria chegar, logo, à república e ao federalismo; temendo esses excessos, os reacionários (chamados de restauradores, ou "caramurus") desejavam a volta do imperador, enquanto se formava a corrente preponderante, a dos moderados, liderada pelo maçom e jornalista Evaristo Ferreira da Veiga.

Quando foi tomada a decisão de substituir a Regência Trina pela Regência Una, o Ir∴ Feijó foi eleito, a 7 de abril de 1835, Regente do Império, com 2.828 votos, ante 2.251 dados a Holanda Cavalcanti, futuro Grão-Mestre do Grande Oriente do Brasil. Assistia-se, mais uma vez, ao eterno embate entre maçons liberais e maçons conservadores.

Com o acirramento das lutas entre os restauradores, os exaltados e os moderados, os regentes, não mais podendo suportar a pressão, retiraram, por decreto de 1833, José Bonifácio da tutoria, após o que ele foi preso e posto em sua casa, onde ficaria confinado, sendo Grão-Mestre do Grande Oriente do Brasil, cargo para o qual fora eleito a 6 de novembro de 1832. Embora confinado – já ostentando o 33º Grau, recebido a 5 de março de 1833, do Supremo Conselho criado por Montezuma –, ele continuaria com a autoridade do cargo.

Ainda durante esse período, teria início, em 1835, a Revolução Farroupilha, movimento autonomista que se estenderia até 1845 e que, tendo sido liderado pelo maçom Bento Gonçalves da Silva, teve entre seus expoentes outros dois maçons: Davi Canabarro e Giuseppe Garibaldi, que iria posteriormente lutar pela unificação italiana.

A 1º de janeiro de 1842, era dissolvida a Câmara dos Deputados, ainda durante as sessões preparatórias, o que enfureceu os liberais, ocasionando as revoluções armadas de Minas Gerais e de São Paulo, esta última chefiada pelos maçons padre Feijó e senador Vergueiro.

A 9 de setembro de 1850, sucedendo Holanda Cavalcanti, tomava posse, como Grão-Mestre do Grande Oriente do Brasil, o então visconde – depois marquês – de Abrantes, Miguel Calmon du Pin e Almeida.

V – O ocaso do Passeio e a criação dos Beneditinos

Enquanto isso, o Grande Oriente do Passeio conhecia um processo de franca deterioração. No início de 1861, o Grande Oriente do Passeio estava quase liquidado, com a passagem do visconde do Uruguai, ex-GM do Passeio, para o Grande Oriente do Brasil, acompanhado por cerca de 20 Lojas.

Em 1863, quando o Grande Oriente do Brasil, que funcionava agora na Rua do Lavradio e era conhecido daí por diante como Grande Oriente do Lavradio, livre das divisões, depois de absorver o Grande Oriente do Passeio, preparava-se para um período de pujança interna e externa, eis que surge uma grave cisão, com o afastamento de cerca de 1.500 maçons que, sob a liderança do Ir∴ Joaquim Saldanha Marinho, fundaram uma nova Obediência, a qual tomou o nome do local onde funcionava: Grande Oriente do Vale dos Beneditinos ou, simplesmente, Grande Oriente dos Beneditinos.

A 25 de novembro de 1863, em uma sessão tumultuada por elementos da oposição, o barão de Cairu era aclamado – dadas as circunstâncias – novo Grão-Mestre do Grande Oriente do Brasil.

Com o falecimento de Cairu, a 26 de dezembro de 1864, era eleito Joaquim Marcelino de Brito para o Grão-Mestrado. Mesmo perdendo algumas Lojas para a agremiação de Saldanha Marinho, o Grande Oriente aumentou seu número de Oficinas, por meio da dinamização que a ele foi imposta, como reflexo da própria emulação provocada pela dissidência.

Em 1869, começavam gestões para reunificar as duas Obediências, por interferência da Maçonaria portuguesa que, em outubro daquele ano, realizara a fusão do Grande Oriente Lusitano com o Grande Oriente Português, daí resultando o Grande Oriente Lusitano Unido. Ocorre que o antigo Grande Oriente Lusitano havia assinado tratado de amizade e reconhecimento com o Grande Oriente dos Beneditinos, enquanto o português possuía o mesmo tratado com o Grande Oriente do Lavradio, o que, depois da fusão, criou uma situação de mal-estar, fazendo com que os maçons portugueses pressionassem os brasileiros para que estes imitassem as Obediências portuguesas.

Em decorrência disso, Saldanha Marinho propõe a Marcelino de Brito, no final de 1869, o início de um diálogo para a união das duas Obediências, o que foi aceito pelo Lavradio, formando, cada um dos grêmios, em 1870, comissão destinada a estudar a questão e cujos trabalhos se estenderiam até 1871.

No plano político-social, a atuação dos maçons e da Maçonaria foi, nessa década, bastante evidente e produtiva em torno do abolicionismo, tema já bastante amadurecido, e do nascente movimento republicano.

Em relação ao abolicionismo, embora só nessa década ele se tivesse tornado mais marcante, o fato é que diversos atos isolados, inclusive de maçons, já marcavam o movimento, como é o caso da atitude pioneira da República Rio-grandense, originária da eclosão da Revolução Farroupilha, liderada pelos maçons Bento Gonçalves e Davi Canabarro, fazendo libertar os escravos.

Depois da lei do maçom Eusébio de Queirós, de 1850, que extinguia o tráfico, a escravatura, no Brasil, continuou a ser mantida pela reprodução. Isso levou o Comitê Francês de Emancipação, entidade organizada pelo Grande Oriente da França, a solicitar ao governo brasileiro, em 1867, a libertação total dos escravos no país; o governo imperial, por meio de Zacarias de Góis, chefe do Gabinete, responderia atenciosamente ao pedido, esclarecendo que, após a Guerra do Paraguai, em que o Brasil se empenhava, a questão seria tratada com carinho.

A essa altura dos acontecimentos, muitas Lojas já se encontravam em plena efervescência abolicionista, além de republicana, já que, na realidade, a campanha pela abolição ocorreu, nos meios maçônicos, com a campanha republicana, sendo ambas baseadas na radicalização de posições assumidas por uma ala jovem da Maçonaria brasileira, representada no governo central, no Parlamento, nos quartéis, nas letras e nas ciências.

No tocante ao movimento republicano, não foi menor a atuação no período, já que, como fruto desse trabalho, era lançado, a 3 de dezembro de 1870, o manifesto republicano, de inspiração maçônica, liderado por Saldanha Marinho e redigido pelo também maçom Quintino Bocaiuva, futuro Grão-Mestre do Grande Oriente do Brasil. Ficava, assim, criado o Partido Republicano, que iria crescer extraordinariamente nos anos seguintes.

Os estudos para a fusão do Grande Oriente do Brasil com o Grande Oriente do Vale dos Beneditinos, encerrando a dissidência de 1863, acabariam dando em nada, diante das posições que seriam assumidas por ambas as Obediências, a partir de abril de 1871.

Uma comissão de notáveis havia sido designada para encontrar um nome aglutinador e experiente para dirigir o Grande Oriente naqueles agitados dias. Indicado inicialmente, o conselheiro José Tomaz Nabuco de Araújo acabou por não aceitar, o que fez com que a comissão se fixasse no nome de José Maria da Silva Paranhos, o visconde do Rio Branco. Essa escolha suscitou muitas objeções, já que a oposição alegava que o visconde, não sendo membro efetivo do Supremo Conselho, não poderia se candidatar ao cargo de Soberano Grande Comendador Grão-Mestre. A objeção acabaria sendo superada, quando o Grande Oriente do Brasil resolveu considerar elegíveis todos os portadores do 33º Grau do Rito Escocês para os cargos de Grão-Mestre e de Grão-Mestre Adjunto.

Em 1870, como ministro dos Estrangeiros, no gabinete do marquês de Itaboraí (Joaquim José Rodrigues Torres, que havia sido Grande Orador do Grande Oriente do Passeio), Paranhos havia assinado o tratado de paz com Assunção (Paraguai), o que lhe valeu a nomeação para o Conselho de Estado e o título de visconde do Rio Branco. Alguns dias antes de assumir o Grão-Mestrado do Grande Oriente do Brasil, ele se tornaria presidente do Conselho de Ministros, tendo sido seu Gabinete o de mais longa duração de toda a história do Império, de 7 de março de 1871 a 25 de julho de 1875.

O mandato do visconde do Rio Branco no GOB representa um dos pontos altos da Maçonaria brasileira.

A gestão de Rio Branco, à frente do Gabinete, foi das mais profícuas do Segundo Império. Do ponto de vista maçônico, entretanto, sua contribuição mais notável foi a apresentação da lei aprovada a 28 de setembro de 1871, a qual declarava livres, daí em diante, as crianças nascidas de escravas, e que passou à história com o nome vulgar de Lei do Ventre Livre (embora tenha, legislativamente, sido denominada "Lei Visconde do Rio Branco"). Sob pressão não só maçônica, mas também política, por parte dos que viam nessa lei uma alternativa ao caos que representaria uma imediata e extemporânea extinção total da escravatura, Rio Branco, aproveitando a viagem do imperador e da imperatriz Teresa Cristina à Europa, com a consequente regência entregue à princesa Isabel, apresentou a lei, que levou seu nome.

Como chefe do Gabinete, ele viria a enfrentar, também, a agitada Questão Religiosa, a qual, embora tenha sido uma pendência entre o alto clero e o governo imperial, acabou envolvendo ambas as Obediências maçônicas brasileiras da época. O pretexto para o desencadeamento das hostilidades foi uma festa maçônica realizada a 2 de março de 1872, para comemorar a aprovação da Lei Visconde do Rio Branco. Durante essa solenidade, pronunciou-se um discurso em que se enaltecia a atuação da Maçonaria na libertação dos escravos, abordando os fatos, desde a lei Eusébio de Queirós. Mas o estopim da crise foi aceso, na solenidade, quando o Grande Orador Interino, padre José Luís de Almeida Martins, destacado maçom, pronunciou um veemente discurso, no qual enaltecia a Maçonaria e o Grão-Mestre do Grande Oriente do Brasil, pela obra realizada em torno da abolição gradual da escravatura. O discurso foi publicado, no dia seguinte, pelos jornais diários, causando a reação do bispo do Rio de Janeiro que, advertindo o padre, exigiu que ele abandonasse a Maçonaria. Diante da recusa deste, o bispo o suspendeu. Isso acabaria desencadeando a querela.

Diante da reação do bispo do Rio de Janeiro, as duas Obediências, do Lavradio e dos Beneditinos, apressaram-se a defender o Irmão atingido.

Após o entrevero com os bispos, os dois Orientes tentaram se reunir, mas tudo foi em vão.

No cenário político, no ano de 1873 ocorreria um fato de extraordinária importância para o movimento republicano: a Convenção de Itu, de inspiração maçônica e que tivera seus pródromos a 10 de novembro de 1871, quando 78 partidários da república federativa haviam se reunido, em Itu, na província de São Paulo, com a finalidade de organizar o partido republicano local, criando um clube republicano que pudesse servir de núcleo e centro do partido. Como corolário desse movimento, a 18 de abril de 1873, com a presença das principais lideranças políticas, era realizada a primeira

Convenção Republicana no Brasil, a qual ficou conhecida como Convenção de Itu.

A par da campanha republicana, encetada por várias dessas Lojas, prosseguia a luta abolicionista, que contava com maçons de peso, como Luís Gama, Joaquim Nabuco e José do Patrocínio.

Em 1880, nas eleições realizadas a 15 de março, Rio Branco era reeleito para o cargo de Grão-Mestre. O GOB, todavia, seria, na prática, dirigido pelo Adjunto, pois Rio Branco, cada vez mais doente, não tinha mais condições físicas para o exercício do cargo, vindo a falecer a 1º de novembro do mesmo ano.

Em 1882 e sob o Grão-Mestrado de Cardoso Júnior, chegava ao fim a cisão na Maçonaria brasileira, com a fusão das duas Obediências. Saldanha Marinho, já doente e cansado, sem poder comandar, convenientemente seu Grande Oriente "Unido", pedira demissão de seu cargo, a 30 de março de 1882, incentivando, inclusive, a fusão, cujas negociações foram mais incrementadas a partir do momento em que o Supremo Conselho dos Estados Unidos, jurisdição Norte, reconhecia o Grande Oriente do Brasil, em junho do mesmo ano, ocasião em que foram expedidas as patentes de reconhecimento mútuo. Assim, a 18 de dezembro de 1882, era considerado extinto o Grande Oriente Unido, antigo dos Beneditinos, oficializando-se a união 30 dias depois, a 18 de janeiro de 1883, permanecendo uma Obediência única, sob o título original: Grande Oriente do Brasil.

No plano político-social, prosseguia a luta abolicionista e recrudescia a campanha republicana, com participação ativa de muitas Lojas. A lei dos Sexagenários que libertava os escravos que se encontravam nessa faixa etária, ou acima dela, e a Lei Áurea de 13 de maio de 1888, que extinguia totalmente a escravidão, completariam a luta abolicionista e ajudariam a precipitar o fim do Império, já que a abrupta abolição causara grande descontentamento entre os proprietários de terras, pois não houvera tempo suficiente para que eles substituíssem, em suas lavouras, o braço escravo.

A campanha republicana, por seu lado, era incrementada pela Questão Militar, que na verdade consistiu em uma série de atritos, acontecidos entre 1883 e 1889, entre políticos e militares, causados pelo brio destes e pela inabilidade de políticos e ministros. Esses atritos iriam criar uma atmosfera propícia para o levante militar final, em 1889, o qual resultaria na implantação do regime republicano, sob a liderança de maçons militares como Manuel Deodoro da Fonseca e Benjamim Constant Botelho de Magalhães.

Apesar da intensa movimentação, os velhos militares, com patente de major para cima, tinham grande respeito pelo imperador, que durante a Guerra do Paraguai se mantivera firme ao lado dos alvos nacionais da campanha sustentada pelas Forças Armadas. Os postos inferiores, entretanto, estavam preenchidos por jovens alunos das escolas militares, os quais, além de não experimentar sentimentos semelhantes aos dos oficiais mais antigos, estavam altamente doutrinados pelo professor de maior prestígio da Escola Militar, aquele que viria, por sua atuação, a ser cognominado "o pai da República": o maçom e positivista tenente-coronel Benjamim Constant, que fazia aberta apologia do movimento republicano e era um dos mais categorizados críticos do governo imperial.

A par das atividades militares, com a atuação de muitos maçons, era grande a efervescência nas Lojas e nos clubes republicanos de inspiração maçônica, destacando-se, nesse período, muitos maçons civis, que seriam chamados de "republicanos históricos": Quintino Bocaiuva (fundador do jornal *A República* e futuro Grão-Mestre do GOB), Campos Sales (futuro presidente da República), Prudente de Moraes (primeiro presidente civil da República), Silva Jardim, Rangel Pestana, Francisco Glicério, Américo de Campos, Pedro de Toledo, Américo Brasiliense, Ubaldino do Amaral, Aristides Lobo, Bernardino de Campos e outros.

O levante para a Proclamação da República ocorreu em 15 de novembro de 1889. Deposto todo o Conselho de Ministros, presidido pelo visconde de Ouro Preto, Deodoro, todavia, em um rasgo de sua antiga fidelidade a D. Pedro II, não se dispunha a tomar providências para implantar a república, tendo declarado a Ouro Preto que iria mandar procurar o imperador, em Petrópolis, para propor-lhe um novo gabinete. Foi aí que, mais uma vez, entrou em cena Benjamim Constant, que fez ver, a Deodoro, o perigo que eles correriam, daí em

Primeiro Ministério Republicano

diante, por sua rebeldia com a sobrevivência do governo imperial. E assim se fez a república no Brasil.

Implantada a república, Deodoro assumiria o poder, como chefe do Governo Provisório, com um ministério totalmente constituído por maçons: Quintino Bocaiuva, na Pasta dos Transportes; Aristides Lobo, na do Interior; Benjamim Constant, na da Guerra; Rui Barbosa, na da Fazenda; Campos Sales, na da Justiça; Eduardo Wandenkolk, na da Marinha; e Demétrio Ribeiro, na da Agricultura. Esses homens foram escolhidos pelo fato de representarem – com exceção de Rui Barbosa –, a nata dos "republicanos históricos", que, por feliz coincidência, pertencia ao Grande Oriente do Brasil, em uma época em que a Maçonaria abrigava os melhores homens do país e a elite intelectual da nação.

A 19 de dezembro do mesmo ano de 1889, pouco mais de um mês após a implantação da república, Deodoro, sendo chefe do Governo Provisório, era eleito Grão-Mestre do Grande Oriente do Brasil.

A partir dessa data, a "matriz Benjamim Constant" positivista toma o poder no GOB.

VI – A República Velha

Durante o período da República Velha – 1889/1930 –, assistir-se-á a um *changez de place* na presidência da República entre dois grupos maçônicos: a matriz positivista e militar de Benjamim Constant e o núcleo civil e liberal do estado de São Paulo. O final dessa época culmina também com a grande cisão do GOB de 1927, início do declínio institucional da Maçonaria brasileira, que perdura até os dias atuais. Antes de 1927 a história da Maçonaria estava imbricada com a história do Brasil, para não dizer que eram a mesma. A partir de então, as duas se separam.

A 24 de fevereiro de 1891, o Congresso Constituinte aprovava e promulgava a primeira Constituição da República, a qual instituiu o presidencialismo, o laicismo e o federalismo. Dois dias depois, a assembleia elegia os governantes definitivos, pondo fim ao Governo Provisório, que marcara a etapa de transição. Uma das chapas que se apresentaram à eleição tinha, como candidato à presidência, o marechal Deodoro, Grão-Mestre do Grande Oriente do Brasil, e, como candidato à vice-presidência, o também maçom almirante Eduardo Wandenkolk, enquanto a chapa de oposição era encabeçada pelo maçom Prudente de Morais, tendo como candidato a vice-presidente o marechal Floriano Peixoto. Deodoro venceu por estreita margem de votos (129 a 97), enquanto Floriano derrotava Wandenkolk. A partir de então, a Marinha iria contestar o Exército, que detinha as rédeas da República.

Deodoro encontrou um Parlamento hostil, que só o elegera sob a ameaça de intervenção armada. Não poderia, portanto, governar com ele. E o dissolveu, a 3 de novembro de 1891.

Com isso, perdeu todos os apoios, inclusive nos meios militares, pois uma ditadura seria uma mancha muito grande para um regime republicano que ainda engatinhava e que procurava sua consolidação. E quando, a 23 de novembro, o almirante Custódio de Melo, a bordo do encouraçado *Riachuelo*, declarou-se em revolta, em nome da Armada, Deodoro, encontrando-se só, renunciou, para não desencadear uma guerra civil, entregando o governo ao seu substituto constitucional, Floriano Peixoto.

Deodoro, desencantado, então, com tudo, renuncia também ao Grão-Mestrado, em carta de 18 de dezembro de 1891.

No plano social, os maçons, diante dos problemas surgidos com a rápida industrialização do país, principalmente no estado de São Paulo, começavam a tratar dos interesses do incipiente operariado industrial, ainda sem organismos protetores.

A 30 de junho de 1892, realizavam-se novas eleições para o Grão-Mestrado do Grande Oriente do Brasil, sendo eleito Macedo Soares.

Enquanto tudo isso ocorria internamente, no âmbito externo político-social, os maçons, como toda a sociedade em geral, enfrentavam tempos agitados, existia um conflito entre os maçons militares positivistas do estado do Rio de Janeiro e os maçons civis, principalmente do estado de São Paulo.

Após um período de conflitos civis e armados, Floriano entrega o poder no final de seu mandato ao seu sucessor paulista, o Ir∴ Prudente de Morais, que era o representante das oligarquias rurais e, portanto, do federalismo, enquanto os militares positivistas retornavam à caserna, finda que estava a espinhosa missão de consolidar o regime.

Obviamente houve, durante esse período, certa confusão entre as classes mais politizadas da nação, incluindo-se a Maçonaria, dirigida pelo conselheiro Macedo Soares. Enquanto uma parte do mundo maçônico encontrada, principalmente, entre os oficiais das Forças Armadas, apoiava quase geralmente os atos de Floriano, outra facção, ligada à política regional e às oligarquias rurais, promovia revoltas, como a guerra civil do Rio Grande do Sul, envolvendo os parlamentaristas do maçom Silveira Martins e os presidencialistas, liderados por Júlio de Castilhos, que tinha o apoio de Floriano.

Terminado o governo do Ir∴ Prudente de Morais, o poder permaneceria, pacificamente, nas mãos das oligarquias rurais – como, de resto, ocorreu até 1930 – com a eleição do Ir∴ Campos Sales, expoente da Maçonaria do estado de São Paulo, cujo governo foi caracterizado pelo grande realismo na política econômico-financeira do maçom Joaquim Murtinho, ministro da Fazenda.

Em fevereiro de 1901, realizadas novas eleições, no Grande Oriente do Brasil, era eleito, para o cargo de Grão-Mestre, Quintino Bocaiuva, que no dia da proclamação da República cavalgou ao lado do marechal Deodoro, e tendo como Adjunto Henrique Valadares, discípulo na Escola Militar de Benjamim Constant. A matriz positivista mantinha seu controle sobre o GOB.

Quintino Bocaiuva, apesar de todo o trabalho efetuado, não podia se dedicar integralmente ao Grão-Mestrado, pois fora eleito e, a 31 de dezembro de 1900, empossado no cargo de presidente do estado do Rio de Janeiro, para um mandato de três anos, o que fez com que, em várias ocasiões, ele fosse substituído por Henrique Valadares. Mesmo assim, concluiu seu mandato no Grande Oriente, com grande saldo positivo, a 21 de junho de 1904, entregando o malhete de supremo mandatário da Maçonaria brasileira ao general Lauro Sodré, positivista, senador da República por vários mandatos, candidato à presidêcia da República contra o Ir∴ Campos Sales, e secretário de Benjamim Constant quanto este ocupou a pasta da Guerra.

Essa matriz positivista, juntamente com os maçons, também positivistas, do estado do Rio Grande do Sul, entrará em conflito com os presidentes da República da época, egressos da Maçonaria liberal e civil do estado de São Paulo. Lauro Sodré será até mesmo preso, enquanto GM do GOB, no encouraçado *Deodoro* por quase seis meses.

Na política republicana brasileira, nessa década, entre outros maçons, sobressaiu-se o filho do visconde do Rio Branco, o barão do Rio Branco, patrono da Diplomacia brasileira que, em 1902, foi nomeado, pelo presidente Rodrigues Alves, ministro das Relações Exteriores do Brasil, ocupando o cargo até morte, em fevereiro de 1912, durante os governos dos IIr∴ Rodrigues Alves, Afonso Pena, Nilo Peçanha e Hermes da Fonseca, com grande destaque na resolução dos litígios com nações limítrofes.

No final do governo do presidente Ir∴ Rodrigues Alves, era eleito, para a presidência da República, o mineiro Ir∴ Afonso Pena, iniciando a alternância São Paulo/Minas Gerais no poder. Tendo sido eleito por uma coligação dos partidos situacionistas estaduais – os verdadeiros donos da política da época –, que se haviam oposto a um candidato da preferência de Rodrigues Alves, Afonso Pena encontraria o Congresso comandado por uma maioria liderada pelo senador Ir∴ Pinheiro Machado, líder político e maçônico, o que fazia supor que os problemas sucessórios deveriam ser submetidos, necessariamente, à apreciação desse grupo, composto por uma maioria de maçons de diversos estados. Tendo surgido a candidatura do Ir∴ Davi Campista, em 1908, suscitando grande resistência, pois ele se proclamava um intervencionista, o grupo liderado por Pinheiro Machado esposou a candidatura do maçom Hermes da Fonseca que, em sua gestão no Ministério da Guerra, criara fama de grande administrador.

Ocorreria, então, o falecimento de Afonso Pena, no auge da crise, com a consequente ascensão ao poder de Nilo Peçanha, também líder maçônico, o qual iria ser Grão-Mestre do Grande Oriente do Brasil de 1917 a 1919. Em torno dele, iria se fixar o oficialismo político em relação à candidatura do Ir∴ Hermes da Fonseca, general e sobrinho de Deodoro da Fonseca, o que provocou, pela primeira vez na história da República, uma séria candidatura de oposição, por meio de Rui Barbosa. Hermes, todavia, seria eleito, pois tinha o apoio dos principais estados.

Terminado o período de Hermes da Fonseca, os nomes mais cotados para a presidência da República eram os do Ir∴ Pinheiro Machado e do Ir∴ Rui Barbosa. Todavia, um acordo entre os partidos republicanos dominantes de São Paulo e Minas Gerais traria à baila o nome do vice-presidente da República, o maçom Venceslau Brás, o qual foi eleito sem oposição, enquanto o mundo se debatia na Primeira Guerra Mundial.

Com a eleição de Lauro Sodré para governador do estado do Pará, será eleito GM do GOB Nilo Peçanha, em 1º de junho de 1917. O Brasil entrará na guerra a 26 de outubro do mesmo ano.

No governo da República, acabado o mandato de Venceslau Brás, em 1918 era eleito, para um novo mandato presidencial, Rodrigues Alves, que viria a falecer antes de tomar posse, o que fez com que o vice, Ir∴ Delfim Moreira, assumisse até julho de 1919. Como este, cansado e doente, não tinha condições de comandar a política nacional, foi eleito, para completar o quatriênio, Epitácio Pessoa, que teria de enfrentar graves crises políticas.

Em 1919, a política maçônica, liderada por Nilo Peçanha, foi geralmente de oposição ao presidente Epitácio Pessoa, pois Nilo havia indicado Rui Barbosa para completar o período governamental de Rodrigues Alves.

Essa posição seria mantida, embora com menor intensidade, durante o Grão-Mestrado do general Tomás Cavalcanti de Albuquerque, que viria a suceder Nilo Peçanha, quando este renunciou ao seu mandato, a 24 de setembro de 1919.

Enquanto o ambiente político estava agitado, diante da nova eleição presidencial e dos episódios que, supostamente, envolviam Artur Bernardes, a situação do Grande Oriente também não era tranquila, pois iniciava a década com nova cisão, provocada por uma eleição fraudulenta.

Com a morte, a 28 de janeiro de 1921, do Grão-Mestre Adjunto Luís Soares Horta Barbosa, realizaram-se novas eleições, a 25 de abril daquele ano, para o preenchimento do cargo vago. A 3 de março, havia se realizado, no Rio de Janeiro, uma convenção para a escolha do candidato ao cargo; nessa reunião, com pouco mais de 40 convencionais, surgiram duas candidaturas: a de Mário Marinho de Carvalho Behring, sustentada por uma pequena maioria que detinha o poder no Grande Oriente, e a do general José Maria Moreira Guimarães. Com o apoio de São Paulo, que não se fizera representar na convenção, Moreira Guimarães obteve a maioria dos votos. Manipulando, todavia, os dados, a junta apuradora anulou votos de ambos os lados, mas principalmente os do general, de tal maneira que Behring acabaria sendo eleito. Como se verá mais adiante, Behring será o responsável por uma das maiores cisões que sofrerá o GOB no século XX e que perdura até os dias atuais.

Ao final da gestão do general Tomás Cavalcanti, Nilo Peçanha era indicado, mais uma vez, para o Grão-Mestrado. Os acontecimentos políticos do país, nesse agitado período, todavia, acabariam por tornar inoportuna sua candidatura – ele fora, inclusive, ilegalmente preso, apesar de suas imunidades como senador da República –, fazendo com que elementos ambiciosos saíssem da sombra e iniciassem o trabalho de intriga, visando galgar os altos postos do Grande Oriente do Brasil.

Os elementos que ambicionavam o Grão-Mestrado estavam ligados ao Ministério da Justiça de Artur Bernardes, então ocupado pelo maçom João Luís Alves.

A 20 de maio de 1922, Mário Behring seria eleito Grão-Mestre do Grande Oriente do Brasil, com o beneplácito de João Luís Alves.

Enquanto isso, ia agitado o ambiente político nacional, com a publicação das cartas, atribuídas a Artur Bernardes – e que se verificou, depois, serem falsas –, contendo insultos ao Exército. Liderando a revolta contra as cartas, encontrava-se o Clube Militar, presidido por Hermes da Fonseca, o que provocaria a reação governamental com o fechamento do Clube e a prisão de Hermes, fatos que provocariam o maior inconformismo das Forças Armadas e a revolta do Forte de Copacabana, a 5 de julho de 1922, no episódio conhecido como o "dos 18 do Forte", que iniciou a mística do movimento conhecido como "tenentismo", o qual iria assumir o poder com o golpe de 1930.

Eleito e empossado na presidência da República, Artur Bernardes teve um dos mais agitados períodos presidenciais, só comparável ao de Floriano, governando, praticamente, sob estado de sítio e intervenção federal nos estados, embora combatido por alguns poucos destemidos, como o maçom Nilo Peçanha, ex-Grão-Mestre do Grande Oriente.

Em seu governo, eclodiu em São Paulo a revolta de 5 de julho de 1924 – durante a qual as Lojas maçônicas foram fechadas –, chefiada pelo general Isidoro Dias Lopes e sufocada em 22 dias; no mesmo ano, em outubro, estouraria, no Rio Grande do Sul, outro movimento rebelde, liderado pelo capitão Luís Carlos Prestes que, juntamente com os remanescentes da revolta paulista, formou a "Coluna Prestes", que realizou a marcha de 30 mil quilômetros pelo interior do Brasil, sempre perseguida pelas forças governamentais.

VII – A grande cisão de 1927

A cisão de 1927 cria, no Brasil, as Grandes Lojas estaduais que vigoram até os dias de hoje.

No âmbito interno da Ordem, Mário Behring estava licenciado, mas reassumiu a 23 de junho de 1925, diante do risco que corria sua reeleição. Behring ganha as eleições em um pleito fraudado. A partir de então, as cisões no GOB ocorrerão sempre por perda de eleições. A Assembleia Geral, em sessão extraordinária, reconhecera a fraude. Estabelecido o impasse, em nova assembleia, no dia 8, os três candidatos propõem a anulação do pleito e a convocação de nova eleição. Em decorrência disso, Behring reassume a 23 de junho e dissolve o Conselho Geral da Ordem. Vinte dias depois, a 13 de julho, ele renunciava ao Grão-Mestrado, após ver desmoronar seu sonho de reeleição e diante da impossibilidade de saldar o empréstimo contraído em 1924. Assumiria, então, como Grão-Mestre Interino, o Adjunto Bernardino de Almeida Sena Campos, amigo e correligionário de Behring.

Em sessão especial da Assembleia Geral, a 21 de dezembro de 1925, para apuração da nova eleição, eram proclamados e reconhecidos os mais votados: Vicente Saraiva de Carvalho Neiva, para o cargo de Grão-Mestre, e João Severiano da Fonseca Hermes, para o cargo de Adjunto. Carvalho Neiva tivera 3.179 votos, enquanto Behring recebia apenas 317, em um verdadeiro julgamento plebiscitário de sua gestão.

Apesar de renunciar ao cargo de Grão-Mestre, Behring manteve o de Soberano Grande Comendador do Supremo Conselho do REAA, contrariando o disposto na lei maior do Grande Oriente, a qual previa a ocupação dos dois cargos pelo Grão-Mestre, já que a

Obediência era mista, fato que fora totalmente aceito nos Congressos Internacionais de 1907, 1912 e 1922.

Nessa ocasião, Behring já começava a tramar a cisão que viria a ocorrer em 1927, pois tratara, a 2 de novembro de 1925, de registrar os estatutos do Supremo Conselho, embora já houvesse um assento do Grande Oriente – como Obediência mista – englobando o Supremo Conselho, feito por ocasião da promulgação da Constituição de 1907. Esse registro de 1925, portanto, era totalmente nulo, mas serviria posteriormente aos desígnios de Behring.

Diante do conflito, assume finalmente a direção do GOB Octavio Kelly, que fora eleito para o cargo e empossado a 21 de março do mesmo ano, que tentará sanar os estragos promovidos por Behring.

Behring, todavia, sabendo antecipadamente o que iria ocorrer, promoveu, no dia 17 de junho de 1927 (aniversário do GOB), fora do Lavradio – e, portanto, às escondidas –, uma reunião extraordinária do Supremo Conselho, com apenas 13 membros efetivos, e declarou sua separação do Grande Oriente, sem ter esquecido, antes, de subtrair todos os papéis e documentos dos arquivos do Supremo Conselho, no Lavradio, transportando-os para outro endereço, em um flagrante delito maçônico, pois os papéis não lhe pertenciam.

Behring refere-se às eleições procedidas no Supremo Conselho desde 1921 e que se tornou necessário votar o tratado entre o Supremo Conselho e o Grande Oriente; e, considerando que vinha pedindo a reforma da Constituição, sem êxito, o Supremo Conselho deliberara, por unanimidade – de apenas 13 dos 33 membros – denunciar, à Confederação Internacional do Rito, a situação e, consequentemente, o tratado de 1926. E termina por anunciar que se desliga do Conselho Geral.

Os dirigentes do GOB não souberam aquilatar o significado de tal decisão, apelando para uma união bem próxima, sem saber que o golpe mortal sobre o Grande Oriente já fora veladamente desferido.

Behring refere-se, inicialmente, às eleições procedidas no Supremo Conselho, em 1922. Diz que, após o malogro da Constituinte, fora necessário selar o tratado entre o Supremo Conselho e o Grande Oriente, para cumprir as resoluções da Conferência de Lausanne, de 1922. Que o Supremo Conselho vinha solicitando reforma da Constituição sem a obter e que, por isso, no dia 17, deliberara denunciar à Confederação Internacional do Rito a união em que vivia com o Grande Oriente e, consequentemente, o tratado celebrado em 1926. Termina dizendo que o Supremo Conselho mantém seu decreto de 1921, motivo pelo qual ele reconhece, unicamente, as Grandes Constituições e os Estatutos do Rito Escocês, só lhe restando, portanto, se retirar do seio do Conselho da Ordem. Era a suprema rebelião. Mas dava a entender que haveria, apenas, a separação das Obediências – Supremo Conselho e Grande Oriente – sem que fosse provocada a cisão no simbolismo.

Behring, todavia, programara essa cisão, criando um substrato simbólico para o seu Supremo Conselho, na figura de Grandes Lojas estaduais. A primeira delas, a da Bahia, já havia sido fundada a 22 de maio de 1927, recebendo, do Supremo Conselho, a carta constitutiva nº 1; outras duas, logo depois de declarada a cisão, foram: a do Rio de Janeiro e a de São Paulo.

A partir de então a Maçonaria brasileira entrou em um processo de declínio, deixando de ser um grupo de elite estratégico para se tornar um grupo convencional de classe média, como muitos que existem no Brasil.

A Revolução de 1930 irá aprofundar mais ainda essa característica até os dias atuais, quando o crescimento do GOB a taxas chinesas poderá gerar uma mudança qualitativa.

A 3 de agosto de 1927, Behring e seus seguidores lançam um Manifesto às Oficinas Escocesas do Brasil e um decreto – que ficou famoso pela atitude inusitada envolvida – declarando, oficialmente, o Grande Oriente como potência irregular no seio da Maçonaria Universal. O inusitado é uma Obediência dos Altos Graus escoceses declarar irregular uma Obediência simbólica. Mesmo assim, não deixou Behring, desde que promoveu a cisão, de cortejar a Grande

Loja Unida da Inglaterra, no sentido de obter desta o reconhecimento para suas Grandes Lojas, o que lhes daria a tradicional regularidade emanada da Obediência Mater. Nada conseguiria, entretanto, como se verá posteriormente, pois a Grande Loja Unida da Inglaterra sempre reconheceu o GOB como seu parceiro no Brasil.

VIII – A Revolução de 1930

Enquanto o Grande Oriente do Brasil passava por essa convulsão interna, o país, depois do agitado período de Artur Bernardes, iria conhecer um tempo de relativa tranquilidade, com a ascensão, à presidência da República, do maçom Washington Luís Pereira de Sousa, em 1926.

O governo de Washington Luís seria tranquilo até 1929, quando a grande crise mundial desencadeada pela quebra da Bolsa de Valores de Nova York trouxe problemas econômicos ao país, com o grande aumento dos estoques de café, em uma situação agravada pela recusa do governo em auxiliar, financeiramente, a lavoura em crise.

O ano de 1930 começava, para todo o Brasil, sob o signo da intranquilidade. A par da grande depressão econômica, oriunda da crise mundial de 1929, havia grande perturbação nas esferas políticas em decorrência da crise que o país atravessava, com a violenta queda da estrutura econômica, baseada na exportação do café.

Desse o início da República até 1930, São Paulo partilharia, com Minas Gerais, sua influência na política e na administração do país.

Já antes da crise de 1929, a política de valorização do café, do governo de Washington Luís, encontrava adversários dentro do próprio Partido Republicano Paulista (PRP), que reunia a burguesia cafeeira de São Paulo.

Ao se aproximarem as eleições para a presidência, o PRP indicava, para suceder a Washington Luís, o ex-presidente do Estado, líder do governo na Câmara e maçom Júlio Prestes de Albuquerque, deixando de lado dois nomes de projeção nacional: Borges de Medeiros, ex-presidente do Rio Grande do Sul, e Antônio Carlos Ribeiro de Andrada, presidente de Minas Gerais. Este, então, passou a franca oposição, estabelecendo, com o Rio Grande do Sul, uma coligação política denominada "Aliança Liberal", que lançaria a chapa Getúlio Vargas-João Pessoa para combater a de Júlio Prestes-Vital Soares.

A 1º de março de 1930, realizadas as eleições, vencia, como era esperado, a máquina eleitoral do PRP, tendo, em ambos os lados, funcionado a fraude eleitoral. A oposição, então, começou a conspirar para promover o levante armado contra o governo, e tendo sido o estopim da revolta o assassinato de João Pessoa, a tiros, por João Duarte Dantas, por simples questões familiares da Paraíba – estado presidido por Pessoa – e sem nenhuma conotação política, mas que foi muito explorado pelos rebeldes.

Eclodida a revolta, em Porto Alegre, a 3 de outubro de 1930, ela culminaria com a deposição do presidente constitucional, Washington Luís, e a entrega do poder a Getúlio Vargas, que governaria durante 15 anos, primeiro como chefe do governo provisório, depois como presidente constitucional e, finalmente, como ditador absoluto, até sua deposição, em 1945. O golpe de 1930 e a ascensão de Vargas ao poder teriam grande repercussão na Maçonaria brasileira, proporcionando-lhe um período de estagnação e, até, de involução, do qual está até hoje se recuperando.

No Grande Oriente, Otávio Kelly, desencantado com a insistente oposição e com as perseguições que lhe moviam, deixava o cargo, a 17 de junho de 1930, só retornando a 3 de julho, depois de promulgada a nova Constituição do GOB, a 19 de junho. Em outubro de 1930, diante da convulsão social e política causada pelo golpe de 24 de outubro, com implantação de estado de sítio e fechamento dos bancos, muitas Lojas suspenderam seu funcionamento, até por dificuldades de ordem financeira. No mesmo ano de 1930, o Grande Oriente do Brasil havia participado do Congresso de Bruxelas, realizado pela AMI (Associação Maçônica Internacional), sendo reconhecido como única Potência Simbólica no Brasil.

IX – De 1930 à transferência da capital

Da Revolução de 1930 à transferência da capital do Brasil do Rio de Janeiro para Brasília, cidade esta inaugurada pelo presidente Juscelino Kubitschek em 1960, poucos fatos estratégicos foram dignos de nota na Maçonaria brasileira.

Dentre estes, podem ser citados o Tratado do GOB com a Grande Loja Unida da Inglaterra, em 1934, pelo Grão-Mestre general Moreira Guimarães.

A partir de 1935, o ambiente político-social do país iria ser, mais uma vez, agitado, envolvendo evidentemente o Grande Oriente do Brasil, representante ainda de uma parcela ponderável e atuante da sociedade brasileira, apesar de ter perdido a característica de elite estratégica do país. Os extremismos de direita e de esquerda passam a fazer parte do ideário político de parcelas ponderáveis da elite brasileira.

Driblando as escaramuças ideológicas, Vargas, por meio da docilidade do Congresso, não tardou a dar o golpe de Estado. E este aconteceu a 10 de novembro de 1937, quando era dissolvido o Congresso, extintos todos os partidos e a Constituição de 1934, e publicada uma nova Constituição de cunho autoritário. Estava implantada a ditadura do Estado Novo.

Isso iria repercutir em todas as instituições sociais brasileiras, não sendo o Grande Oriente do Brasil uma exceção. O fechamento da Maçonaria foi aconselhado ao governo, a 25 de novembro de 1937, 15 dias após o golpe.

Em 1941, as Lojas Maçônicas que haviam permanecido fechadas desde a implantação do Estado Novo, em 1937, procuravam voltar à sua normalidade, embora sob a mira dos beleguins da ditadura, infiltrados na própria instituição, e embora sob o peso de decretos maçônicos castradores da liberdade de manifestação do pensamento.

A 22 de agosto de 1942, em vista da série de torpedeamentos dos navios mercantes por submarinos alemães, o Brasil, por nota ministerial, reconheceu o estado de guerra com os países do Eixo, pensando-se então no envio, à Europa, de uma Força Expedicionária Brasileira.

Em todo o desenrolar da guerra, como acontecera durante o primeiro conflito mundial, havia intensa movimentação e comunicação maçônicas entre Obediências.

Em abril de 1943, atendendo à solicitação do governo, o Grande Oriente recomendava às Lojas que adquirissem bônus de guerra, para auxiliar o esforço bélico dos países aliados.

Com o fim da guerra, o ditador Getúlio Vargas era deposto por um golpe de estado, a 29 de outubro de 1945.

Em 24 de junho de 1953, foi eleito Grão-Mestre o almirante Benjamim Sodré, filho do ex-Grão-Mestre Lauro Sodré, tendo como Adjunto Ciro Werneck de Sousa e Silva, que seria GM a partir de 1955. A matriz positivista ainda dava as cartas no GOB.

Vargas voltaria ao poder por eleições diretas em 1950. Em meados de 1954, o Brasil passava por um dos grandes traumas de sua existência, o qual propiciaria uma grave crise política e institucional. Surgiram denúncias e mais denúncias de escândalos administrativos, aproveitados pela oposição, à frente da qual se destacava o jornalista e deputado Carlos Lacerda, filho do político e maçom Maurício de Lacerda. No dia 4 de agosto de 1954, ao retornar de uma conferência, Lacerda foi vítima de um atentado a tiros, no qual foi morto um oficial da Aeronáutica; e a situação iria se tornar extremamente grave quando o inquérito, então instalado, mostrou que o assassino era dirigido por um áulico do presidente. Este, a 23 de agosto, crendo que venceria a crise, com um pedido de afastamento temporário, viu na manhã seguinte que isso não satisfazia a oposição. Sem poder então contornar a crise, suicidou-se, no dia 24, com um tiro no coração.

Assumindo em meio à crise e ao trauma gerado pelo gesto de Vargas, o vice-presidente João Café Filho presidiu a eleição do novo presidente da República. Foi eleito, então, o ex-governador de Minas

Gerais, Juscelino Kubitschek de Oliveira, tendo como vice-presidente João Goulart, que tomaram posse a 31 de janeiro de 1956.

Em 1957, O Grande Oriente do Brasil participava, como Obediência internacionalmente reconhecida, do Congresso Maçônico Internacional de Haia, na Holanda. Na exposição, então apresentada, o Grão-Mestre Ciro Werneck fala da história do Grande Oriente e dos reconhecimentos internacionais de que ele desfrutava naquela época.

No governo da República, o presidente Juscelino Kubitschek, programando uma série de metas a ser atingidas, tinha como fundamental a mudança da capital federal do Rio de Janeiro para o Planalto Central, aspiração que, embora muito antiga – lembrada, já, na Constituinte do Império, de 1823, e registrada na Constituição republicana de 1891 –, jamais fora levada avante. Em decorrência, entretanto, da firmeza do governo, lançando as bases de Brasília, a nova capital, no Planalto Central, várias entidades – e, entre elas, o Grande Oriente – começaram a planejar a futura mudança de sua sede central para o novo Distrito Federal.

O ano de 1961 começava, para o Brasil, com a posse de um novo presidente da República, Ir∴ Jânio Quadros, que durou apenas sete meses no poder, tendo renunciado em agosto de 1961.

Isso desencadeou uma crise política sem precedentes na história republicana, envolvendo também o Grande Oriente do Brasil, pois, depois de o cargo ser entregue, na forma constitucional, ao presidente da Câmara Federal, Pascoal Ranieri Mazzilli, já que o vice-presidente João Goulart encontrava-se na Ásia, os ministros militares, considerando perigosa a entrega do poder a Goulart, pediam ao Congresso a declaração de seu impedimento. Seguiram-se alguns dias de apreensões, com vários segmentos da sociedade defendendo a intangibilidade do mandato do vice-presidente.

O Grão-Mestre Ciro Werneck, em nome do Grande Oriente do Brasil, manifestou-se publicamente pelo respeito à Constituição, com a consequente posse de Goulart na presidência.

X – O movimento militar de 1964

Diante dos protestos emanados de diversos setores da sociedade brasileira, encontrou-se, depois de dez dias de incertezas, uma solução política para a crise: o Congresso resolvia convocar o vice-presidente, mas tirava-lhe os poderes, aprovando, sob a forma de Ato Adicional à Constituição, a instituição do sistema parlamentarista. A 7 de setembro de 1961, Goulart assumia o cargo, indicando para a presidência do Conselho de Ministros o político mineiro Tancredo Neves, do PSD.

No Grande Oriente do Brasil, no ano de 1963, ocorriam novas eleições para os cargos de Grandes Dignidades, sendo eleito Grão-Mestre Álvaro Palmeira, empossado a 24 de junho.

Enquanto o Grande Oriente entrava em fase de relativa calmaria, o ambiente político do país prosseguia em crescente agitação, pois Goulart, fortalecido pelo plebiscito de 1963, propunha ao Congresso várias reformas de base (agrária, fiscal, política e universitária), que, embora reconhecidas como necessárias pela maioria oposicionista no Congresso, suscitavam discordâncias pela maneira como seriam feitas, principalmente a reforma agrária.

Na madrugada de 31 de março, irrompia o movimento político-militar que iria depor Goulart, ocasionando sua fuga para o exterior. Em seguida, era emitido um ato institucional, que suspendia as garantias constitucionais e iniciava um expurgo na vida pública do país.

A 15 de abril, eleito pelo Congresso, assumia a presidência da República o marechal Humberto de Alencar Castelo Branco.

Nesses agitados dias, embora houvesse uma divisão de opiniões na Maçonaria brasileira, a maioria dos maçons apoiou, inicialmente, o movimento, diante da situação caótica para a qual caminhava o país. Em nenhum momento, no período do regime militar, o Grande Oriente do Brasil, como instituição, foi molestado, embora a repressão que se seguiu à queda de Goulart tenha atingido a intimidade dos templos maçônicos, não diretamente pelo governo, mas por meio da corrente que apoiara o movimento e que iniciava, no seio da instituição, uma verdadeira caça às bruxas, a qual iria ser incrementada a partir de 1968, quando foi fechado o Congresso Nacional e editado o Ato Institucional nº 5 – AI-5. Era a "revolução na revolução".

XI – A cisão de 1972/1973

Em 1973 aconteceu a última cisão, também por questões eleitorais, em 27 de maio, quando vários Grão-Mestres estaduais abandonaram o GOB. Tal movimento, sob a liderança do Grão-Mestre de São Paulo Ir∴ Danilo, eliminado anteriormente do GOB, assinou uma proclamação em que se declaravam autônomos, surgindo ali o Colégio de Grão-Mestres, que resultou atualmente na COMAB – Confederação da Maçonaria Brasileira.

Sérias dissensões no Grande Oriente do Brasil iriam ser uma das causas remotas da crise institucional que a Obediência enfrentaria, a partir de 1970, resultando na cisão de 1973, produto do acirramento ideológico.

No governo federal, sucedendo ao presidente Castelo Branco, assumia o governo, a 15 de março de 1967, o marechal Artur da Costa e Silva. No dia da posse de Costa e Silva, entrava em vigor a nova Constituição brasileira, que fora promulgada pelo Congresso Nacional a 24 de janeiro.

Durante todo esse período, o GOB não se notabilizou por alguma ação de vulto, mantendo um perfil baixo, dentro daquele padrão de declínio desde a grande cisão de 1927.

No âmbito governamental, nova crise iria acontecer, com a doença do presidente Costa e Silva e seu consequente afastamento do governo. Constitucionalmente, deveria assumir o vice-presidente Pedro Aleixo, o qual, todavia, por ter se pronunciado contra o AI-5, foi impedido de tomar posse, a 31 de agosto de 1969, pela junta militar que assumiria, provisoriamente, o poder. Logo depois, a junta declararia extinto o mandato de Pedro Aleixo e providenciaria uma nova eleição indireta pelo Congresso Nacional.

Seria, então, eleito, a 25 de outubro, o general Emílio Garrastazu Médici, que tomaria posse a 30 de outubro, implantando profunda censura a todos os órgãos da mídia nacional.

No Grande Oriente do Brasil, por essa época, já circulava pelas Lojas e Corpos Maçônicos uma publicação, denominada *Prancha Informativa*, que, sob a responsabilidade do Ir∴ Félix Cotaet, deputado à Soberana Assembleia Federal Legislativa – com o apoio e a assessoria de outros deputados da bancada paulista –, trazia notícias daquele corpo legislativo do Grande Oriente do Brasil. Apesar de constar como de "Circulação restrita aos maçons do Grande Oriente do Brasil", a publicação, como o próprio autor divulgou, era enviada a autoridades civis e militares e não poucas vezes continha críticas contundentes ao então GM do GOB, Ir∴ Moacyr Arbex Dinamarco, a quem fazia, notoriamente, oposição. Aproveitando o clima da época e sob a alegação de que, como oficial da reserva do Exército, cabia-lhe uma parcela da defesa da democracia, o autor inseria, em sua *Prancha Informativa*, mal veladas insinuações de "infiltração comunista no Grande Oriente do Brasil", a qual aconteceria, segundo ele, sob as vistas grossas do GM.

Quando empossado no Grão-Mestrado do Grande Oriente de São Paulo, a 17 de junho de 1969, o Ir∴ Danilo José Fernandes, havendo derrotado o candidato oposicionista, apoiado por Cotaet, Nery Guimarães e outros, passou a sofrer, na *Prancha Informativa*, o mesmo tipo de críticas que Dinamarco.

Diante das críticas, Danilo, depois de grandes altercações com Cotaet, proibiu a circulação da *Prancha Informativa*, a 25 de fevereiro de 1970.

A 13 de agosto, seis meses após a edição da circular – que não havia suscitado reação quando publicada –, Cotaet apresentava denúncia à Secretaria de Segurança Pública contra o Grande Oriente do Brasil e o Grande Oriente de São Paulo, tentando envolver o Grão-Mestre Geral, Moacyr Arbex Dinamarco, e comprometer o Grão-Mestre de São Paulo com as autoridades da área da Segurança Nacional. Foi, então, instaurado um inquérito policial-militar, o qual teria desfecho em outubro de 1971, quando o

Juiz Auditor determinou o arquivamento dos autos, considerando infundada a denúncia.

Apesar do tumulto no Poder Central, o Grão-Mestre continuava tentando manter a normalidade administrativa e social e comemorar os festejos do sesquicentenário do Grande Oriente do Brasil, os quais seriam realizados em junho de 1972.

O ano de 1971 começava, para o GOB, com a grande agitação provocada pelas pressões sobre o GM Dinamarco, dos integrantes do grupo já referido, em torno de uma suposta "infiltração comunista" na Obediência, a partir de São Paulo e de seu Grão-Mestrado estadual.

Pouco tempo depois, Félix Cotaet era suspenso de todos os seus direitos maçônicos no Grande Oriente de São Paulo.

Um novo conflito surgiria quando da escolha do candidato à sucessão de Dinamarco, que soou para alguns como um jogo de cartas marcadas, pois como o Grão-Mestre podia deter a maioria de votos da Soberana Congregação, já que muitos de seus componentes eram nomeados pelo próprio Executivo, venceria aquele que, por este, fosse indicado. Pelos cálculos deles, que se opunham à política do Poder Central e a um eventual continuísmo, só poderiam ser contrários ao candidato indicado pelo Grão-Mestrado alguns dos 15 Grão-Mestres estaduais e o antecessor de Dinamarco, Álvaro Palmeira. Surgiam, então, como eventuais candidatos de oposição os Grão-Mestres estaduais Atos Vieira de Andrade (Minas Gerais), Enoch Vieira dos Santos (Paraná), Frederico Renato Mótola (Rio Grande do Sul), Miguel Christakis (Santa Catarina) e Danilo José Fernandes (São Paulo).

No início de 1972, a posição do Grão-Mestre de São Paulo era de frontal oposição ao Grão-Mestre Geral.

Enquanto isso, a 19 de abril de 1972, acontecia em São Paulo uma reunião, da qual resultaria a "Proclamação de São Paulo", com o lançamento das candidaturas de Atos Vieira de Andrade (Minas) e Rafael Rocha (Rio de Janeiro), para os cargos de Grão-Mestre e Adjunto, respectivamente, nas eleições que seriam realizadas em 1973.

A 9 de maio, processado e julgado pelo Tribunal de Justiça Maçônico, Danilo tinha suspensos seus direitos maçônicos, sob a alegação de que a dívida de São Paulo para com o Poder Central não fora paga. Iniciou-se uma querela jurídica entre o GM do GOB e o Grão-Mestre de São Paulo sobre despesas não pagas.

Diante do impasse, a situação agravou-se. Danilo enviou petição ao Tribunal de Justiça Maçônica, propondo a formação de uma Comissão de Verificação, destinada a proceder ao levantamento e acerto das contas; declarou, também, que aceitaria como definitivo o relatório dessa Comissão. O Tribunal decidiu não tomar conhecimento da petição, por entender que Danilo estava com seus direitos suspensos e não poderia solicitar em nome próprio nem requerer como Grão-Mestre de São Paulo. Diante disso, Danilo ingressava em Juízo, em uma das Varas Cíveis do Rio de Janeiro, ou seja, na Justiça profana.

Deveria assumir o Grão-Mestrado estadual o Adjunto, que não conseguiu seu intento.

A oposição lança então as candidaturas Atos Vieira, de Minas Gerais, e Rafael Rocha, do Rio de Janeiro, e era assinado pelos seguintes Grão-Mestres estaduais: Danilo José Fernandes, Grão-Mestre do Grande Oriente de São Paulo; Enoch Vieira dos Santos, Grão-Mestre do Grande Oriente do Paraná; Miguel Christakis, Grão-Mestre do Grande Oriente de Santa Catarina; Frederico Renato Mótola, Grão-Mestre do Grande Oriente do Rio Grande do Sul; Gumercindo Inácio Ferreira, Grão-Mestre do Grande Oriente de Goiás; Manuel Pais de Lima, Grão-Mestre do Grande Oriente de Pernambuco. Posteriormente, essa proclamação recebeu o apoio de Salatiel de Vasconcelos Silva, Grão-Mestre do Grande Oriente do Rio Grande do Norte; Celso Fonseca, Grão-Mestre do Grande Oriente de Brasília; e Ciro Werneck de Souza e Silva, ex-Grão-Mestre do Grande Oriente do Brasil.

O Grão-Mestre Geral, então, nomeia a 26 de maio de 1972, o general reformado Luís Braga Muri, como interventor no Grande Oriente de São Paulo. Danilo obtinha liminar ao mandado de segurança impetrado junto ao Tribunal de Justiça do Estado de São Paulo e era reintegrado no cargo, retomando a posse do prédio.

Um longo conflito iria perdurar em São Paulo. Ao mesmo tempo, lançam-se como candidatos oficiais ao Grão-Mestrado: Osmane Vieira de Resende (que era Adjunto), para Grão-Mestre, e Osíris Teixeira, de Goiás, senador da República e obscuro maçom, para Adjunto.

Realizadas as eleições, o resultado oficial mostrava a vitória de Osmane, com 2.129 votos, ante 1.107 dados a Atos, enquanto Osíris Teixeira também vencia, com 2.046 votos, diante de 1.180 de Rafael Rocha. Segundo a oposição, entretanto, o resultado "extraoficial" consignava 7.175 votos para Atos, contra 3.820 para Osmane; e 7.195 para Rafael, contra 3.794 para Osíris. Ocorre que, no Tribunal, mais de 6 mil votos de Atos foram anulados, enquanto Osmane perdeu menos de 2 mil, tendo isso acontecido sob a alegação de débitos com o Poder Central e preenchimento irregular das atas das eleições. Todo o processo ocorreu em um ambiente bastante agitado, já que os representantes da chapa oposicionista, na apuração, alegavam fraudes na anulação de atas eleitorais, com parcialidade do tribunal, em favor dos candidatos oficiais.

A partir daí estava deflagrada nova cisão no GOB com a perda de inúmeros Irmãos de escol de diversos estados brasileiros, tais como: São Paulo, Minas Gerais, Rio Grande do Sul, Ceará, Paraná, Mato Grosso, Rio Grande do Norte, Santa Catarina, Rio de Janeiro e do Distrito Federal. O estado de Goiás, que permaneceu coeso em torno do GOB, iria jogar um papel importante no desenrolar dos acontecimentos; além do mais, a capital da República tinha se mudado do Rio de Janeiro para Brasília. O fato lamentável, contudo, era que se tornou ainda mais fraca a Maçonaria brasileira.

A 24 de junho de 1973, tomava posse, como Grão-Mestre do GOB, Osmane Vieira de Resende, que realizou uma gestão opaca.

A 15 de março de 1974, o Brasil tinha novo presidente, com a posse do general Ernesto Geisel, também eleito pelo Congresso Nacional, a 15 de janeiro. Pouco depois, a 16 de maio, o presidente da República recebia, em audiência, o Grão-Mestre Geral e seu Adjunto, quando este, como senador do partido situacionista, leu um ofício em que o Grande Oriente reafirmava seu apoio ao governo que havia se instalado após o movimento de 1964.

XII – Da redemocratização ao dias atuais

Dos governos dos presidentes Ernesto Geisel e João Batista Figueiredo à redemocratização, as gestões do GOB foram opacas, para não dizer lamentáveis, até a eleição de Jair Assis Ribeiro, de Goiás.

Digno de nota foi que o senador Osíris Teixeira, empossado no cargo a 24 de junho de 1978, já a 13 de julho providenciava a mudança da sede do Grande Oriente do Brasil para a capital federal, Brasília, que já tinha a estrutura suficiente para abrigar a Obediência.

Em março de 1983, era eleito para o cargo de Grão-Mestre Jair Assis Ribeiro, que representou um marco de ressurreição da Maçonaria brasileira. Não só é responsável pela construção do Palácio Maçônico de Brasília, como também por ser um pacificador do GOB.

A gestão de Jair Ribeiro iria assistir à redemocratização do Brasil, com as primeiras eleições diretas para presidente da República desde 1964. Com a eleição do presidente Tancredo Neves, que não tomaria posse, por vir a falecer poucos dias depois de eleito, assumiu a presidência o vice José Sarney.

Se Jair Assis Ribeiro representou um ponto de inflexão no declínio da Maçonaria brasileira, a eleição de Murilo Pinto pode ser vista como a consolidação, a abertura para o exterior – depois de décadas de isolamento de administrações provincianas desde Ciro Werneck – e um robusto programa de educação maçônica.

A gestão de Laelson Rodrigues pode ser vista como de saneamento financeiro do GOB e de consolidação de abertura para o exterior.

A de Marcos José da Silva ainda é muito nova para algum tipo de comentário mais profundo.

Atualmente, a Maçonaria do GOB atravessa uma fase de criação de Lojas de Pesquisa, Lojas Universitárias e Academias Maçônicas, Ação Paramaçônica Juvenil, Fraternidade Feminina, etc.

****

ANEXO IV
GRÃO-MESTRES DO GOB

- José Bonifácio de Andrada e Silva – Ministro – 1822
- D. Pedro I – Príncipe Regente e Imperador – 1822
- José Bonifácio de Andrada e Silva – Ministro – 1831 a 1838
- Antônio Holanda Cavalcanti – Visconde de Albuquerque – 1838 a 1850.
- Miguel Calmon du Pin e Almeida – Marquês de Abrantes – 1850 a 1863.
- Honorário Luiz Alves de Lima e Silva – Duque de Caxias – 1850 a 1863.
- Bento da Silva Lisboa – Barão de Cairu – 1863 a 1865.
- Joaquim Marcelino de Brito – Sup. Tribunal de Justiça – 1865 a 1870.
- José Maria da Silva Paranhos – Visconde do Rio Branco – 1870 a 1880.
- Francisco José Cardoso Junior – Marechal – 1880 a 1885.
- Luiz Antonio Vieira da Silva – Visconde Vieira da Silva – 1885 a 1889.
- João Baptista Gonçalves Campos – Visconde de Jary – 1889 e 1890.

- Manoel Deodoro da Fonseca – Presidente do Brasil – 1890 e 1891.
- Antonio Joaquim de Macedo Soares – Conselheiro – 1891 a 1901.
- Quintino Bocaiuva – Ministro de Estado – 1901 a 1904.
- Lauro Nina Sodré e Silva – General e Senador – 1904 a 1916.
- Interino Francisco Glicério de Cerqueira Leite – General – 1905.
- Veríssimo José da Costa Júnior – Almirante – 1916 a 1917.
- Nilo Procópio Peçanha – Presidente da República – 1917 a 1919.
- Thomaz Cavalcanti de Albuquerque – General – 1919 a 1922.
- Mário de Carvalho Behring – Engenheiro e Jornalista – 1922 a 1925.
- Interino Bernardino de Almeida Senna Campos – 1925.
- Vicente Saraiva de Carvalho Neiva – Ministro do STF – 1925 e 1926.
- João Severiano da Fonseca Hermes – 1926 e 1927.
- Octávio Kelly – Ministro do STF – 1927 a 1933.
- José Maria Moreira Guimarães – General – 1933 a 1940.
- Joaquim Rodrigues Neves – 1940 a 1952.
- Benjamim de Almeida Sodré – Almirante – 1952 a 1954.
- Ciro Werneck de Souza e Silva – Advogado – 1954 a 1963
- Álvaro Palmeira – Professor – 1963 a 1968.
- Moacir Arbex Dinamarco – Médico – 1968 a 1973.
- Osmane Vieira de Resende – Odontólogo – 1973 a 1978.

- Osíris Teixeira – Senador – 1978 a 1983.
- Jair Assis Ribeiro – Empresário – 1983 a 1993.
- Francisco Murilo Pinto – Desembargador – 1993 a 2001.
- Laelsor Rodrigues – Empresário – 2001 a 2008
- Marcos José da Silva – Funcionário Público – 2008 a 2013.

ANEXO V

I) MAÇONARIA BRASILEIRA

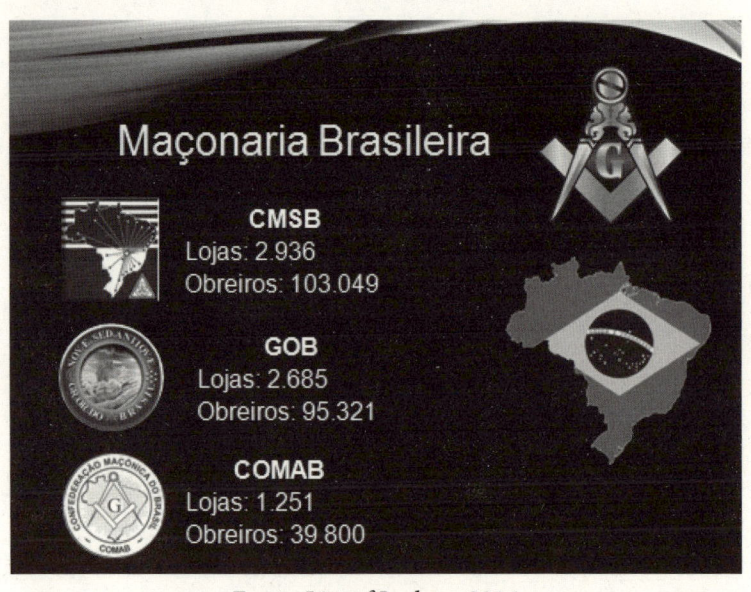

Maçonaria Brasileira

CMSB
Lojas: 2.936
Obreiros: 103.049

GOB
Lojas: 2.685
Obreiros: 95.321

COMAB
Lojas: 1.251
Obreiros: 39.800

Fonte: List of Lodges, 2016.

II) TOTAL

Maçonaria Brasileira

2016

Lojas: 6.872

Obreiros: 238.170

Fonte: List of Lodges, 2016.

PERCENTUAL POTÊNCIAS

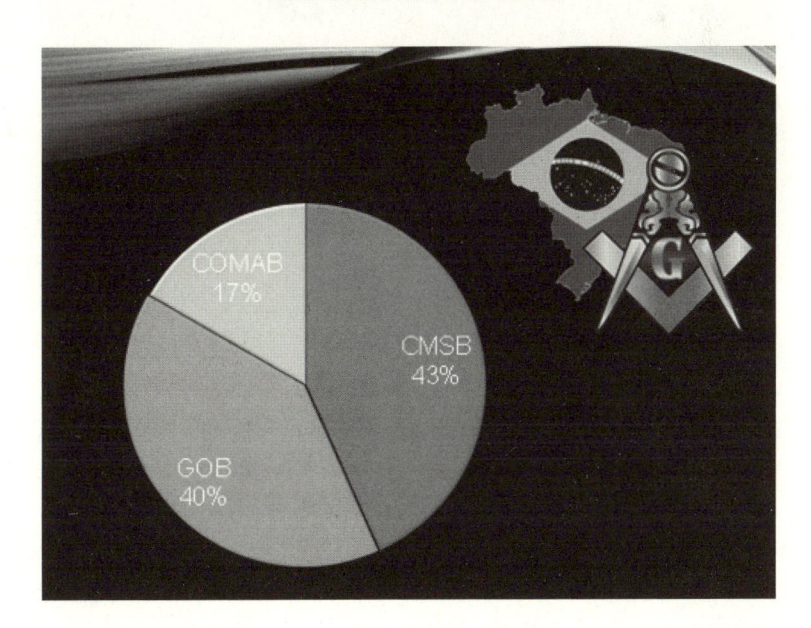

- COMAB 17%
- CMSB 43%
- GOB 40%

GOB % POR ESTADO

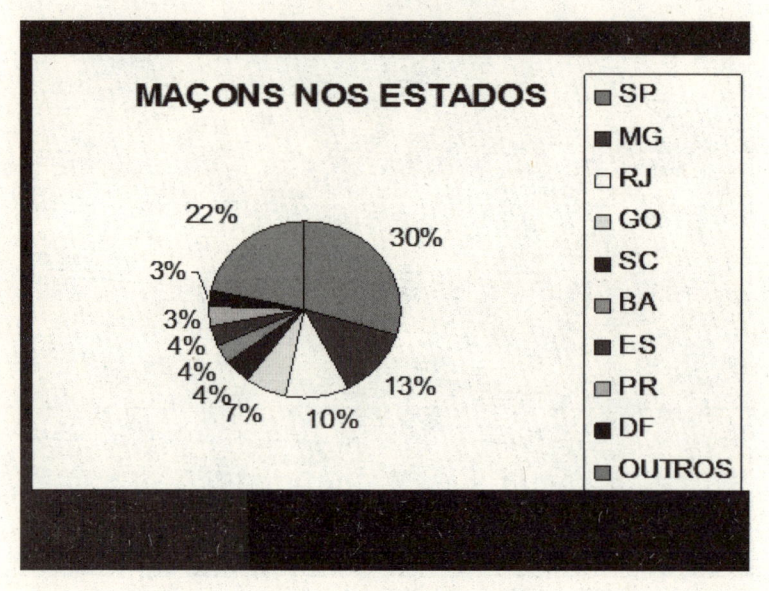

MAÇONS NOS ESTADOS

- SP: 30%
- MG: 22%
- RJ: 13%
- GO: 10%
- SC: 7%
- BA: 4%
- ES: 4%
- PR: 4%
- DF: 3%
- OUTROS: 3%

Fonte: Boletim GOB, 2009.

GOB % POR RITO

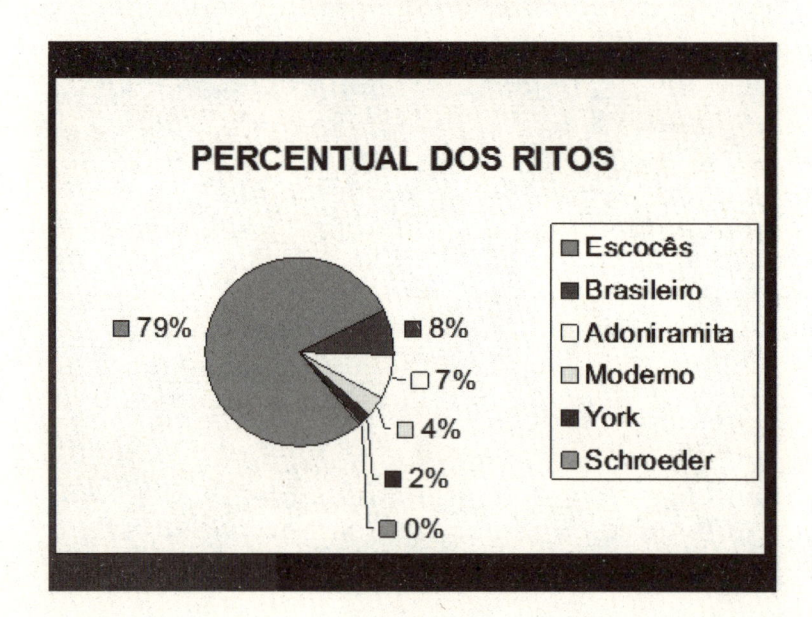

PERCENTUAL DOS RITOS

- Escocês: 79%
- Brasileiro: 8%
- Adoniramita: 7%
- Moderno: 4%
- York: 2%
- Schroeder: 0%

GOB Crescimento

Como estamos crescendo

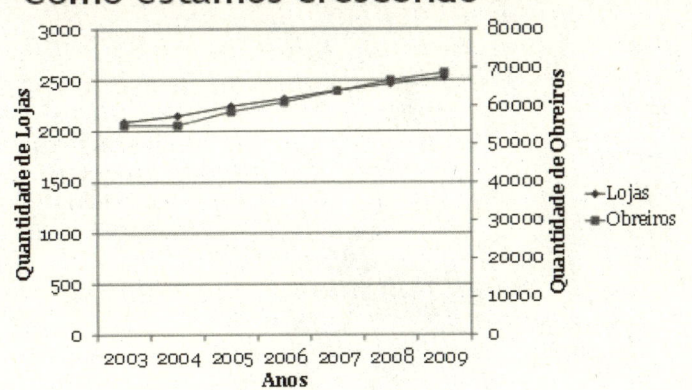

(Gráfico: Quantidade de Lojas e Quantidade de Obreiros de 2003 a 2009)

GOB % POR IDADE

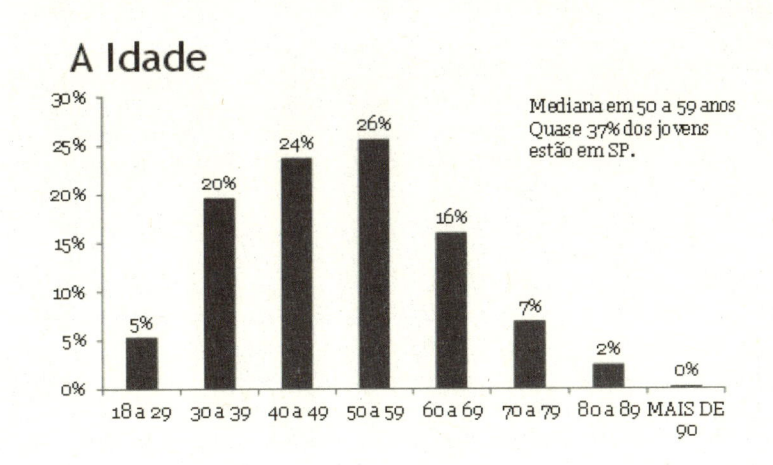

A Idade

Faixa etária	%
18 a 29	5%
30 a 39	20%
40 a 49	24%
50 a 59	26%
60 a 69	16%
70 a 79	7%
80 a 89	2%
MAIS DE 90	0%

Mediana em 50 a 59 anos
Quase 37% dos jovens estão em SP.

GOB % DE DISTRIBUIÇÃO

Como estamos distribuídos?

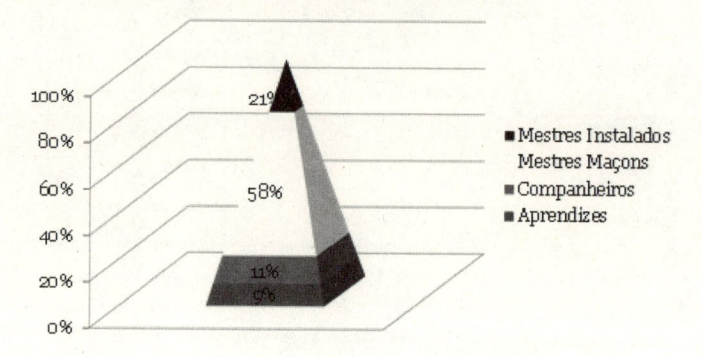

- 21%
- 58%
- 11%
- 0%

- Mestres Instalados
- Mestres Maçons
- Companheiros
- Aprendizes

Freud e a Maçonaria

William Almeida de Carvalho*

Muito se discutiu se Freud teria ou não participado da Maçonaria. Este artigo visa elucidar tal questão.

Antes de entrar propriamente no assunto, gostaria de falar sobre a B'nai B'rit que é a Maçonaria da comunidade judaica.

B'nai B'rith (בביברית)

A Ordem Independente de **B'nai B'rith (Os Filhos da Aliança**[157] em idioma hebraico, ou **Söhne des Bundes** em iídiche) é a mais antiga organização judaica em todo o mundo. Funciona sob uma estrutura semelhante à da Maçonaria. Visa basicamente a incrementar a segurança e a continuidade do povo judeu e do Estado de Israel, combatendo o antissemitismo e o fanatismo, promovendo a união dos ashkenazes e dos sefaraditas. Sua missão é a de unir as pessoas da fé judaica e aumentar a identidade judaica por meio do fortalecimento da vida familiar judaica, além de promover uma base de serviços para o benefício dos cidadãos judeus e facilitar a advocacia e ação em favor dos judeus pelo mundo.[158]

O símbolo fundador da BB é um Ménorah, ou seja, um candelabro de sete velas que representa o Templo e a Verdade.

---

157. KARESH, Sara; HURVITZ, Mitchell M. *Encyclopedia of Judaism*. Infobase Publishing., 2006. p. 61.
158. Disponível em: <http://en.wikipedia.org/wiki/B%27nai_B%27rith>.

Desabrocha como uma flor. É um símbolo, ao mesmo tempo, judeu e maçônico.

Sua estruturação se compõe de Lojas (tipo maçônicas convencionais) e unidades de apoio para atingir seus objetivos nesse alvorecer do século XXI. Conta atualmente com 200 mil membros em mais de 50 países e com um orçamento anual em torno de 14 milhões de dólares. Sua sede localiza-se em Washington e na Europa, em Bruxelas. Convém salientar que os Estados Unidos concorrem com 95% dos filiados mundiais. Mantém uma filiação com o Congresso Judaico Mundial (CJM).[159]

A B'nai B'rith foi criada em 1843 por Henry Jones e outros 11 imigrantes alemães que se reuniam no Sinsheimer's Café em Nova York para lutar contra o que Isaac Rosenbourg, um dos fundadores, chamou de "a deplorável condição dos judeus neste país, nosso novo país adotivo".[160]

A primeira ação concreta da nova organização foi a criação de um seguro para ajudar nas despesas de funerais de seus membros viúvos com 30 dólares. Cada criança receberia ainda um estipêndio e, para os meninos, seria ensinada uma atividade comercial.

Foi assim que sobre essa base humanitária e de serviços se erigiu o sistema de Lojas fraternais e Capítulos nos Estados Unidos e, posteriormente em todo o mundo habitado por judeus.

O crescimento da organização na comunidade judaica apresentou os seguintes itens, incluindo ajuda em respostas a desastres:

- Em 1851, um Covenant Hall foi erigido em Nova York como o primeiro centro da comunidade judaica;
- Um ano depois foi estabelecido a Maimonides Library, a primeira biblioteca pública judaica nos Estados Unidos;
- Imediatamente após a Guerra Civil – quando judeus de ambos os lados do conflito ficaram sem teto – criou-se o

---

159. Idem, ibidem.
160. Internet, disponível em: <http://www.bnaibrith.org/about-us.html>.

mais moderno orfanato de seu tempo: o Cleveland Jewish Orphan Home;

- Em 1868, quando uma inundação devastou Baltimore, a BB respondeu com uma campanha para amenizar o desastre. Esse ato precedeu em 13 anos a fundação da Cruz Vermelha Norte-americana;

- Nesse mesmo ano, a BB patrocinou o primeiro projeto filantrópico fora dos Estados Unidos, enviando 4.522 dólares para ajudar as vítimas de epidemia de cólera na Palestina.

A partir de 1920, a BB se tornou uma dos mais poderosos *lobbies* da comunidade judaica nos Estados Unidos, influenciando a política, tanto interna quanto internacional.

A expansão internacional da BB deu-se em 1875, estabelecendo-se uma Loja em Toronto, no Canadá, e logo em seguida uma outra em Montreal, como também a de Berlim, que Freud irá frequentar, como veremos mais adiante, em 1882. A proliferação de novas Lojas seria crescente: Cairo (1887), Jerusalém (1888), 13 anos antes de Theodor Herzl reunir o Primeiro Congresso Sionista em Basileia, na Suíça.[161] A Loja de Jerusalém tornou-se a primeira a funcionar em hebraico, visto que todas as outras falavam iídiche.[162]

Em 1886 foi lançada a Revista da BB (*B'nai B'rith Magazine*), a mais antiga publicação contínua periódica nos Estados Unidos.

Com a imigração em massa de judeus da Europa Oriental para os Estados Unidos[163] em 1881, a BB patrocinou a americanização das classes, escolas de comércio e programas de assistência social. Em 1897, a BB formou um Capítulo para mulheres em São Francisco. Tornou-se posteriormente o BB Women, que em 1988 se transformou em

---

161. "B'Nai B'Rith." Disponível em: <JewishEncyclopedia.com>.
162. WILHELM, Cornelia. *The Independent Orders of B'nai B'rith and True Sisters: Pioneers of a New Jewish Identity 1843-1914*. Wayne State University Press, 2001. p. 138 e "The First Zionist Congress and the Basel Program". Disponível em: <Jewishvirtuallibrary.org>.
163. DINER, Hasia R. *The Jews of the United States: 1654 to 2000*. University of California Press, 2004. p. 191.

uma organização independente: a Internacional da Mulher Judaica (Jewish Women International).[164]

Para responder ao Pogrom Kishinev,[165] o presidente Theodore Roosevelt (maçom) reuniu-se com o comitê executivo da BB em Washington. O então presidente da BB – Simon Wolf – apresentou uma moção para ser enviada ao governo russo protestando pela leniência deste em não combater o massacre. Roosevelt prontamente concordou em apoiar a moção, e as Lojas BB começaram a colher assinaturas de apoio.

Nos anos 1920, a BB lançou a Anti-Defamation League (ADL), também um dos maiores *lobbies* judaicos nos Estados Unidos.

Ainda em 1920, os membros europeus tiveram um grande crescimento – 17.500 quase a metade dos Estados Unidos – e, na década seguinte, assistiu-se à formação da Loja de Xangai, fato que representou sua entrada no Extremo Oriente. Essa expansão internacional coincidiu com o surgimento do nazismo. No começo da era nazista, havia seis distritos da BB na Europa. Com a guerra, os nazistas tomaram todas as propriedades no continente europeu, dissolvendo a BB, e somente em 1960 ressuscitou em Viena com a Loja Zwi-Peretz-Chage.[166]

No pós-guerra, a BB foi refundada na Europa em 1948. Membros das Lojas de Basileia e Zurique e representantes das Lojas na França e na Holanda, sobreviventes do Holocausto, compareceram a essa reunião inaugural. Em 2000, o distrito da nova BB europeia fundiu-se com o distrito do Reino Unido, formando assim a consolidada BB Europa com ativo envolvimento em todas as instituições da União Europeia. Em 2005, a BB Europa já possuía Lojas em mais de 20 países, incluindo os países orientais da Europa ex-comunista.

---

164. WILHELM, Conelia. *The Independent Orders of B'nai B'rith and True Sisters:* Pioneers of a New Jewish Identity 1843-1914. Wayne State University Press, 2011. p. 172.
165. O Pogrom Kishinev foi uma manifestação antijudaica em Kishinev, então capital da Bessarábia, uma das provícias do Império Russo (hoje capital da Moldávia), em 6 e 7 de abril de 1903.
166. FOURTON, Jean, id. ibidem, p. 529, ebook.

Ainda em 1947, a BB participou ativamente da reconstrução do pós-guerra europeu e ajudou a formação do Estado de Israel na Palestina. Esteve presente também na fundação das Nações Unidas em São Francisco, com um papel ativo na ONU desde então. A partir de 1947, a organização conseguiu o status de Ong junto às Nações Unidas. Além da ONU, a BB participa ativamente no combate ao antissemitismo, nos Estados Unidos, do Departamento de Estado e do Congresso, e na Europa, da OCDE.[167] Na Ibero-América, foi o primeiro grupo judeu a obter o status de sociedade civil na Organização dos Estados Americanos (OEA). Seu papel cresceu muito por causa do fluxo de judeus refugiados durante o nazismo na Europa.

A BB chegou ao Brasil no ano de 1931, mas foi banida durante a vigência da ditadura do Estado Novo (1937-1945). Voltou às atividades com a redemocratização e se tornou um distrito independente em 1969. Desde então tem contribuído com a criação e o aperfeiçoamento de leis nacionais contra o racismo. Dessa filosofia decorre a série de programas de relações sociais entre judeus e não judeus, o incentivo permanente à fraternidade, ao diálogo inter-religioso, à educação democrática e ao trabalho social, viabilizando parcerias com outros setores da sociedade. A B'nai B'rith mantém Lojas nos estados de São Paulo, Rio de Janeiro, Paraná e Rio Grande do Sul.

Freud na B'nai B'rith (בביבךיח)

As informações a seguir foram retiradas do livro de Jean Fourton,[168] de Carl E. Schorske[169] e de Jacob Katz.[170]

---

167. A Organização para a Cooperação e Desenvolvimento Econômico (OCDE) (a sigla vem do francês: *Organisation de Coopération et de Développement Économiques*, OCDE) é uma organização internacional de 34 países que aceitam os princípios da democracia representativa e da economia de livre mercado, que procura fornecer uma plataforma para comparar políticas econômicas, solucionar problemas comuns e coordenar políticas domésticas e internacionais. A maioria dos membros da OCDE são economias com um elevado PIB per capita e Índice de Desenvolvimento Humano e são considerados países desenvolvidos, à exceção do México, Chile e Turquia.
168. FOURTON, Jean. *Freud Franc-maçon*, Ed. Le Nouvel an des Arbres Kindle, ebook.
169. SCHORSKE, Carl. *Viena – Fin-de-Siècle – Política e Cultura*. São Paulo: Ed. da Unicamp/Cia. das Letras, 1989.
170. KATZ, Jacob. *Jews and Freemasons in Europe, 1723-1939*. Cambridge: Harvard University Press, Cambridge, 1970.

Convém antes salientar que Freud não participou da Maçonaria convencional e sim da B'nai B'rith, a Maçonaria que aceita somente judeus, conforme descrito anteriormente. Katz, ao falar sobre a fundação da primeira Loja BB na Alemanha, afirma que "os fundadores eram todos maçons, presumivelmente pertencentes ao Royal York, que tinham renunciado das Lojas cuja manifestação de antissemitismo eles consideravam intoleráveis. Salienta-se também[171] que no século XIX, na Europa, várias Lojas Maçônicas convencionais proibiam a entrada de judeus. Nesse ponto discriminatório, existe uma leve semelhança com as Lojas Prince Hall.[172]

Alguns pontos relevantes na vida de Freud no eixo temporal para melhor contextualizá-lo[173] em relação à sua Loja e seu laborioso trabalho na mesma:

– 1856: nascimento de Sigismund Schlomo Freud em Freiburg, hoje Pribor;

– 1860: a família de Freud se instala em Viena;

– 1874: entra na Faculdade de Medicina;

– 1881: formatura;

– 1885: estágio com Charcot em Paris para estudar a histeria;

– 1886: monta consultório em Viena e se casa com Martha Bernays;

– 1892: publicação sobre a hipnose que ele pratica durante cinco anos e adota o método da livre associação de ideias;

– 1895: publica com Breuer *Os Estudos sobre a Histeria*; nascimento do quarto filha: Ana Freud;

– 1897: no dia 29 de setembro é iniciado na Loja Viena da B'nai B'rith. Sua Loja se reunia duas terças-feiras por mês. Apresenta em Loja sua prancha[174] sobre *O Sonho e sua Interpretação*;

---

171. Idem. Ibidem:, p. 164.
172. CARVALHO, William. *Maçonaria Negra*. Londrina: Ed. Trolha, 1999.
173. Fourton, op. cit., em nota biográfica atualizada, p. 1.658 na edição do ebook.
174. No jargão maçônico: uma pesquisa escrita apresentada em Loja.

– 1900: publicação da *Interpretação dos Sonhos*. Em março, intervém em sua Loja (ata desaparecida).[175] Em 27 de abril, trata em Loja do texto de Zola: *Fecundidade*;

– 1901: publicação da *Psicopatologia da Vida Cotidiana e O Sonho e sua Interpretação*. Intervém em sua Loja com o tema: *Finalidades e Meios da Ordem da B'nai B'rith*;

– 1902: apresenta três pranchas na Loja: *Psicologia da Administração da Justiça, O Problema Hamlet* e a *Situação da Mulher no Quadro de nossa Vida em Loja*;

– 1903: prancha: *Acaso e Superstição*;

– 1904: prancha sobre Hamurabi;

– 1907: novamente prancha sobre *A Psicologia a Serviço da Justiça* e *Acaso e Superstição*;

– 1911: prancha sobre o *Caso Hamlet* e *O que é a Psicanálise*;

– 1912: prancha sobre *Totem e Tabu*;

– 1913: publicação de *Totem e Tabu* e ruptura com Jung;

– 1915: pranchas: *Por que a Guerra?, Arte e Fantasia* e *Nós e a Morte*;

– 1916: prancha *A Revolta dos Anjos*, a partir da obra de Anatole France;

– 1917: prancha *Arte e Fantasia* na obra de Anatole France e Émile Zola. Segundo seu colega de Escola e secretário da Loja – W. Knöpmacher –, Freud, por razões de saúde e dificuldade de alocução, não tomará mais a palavra em Loja a partir deste ano. Continuará, contudo, a escrever, pesquisar, consultar e publicar;

– 1926: sua Loja e outras da região reúnem mais de 500 pessoas para celebrar seu aniversário de 70 anos. Não compareceu por motivo de doença;

---

175. Com a subida dos nazistas ao poder, os arquivos da BB foram perdidos. As reconstituições são feitas por meio de cartas e documentos da Biblioteca do Congresso dos Estados Unidos.

– 1931: celebração de 75º aniversário em Loja;

– 1933: seus livros são queimados em praça pública pelos nazistas;

– 1936: celebração em Loja de seu 80º aniversário. Em 22 de abril, a Loja Harmonia comemora seu aniversário por ter sido também um de seus fundadores. No dia 16 de maio, o Grão-Mestre Braun da BB apresenta uma prancha em Loja sobre Freud;

– 1937: em setembro, sua Loja comemora o 40º aniversário de sua iniciação;

– 1938: Anschluss em abril e sua fuga urgente de Viena em junho para se instalar em Londres;

– 1939: publicação de *Moisés e o Monoteísmo*. Em 23 de setembro, sua morte; seu Ir∴ Stefan Zweig da BB faz o elogio fúnebre.

Por seu valor histórico, gostaria de reproduzir a seguir, em tradução livre, uma carta de Freud sobre a Maçonaria BB; ainda que um pouco longa, demonstra o contexto da época:[176]

> *Venerável Mestre Presidente, Veneráveis Mestres, caros Irmãos,*
>
> *Estou profundamente agradecido pela homenagem que vocês me prestam hoje! Vocês sabem por que não posso responder de viva voz.[177] Vocês a ouvirão de um de meus alunos e amigo,[178] vocês falam de meus trabalhos científicos, mas possuir um julgamento sobre tal assunto é algo difícil e não deveria ser possível provavelmente dentro de certo tempo falar sobre isso com alguma propriedade. Permitam-me acrescentar algumas palavras ao discurso do orador que é também meu amigo e meu médico vigilante.[179] Gostaria de dizer algumas palavras como me tornei membro da BB e o que busco entre vocês.*

---
176. Fourton, op. cit., p. 820, ebook.
177. Freud na ocasião estava sofrendo de um câncer de boca que tornava sua fala muito difícil.
178. Trate-se do dr. Ludwig Braun, professor de medicina geral na Universidade de Viena.
179. Trata-se provavelmente de Edmund Kohn, que era médico de Freud, seu padrinho de admissão na Loja e que se tornaria mais tarde o presidente regional da Ordem.

Sei que nos anos que se seguiram a 1895, duas fortes impressões concorreram para produzir em mim os mesmos efeitos. Adquiri, de uma parte, as primeiras impressões sobre as profundezas da vida pulsional do homem, compreendi bem as coisas que poderiam desiludir, e mesmo assustar e, de outra parte, a comunicação de minhas descobertas desagradáveis, que resultaram na perda, nessa época, de minhas relações pessoais; sentia-me uma espécie de fora da lei, rejeitado por todos. Esse isolamento fez nascer em mim o desejo ardente de descobrir um círculo de homens escolhidos, de espírito elevado e que fariam bem em me acolher com amizade, a despeito de minha temeridade. Avisaram-me que sua associação seria o lugar onde poderia encontrar tais homens.

O fato de vocês serem judeus muito me agrada, visto que eu mesmo o sou, e negá-lo me parece não somente indigno, mas ainda francamente tolo. O que me liga ao Judaísmo não é a fé – devo confessar – nem mesmo o orgulho nacional, visto que sempre tenho sido um incréu, pois fui criado sem religião, mas não sem o respeito daquilo que apelidamos de exigências "éticas" da civilização humana. Cada vez que eu experimento sentimentos de exaltação nacional, sou solicitado a repelir como sendo funestos e injustos, advertido e assustado pelo exemplo dos povos entre os quais nós vivemos, nós judeus. Mas permanecem tantas coisas capazes de tornar irresistível a atração do judaísmo e dos judeus, muitas das obscuras forças emocionais – ainda mais potentes quanto menos se podem exprimi-las por palavras – ainda que a clara consciência de uma identidade interior, o mistério de uma mesma construção psíquica. A isso se liga ainda um outro fato: entendo que se deve somente à minha natureza de judeu as duas qualidades que me foram indispensáveis em minha difícil existência. Pelo fato de ser judeu fui liberado dos preconceitos que limitam aos outros o emprego de sua inteligência; como judeu, estou pronto a passar à oposição e a renunciar a me juntar à "compacta maioria".[180]

É assim que eu me tornei um de vocês, pois comungo os interesses humanitários e nacionais, ligando-me a alguns de vocês e persuadido por alguns amigos (dr. Hitschmann e dr. Rie) a entrar em nossa Associação. Nunca me foi insinuado que deveria convencê-los de minhas novas teses, mas em uma época em que ninguém na Europa me queria escutar e quando não tinha um único aluno em Viena, vocês me proporcionaram uma atenção benevolente. Vocês foram meu primeiro auditório.

Durante cerca de dois terços do longo período que transcorreu depois de minha entrada, mantive-me escrupulosamente ao lado de vocês, encontrando, em meus contatos convosco, conforto e estímulo. Vocês foram hoje muito amáveis por não me reprovar por ter me afastado durante o último terço desse período. Nesse momento fui submergido pelo trabalho e as questões que me foram exigidas reclamavam um lugar de destaque e não me permitiram assistir às nossas reuniões; nesse período meu corpo exigia cuidados especiais, como também foram os anos de minha doença que ainda me impede de me encontrar com vocês.

Seria eu nesse sentido um verdadeiro Irmão? Duvido um pouco, apesar de haver muitas condições especiais em meu caso. Posso certificar contudo que durante os anos em que convivemos, vocês jogaram um papel crucial na minha vida e muito fizeram por mim. Por todos esses anos e ainda pela hora presente, rogo que aceitem meus agradecimentos mais calorosos.

Com meus melhores pensamentos, minha fraternal amizade e em plena comunhão com vocês,

Seu Sigmund Freud[181]

---

180. Citação do *Inimigo do Povo*, de Henrik Ibsen.
181. Carta publicada na primeira página do jornal *B'nai B'rith* da Áustria, maio de 1926, e em *Correspondência de Freud*, 1873-1939, Ed. Gallimard, 1979.

Antes de terminar este brevíssimo artigo, gostaria de salientar a relação Einstein/Freud. Albert Einstein declarou, após alguma prevenção, que a psicanálise é a mais importante descoberta a serviço do ser humano. Segundo os arquivos da Obediência, ambos eram maçons membros da BB.[182]

Dada a brevidade do espaço, estamos expandindo este título para um futuro opúsculo, no qual poderemos aprofundar várias pontos dessa interessantíssima e desconhecida atividade de Freud nesta sociedade.

****

---

182. Fourton, op. cit., p. 1001, ebook.

Maçonaria no Mundo Islâmico

William Almeida de Carvalho

Sultão (maçom) Otomano Mehmed V – 1917

Juiz Ragheb Idris Bey, ex-governador de Kalioubieh, Grão-Mestre e Soberano Comendador do Egito

Loja Maçônica no Cairo em 1940 sob o retrato do rei Farouk

I – Introdução

Os recentes acontecimentos de mobilização política no norte da África e no Oriente Médio, que culminaram até agora (março de

2011) com as quedas dos presidentes Zine el-Abidine Ben Ali da Tunísia e Hosni Mubarak do Egito, e o início de uma guerra civil na Líbia do coronel Muamar Kadafi trouxeram para a agenda mundial os dilemas e as contradições da cultura política do mundo árabe-muçulmano. Já com a Líbia, some-se a esses dilemas o perigoso terreno do petróleo mundial, com oscilação frenética do preço do barril.

Um dos maiores orientalistas ocidentais – prof. Bernard Lewis, inventor do conceito do "choque de civilizações" e defensor da invasão norte-americana do Iraque – acreditava que havia um defeito irremediável na cultura árabe-muçulmana: uma resistência visceral à mudança, que condenaria este mundo à exclusão da modernidade. "A doutrina ocidental do direito de resistir a um mau governo é estranha ao pensamento islâmico." Com os acontecimentos de janeiro/fevereiro deste ano, esse mundo começa a ser inserido no processo político de modernização e de mudança. Culturas que não vivenciaram um processo tipo iluminista – que extrai os caninos das grandes religiões e separa os poderes do Estado das religiões – começam a exigir liberdade, democracia, direitos e respeito à coisa pública. Nas ruas do Cairo, hoje se ouvem multidões gritando por liberdade e não pela volta do Profeta.

Como a existência da Maçonaria está vinculada a um processo de modernização no Ocidente e a um prenúncio de Iluminismo, já é hora de se observar como ela é vista e praticada no mundo árabe-muçulmano. Para tanto, vamos nos ater aos especialistas da área, principalmente aos IIr∴ Kent Henderson da Austrália e Celil Layiktez da Turquia, ambos publicados no maior portal maçônico do mundo: <http://www.free-masons-freemasonry.com/>, e no portal islâmico-maçom: <http:// www.grandorientarabe.org/>.

Existe certa má vontade contra a Maçonaria nos países islâmicos em geral e da religião do Islã em particular. Razões históricas e correntes estão na raiz desse descontentamento. Vamos tentar agora qualificá-las.

II – Um pouco de história

Os maçons escoceses estabeleceram a primeira Loja no Oriente Médio em Áden em 1850, seguida de uma Loja na Palestina em 1873. O grande avanço, contudo, surgiu somente no começo do século XX, com Lojas no Iraque, logo após a Primeira Guerra Mundial, mas com sérios percalços. Somente em Israel a Maçonaria desabrochou com ênfase, e em uma menor extensão no Líbano.

Em 1925 foram criadas uma Loja Jordan #1339, na Jordânia, e pelos escoceses e as Lojas Militares James R. Jones #172 e Pernell Cooper #177, ambas sob jurisdição da Grande Loja Prince Hall de Oklahoma e que se reuniam na base militar norte-americana no Golfo Pérsico.

As Lojas, com cartas patentes inglesas, no Iraque, Iêmen (Áden) e outras na península Arábica foram extintas como resultado de fortes pressões políticas e religiosas.

Lojas com carta-patente alemãs foram criadas na Arábia Saudita, mas não se reunem e tiveram futuro incerto. No Irã, que chegou a possuir uma Grande Loja, a instituição foi destruída, gerando uma das grandes tragédias maçônicas.

No norte da África, as criações e percalços foram semelhantes. A Maçonaria chegou ao Marrocos da década dos 60 do século XIX. Existem registros de uma Loja escocesa em 1902 e uma inglesa em 1927. Posteriormente, ambas se mudaram para Gibraltar.

Constituiu-se uma Grande Loja do Marrocos em 1967, desaparecida alguns anos depois. A Grande Loja Nacional Francesa (GLNF) expediu cartas-patente para três Lojas no Marrocos em 30 de junho de 1997, para Casablanca, Rabat e Marrakesh. A GLNF conseguiu permissão do governo do Marrocos para erigir Lojas, visto que tal Obediência francesa proibia terminantemente discussões políticas e religiosas em suas Lojas.

Argélia, Líbia e Tunísia tiveram Lojas durante seu período colonial.

O caso do Egito é emblemático. Suas primeiras Lojas datam do início do século XIX, com as primeiras cartas-patente vindas da França e da Alemanha. Ainda na década de 60 começaram a aparecer as cartas-patente inglesas, escocesas e italianas. No período posterior à Segunda Guerra Mundial, os escoceses tinham três Lojas sob sua jurisdição e os ingleses 14, sendo que a mais velha, Loja Bulwer do Cairo #1068, foi iniciada em 1865, sob a jurisdição da Grande Loja Distrital formada em 1899.

Uma Grande Loja Nacional do Egito era a Obediência predominante e costumava ter problemas de relacionamento com a Grande Loja Unida da Inglaterra. Suas Lojas trabalhavam em diversas línguas: árabe, grego, francês, italiano, hebraico e alemão.

A ascensão do Movimento Nacionalista no Egito, com a chegada ao poder do presidente, levou a Maçonaria a ser proibida em meados da década dos 50.

III – A Maçonaria e o Islã

A pergunta central se impõe: por que existe uma relação conflituosa entre os países islâmicos, em geral, e o árabes, em particular?

Nos países ocidentais, o movimento iluminista serviu também para extrair os caninos das grandes religiões monoteístas, domesticando-as e separando-as do Estado, tornando este mais laico; e a religião um assunto privado, garantido pelo Estado. No Islã, que ainda está em uma fase pré-iluminista, a religião domina quase integralmente todas as esferas de poder. O movimento que se assiste atualmente de mobilização política, centrado nas redes sociais, começa a desmontar a reserva de mercado religioso.

No Ocidente, a Igreja Católica foi a mais tenaz opositora das ideias iluministas em seu início, principalmente nos países de monopólio católico, como as Bulas papais condenatórias sempre demonstraram nos séculos XVIII e XIX, mas hoje já começa a conviver em paz.

Os países do Islã não possuem um Vaticano, ou seja uma estrutura centralizada, mas desde meados do século XIX proliferam os artigos, atos, decretos condenatórios da Maçonaria.

Considerado um dos mais influentes corpos consultivos em promulgar e interpretar a Lei Islâmica é o Colégio Jurisdicional Islâmico

(CJI), da Universidade El-Azhar no Cairo. O CJI, em 15 de julho de 1978, exarou uma "Bula" condenatória sobre a "Organização Maçônica". Sinteticamente, o Supremo Conselho do CJI dizia o seguinte:

"*Após uma exaustiva pesquisa concernente a essa organização, com base em textos escritos de diversas fontes, determinamos:*

I. *A Maçonaria é uma organização clandestina, que esconde ou revela seu sistema dependendo das circunstâncias. Seus atuais princípios são escondidos de seus membros, exceto para aqueles escolhidos de seus Graus superiores.*

II. *Os membros da organização, mundialmente, são recrutados entre homens sem preferência por religião, fé ou seita.*

III. *A organização atrai membros no intuito de providenciar benefícios pessoais. Arranja para que sejam politicamente ativos, e seus fins são injustos.*

IV. *Novos membros participam em cerimônias com diferentes nomes e símbolos, temerosos de desobedecer a seus regulamentos e ordens.*

V. *Normalmente os membros são livres para praticar sua religião, mas somente aqueles que são ateus são promovidos aos mais altos Graus, baseados no afã de quererem servir aos seus perigosos princípios e planos.*

VI. *É uma organização essencialmente política. Serviu a todas as revoluções, às transformações militares e políticas, e em todas as perigosas mudanças uma relação desta organização aparece ora explícita, ora velada.*

VII. *É uma Organização Judaica em suas raízes. Seu alto corpo diretivo secreto internacional é judeu e promove atividades sionistas.*

VIII. *Dentre os seus objetivos primordiais está o de desviar e confundir o espírito de todas as religiões, inclusive separando os muçulmanos do Islã.*

IX. *Tenta recrutar pessoas influentes no mundo financeiro, político, social e científico para utilizá-las. Não considera candidatos aqueles que não possa utilizar. Recruta reis, primeiro-ministros, altos funcionários públicos e indivíduos similares.*

X. *Tem fachadas sob diferentes nomes como uma camuflagem para que o povo não possa rastrear suas atividades, especialmente se o nome "Maçonaria" possui oposição. Essas fachadas escondidas são conhecidas como Lions, Rotary e outros. Perseguem perversos princípios completamente opostos às regras do Islã. Existe uma clara relação entre a Maçonaria, o Judaísmo e o Sionismo Internacional. Tem controlado as atividades dos altos funcionários árabes no tocante ao problema palestino. Tem limitado seus deveres, obrigações e atividades em benefício do Judaísmo e do Sionismo Internacional.*

Assim, dado que a Maçonaria traz em si perigosas atividades, ela é um grande perigo, com princípios iníquos, e o Sínodo Jurisdicional determina que a Maçonaria é uma perigosa e destrutiva organização. Qualquer muçulmano que se afilie, sabendo a verdade de seus objetivos, é um infiel do Islã."

IV – Conclusão

Esses dez pontos, apesar de seus absurdos e inverdades, representam, para o Islã mais fundamentalista, as principais causas da antipatia em relação à Maçonaria.

O Islã, mais exposto aos valores da modernidade, despreza tais "Bulas" condenatórias. Acredita-se que, à medida que o Islã se modernize, econômica e politicamente, a Maçonaria, assim como outras instituições não islâmicas, possa conviver em paz em um mundo mais tolerante.

Evidentemente que as cargas históricas não são fáceis de ser removidas: colonialismo, conflito com Israel, aversão aos imperialismos, atraso econômico e tecnológico, etc. são sérios óbices a uma cultura mais tolerante.

A política dos Estados Unidos em relação aos países islâmicos tem uma boa chance agora de também mudar, pois a lição da história de 1848 a 1989 é que levantes tornam-se virais e ricocheteiam de país a país. A mensagem transmitida pela Praça Tahir é a seguinte: os egípcios experimentaram o nasserismo, o islamismo, e agora querem experimentar o sistema representativo aberto sem copiar os países do Atlântico Norte, pois isso deve ecoar entre os árabes e também no Irã. Querem sair fora do dilema mortal das últimas décadas: uma "estabilidade", envolvendo o *ancien régime* de Mubarak ou uma "instabilidade" que deve ser evitada a qualquer custo.

O recentíssimo fenômeno da redes sociais – Facebook, Twitter, etc. – pode lubrificar os mecanismos de revolta em países esclerosados pelas ditaduras de uma "era dos extremos" de Hobsbawm que, parece, está sendo erodida. Tudo leva a crer que os ditadores analógicos, aqueles que faziam discursos absurdamente longos no rádio e na TV, começam a minguar. Na geração dos autocratas 2.0, os pronunciamentos cabem em 140 caracteres, porque todo ditador que se preze tem hoje um perfil no Twitter.

O Egito tem atualmente dois rumos a seguir e ambos são instáveis. Em um deles o movimento pelo sistema representativo sucumbe e o Egito se transforma em um imenso Paquistão; no outro, também necessariamente instável, com as dores do parto da modernidade política e institucional transforma-se em um sistema aberto, como na Indonésia e na África do Sul. Saliente-se ainda que o Exército egípcio não cuida somente da defesa, mas também administra creches e *resorts* de praia. Além do mais, produz aparelhos de TV, jipes, máquinas de lavar roupa, móveis e óleo de oliva, além de água engarrafada distribuída sob uma marca que leva o nome da filha de um general: Safi. A espoleta foi a Praça Tahir, mas o grande ator organizado em um mundo corporativista e patrimonialista é o Exército. Vamos aguardar que da insatisfação popular com a força do Exército se possa marchar para uma sociedade moderna...

A Líbia é um caso à parte, pois agora se introduz um novo fator estratégico e desestabilizador: o petróleo. Grandes consumidores tentam reduzir a dependência do petróleo árabe; chineses investem na África e na América Latina, e norte-americanos estão indo pesquisar no Ártico. O Japão importa 95% de seu óleo do Oriente Médio (um terço da Arábia Saudita).

Sessenta e cinco por cento do combustível chinês vem de fora. Em 2010, o país se transformou no segundo maior consumidor e no terceiro maior importador do planeta.

Hoje, 17% do petróleo consumido nos Estados Unidos vem do Oriente Médio e 22%, da Africa. Tudo isso indica que o mundo ainda, por um longo tempo, dependerá do ouro negro.

A Líbia possui uma das maiores reservas de petróleo da África; se Kadafi sair atirando, pode elevar o barril de petróleo a mais de cem dólares, aí o mundo mergulha em nova onda de crise financeira.

Existe maior discrepância entre as revoltas na Líbia do que na Tunísia e no Egito. A maioria da população líbia tem menos de 30 anos e o desemprego entre os jovens é altamente elevado nesse país. A Tunísia e o Egito mantiveram-se como nações-estado coesas durante mais de um século. O sentimento nacional é forte, enquanto a identificação tribal aplica-se apenas a uma minoria da população não urbana. Na Líbia ocorre o oposto. O país consiste em três províncias do Império Otomano (Tripolitânia, Cirenaica e Fezzan), gradativamente anexadas pelos colonizadores italianos desde 1911. Em 1951, foi transformado em um reino federativo independente para assegurar os interesses estratégicos britânicos e norte-americanos durante a Guerra Fria. No fundo, é uma confederação de tribos (mais de cem) ainda sem uma identidade plenamente nacional. Muamar Kadafi soube explorar nas últimas décadas o regionalismo, o tribalismo, o islamismo e as injustiças do governo. Historicamente, abrir fogo contra multidões de manifestantes na Líbia servia para dispersá-los; dessa vez, os sucessos revolucionários no Egito e na Tunísia convenceram o cidadão comum de que a mudança estava ao seu alcance. O regime não entendeu o significado histórico peculiar e adotou táticas ultrapassadas. O mundo pós-Kadafi, contudo, poderá ser mais instável do que no Egito e na Tunísia, pois a Líbia não possui um Exército profissional não tribal como o do Egito e o da Tunísia que poderia servir como força mediadora em um período de transição. Não possui uma classe política ou um grupo de oficiais do Exército que possam assumir o poder como no Egito.

A comunidade internacional, apesar do passivo de muitos países que foram colonizadores e outros que estão de olho no petróleo do Oriente Médio, pode ajudar, e muito, o mundo islâmico a recuperar sua autoestima e a sepultar de uma vez por todas seu complexo de vitimização.

Os novos ventos soprados no Magreb – liberdade, igualdade e fraternidade – são indicadores de novos tempos esperançosos pós-Al-Qaeda, pois a liberdade não é um valor que só os países cultos e evoluídos prezam. Como bem frisou Mestre Mario Vargas Llosa: "Massas desinformadas, discriminadas e exploradas também podem, às vezes por caminhos tortuosos, descobrir que a liberdade não é um ente retórico desprovido de substância, mas uma chave mestra para sair do horror, um instrumento para construir uma sociedade em que homens e mulheres possam viver sem medo, dentro da legalidade e com oportunidades de progresso".

Quem viver, verá... Insha'Allah.

Uberaba e a Profecia de D. Bosco

William Almeida de Carvalho

I – Introdução

A proposta é discutir neste artigo como os mitos se formam e qual foi o papel de Uberaba na montagem do mito do sonho de d. Bosco sobre a criação de Brasília. Os que trabalham com o simbólico devem ter o máximo cuidado para não resvalarem para o campo da mistificação e da superstição em sua ânsia de cavalgar a história das mentalidades. É bem conhecido o caso do soldado que vigiava um banco de jardim em um quartel na década de 1950. Anos depois, o oficial que iria comandar o referido quartel questionou o porquê daquele soldado plantado dia e noite ao lado do banco, com a ordem impeditiva de qualquer pessoa sentar-se nele. Ninguém lhe deu uma resposta satisfatória, pois o máximo que se alegava é que sempre tinha sido assim: aquele soldado estava ali havia décadas com o fito de fazer cumprir a ordem estapafúrdica. Intrigado, o referido oficial resolveu fazer uma pesquisa e descobriu que tal soldado estava plantado ao lado do banco desde a década de 1950. Compulsada os alfarrábios da época, descobriu que tal praxe foi iniciada no comando de um oficial que era, hoje, um general reformado e muito amigo de seu pai. Entrou em contato com o general e questionou o motivo da referida ordem. Compulsando a memória, o velho general aos poucos foi recordando. "Ah! Meu filho, tudo começou quando íamos receber a visita do ministro da Guerra. Horas antes da chegada do ministro, fui dar uma última olhada no quartel para ver como estavam os preparativos de recepção. Para meu espanto, descobri que o banco do jardim estava imundo e descascado. Dei então a ordem: raspem imediatamente o banco, passem uma mão de tinta branca e ponham uma sentinela para que ninguém se sente nesse banco. Pouco tempo depois fui transferido e acho que esqueceram de revogar a ordem desde então!"

Muitos mitos e lendas se formam por uma determinada razão e com o tempo as pessoas perdem a memória do que realmente aconteceu. Criam-se então *versões* que tentam explicar o ocorrido que vão passando de pai para filho, daí em diante.

II – Os goianos mineiramente jantam os mineiros

Vamos, neste artigo, relatar o que realmente aconteceu com a *versão* (mitológica) da profecia de d. Bosco sobre Brasília. A pesquisa do levantamento dos fatos reais foi colhida no artigo de nosso confrade no Instituto Histórico e Geográfico do DF – dr. Jarbas da Silva Marques – "O Sonho de dom Bosco" (*Revista do IHGDF*, n. 3, BSB, 2000), que por sua vez bebeu muitos dados no livro de outro confrade do IHGDF – dr. Lourenço Fernando Tamanini –, intitulado *Brasília – Memória da Construção*.

Neste centenário do nascimento de Juscelino Kubitschek é bom recordar que a provocação para a mudança da capital da República ao futuro presidente surgiu em seu primeiro comício de campanha na cidade de Jataí, no estado de Goiás, no dia 4 de abril de 1955, pelo popular Antônio Soares Neto – o Toniquinho –, que forçou o candidato a prometer que se eleito "cumpriria a Constituição e transferiria a capital para o Planalto".

Logo após tomar posse, Juscelino enviou ao Congresso a **Mensagem de Anápolis**, criando a Novacap e iniciando o processo de construção de Brasília. Os políticos de Goiás, contudo, mineiramente começaram a se agitar, pois apesar de o projeto de lei que criava a Novacap definir o planalto central de Goiás como o local da nova capital, temiam o poder de fogo da bancada mineira no Congresso. Os mineiros tinham o intuito secreto de tentar aprovar uma emenda, mandando construir Brasília em Minas Gerais, às margens do Rio Paranaíba, na região da cidade de Tupaciguara, como sempre quisera Israel Pinheiro, o todo, – poderoso *capo* da Novacap.

Os políticos goianos montaram então uma pequena operação de guerra ao saberem que Juscelino e Israel Pinheiro iriam à maior Exposição de Gado Zebu do mundo na cidade de Uberaba, não só para o evento como também para se reunirem com os prefeitos e políticos do Triângulo Mineiro.

Uberaba possuía naquele tempo somente um jornal – *Lavoura e Comércio* – e uma única emissora de rádio. Ambos pertenciam ao jornalista Quintiliano Jardim, amigo de longa data de Juca Ludovico, governador de Goiás. O governador entrou em contato com Quintiliano e "comprou" todo o espaço do jornal e o tempo da emissora de rádio para o dia 3 de maio de 1956, data estratégica, pois Juscelino passaria todo o dia na cidade. Os goianos assim possuíam o monopólio dos meios de comunicação no teatro de operações, pelo menos por um dia.

O governador Ludovico encarregou o primeiro prefeito de Goiânia – Venerando de Freitas Borges – de uma curiosa e delicada missão, como se verá adiante. Venerando foi incorporado à comitiva do governador e chegaram todos no dia 3 pela manhã a Triangulina.

Em Uberaba, enquanto Juscelino hospedou-se na casa do alcaide, por sinal chamado de João Prefeito, Israel acomodou-se no Grande Hotel.

Venerando Borges dirigiu-se, então, ao Grande Hotel e aguardou no *hall* a chegada de Israel. Portava consigo uma munição escolhida a dedo pela elite goiana: um livro, cujo título era *A Nova Capital do Brasil – Estudos e Conclusões*. O governador Ludovico requisitara, algum tempo antes, que diversas personalidades brasileiras, nos mais diversos setores de atividade, se pronunciassem favoráveis à localização da futura capital no Planalto Central goiano e que tudo fosse editado nesse livro. O encarregado de reunir e compilar todo esse material em um livro foi Sigismundo de Araújo Melo, que se lembrou de incluir, no início da coletânea, o sonho-visão de d. Bosco.

A elite política goiana tinha pleno conhecimento de que o católico Israel Pinheiro tinha uma particular devoção a d. Bosco. Tanto assim que, alguns meses mais tarde, determinou que a primeira edificação de Brasília fosse uma capelinha – chamada de Ermida – dedicada ao referido santo. Os goianos em Uberaba tinham a plena certeza de que se Israel viesse a saber que d. Bosco antevira o surgimento de Brasília no Planalto Goiano, e não em sua querida Minas Gerais, deixaria de lado sua teimosia contumaz e passaria a apoiar a pretensão goiana. O busílis da questão era: como fazer chegar "naturalmente" às mãos de Israel o providencial livrinho sem parecer que fosse dirigido intencionalmente pela elite goiana?

Venerando agiu como uma raposa mineira. Quando Israel adentrou no recinto do hotel, entrou com ele no elevador, como se fosse um outro hóspede qualquer, segurando o livrinho junto ao peito de modo que Israel pudesse ler o título: *A Nova Capital do Brasil*. Quando Israel viu o livro, automaticamente não se conteve: "Ô moço, você podia me emprestar esse livro?". O bote maquiavélico e ansiosamente preparado tinha seu desfecho: "Dr. Israel, eu tenho outro exemplar, pode ficar com esse". O projeto goiano alcançava pleno êxito, selando assim a rendição do último baluarte da resistência. Os goianos podiam dormir agora mais tranquilos e voltar para casa. *Alea jacta est.*

III – A montagem do mito do sonho de d. Bosco

O primeiro a mencionar o sonho de d. Bosco no Brasil foi o escritor Monteiro Lobato no *Diário de São Paulo* em 1935. Em seu artigo intitulado *"Até os santos afirmam que há petróleo no Brasil"*, citava o sonho de d. Bosco no tocante à existência de petróleo no Planalto Central, pois defendia ardorosamente a existência do ouro negro no pantanal mato-grossense.

Quando Sigismundo de Melo começou a preparar o livro que foi "inocentemente" doado a Israel Pinheiro, lembrou-se de procurar

Alfredo Nasser, um político goiano que utilizara em um de seus escritos o sonho de d. Bosco como reforço de argumentação. O ex-senador Nasser não se recordava mais do artigo, muito menos da fonte. Sigismundo buscou auxílio no seu cunhado Germano Roriz, grande amigo dos salesianos, que o colocou em contato com o padre da mesma ordem, Cleto Caliman. Obteve deste uma cópia em italiano, com a respectiva tradução, da passagem que falava sobre o sonho.

Ao ler a tradução, Sigismundo ficou desapontado. O texto, que teria alguma referência com a nova capital, rezava simplesmente o seguinte: "Entre os Graus 15 e 20, aí havia uma enseada bastante extensa e bastante larga, que partia de um ponto onde se formava um lago. Nesse momento disse uma voz repetidamente: Quando vierem a escavar as minas escondidas em meio a estes montes, aparecerá aqui a terra prometida, onde correrá leite e mel. Será uma riqueza inconcebível".

Padre Cleto contou, vários anos depois em depoimento a Lourenço Tamanini, que Sigismundo, depois de ler o texto, teria-lhe-ia sondado matreiramente: "Padre Cleto, aqui não está bem sintetizado o problema da futura capital. D. Bosco se refere a riquezas incalculáveis e à formação de um lago. O senhor não poderia dar um jeito para que a visão tivesse mais um sentido de cidade, de civilização?".

O sacerdote respondeu que talvez se pudesse fazer alguma coisa, mas as consequências correriam por conta e risco de Sigismundo.

Qual foi então a diabrura de Sigismundo? O texto do sonho seria reproduzido *ipsis literis* no corpo do livro a fim de resistir a qualquer confronto posterior, mas haveria uma foto de d. Bosco e na legenda se diria então algo mais. Quando se abre o livro hoje, depara-se com a foto de D. Bosco com o seguinte texto goiano *à la carte*: "*São João Bosco, profetizou uma civilização, no interior do Brasil, de impressionar o mundo, à altura do paralelo 15º, onde se localizará a nova Capital Federal*".

Esta expressão – *uma civilização de impressionar o mundo* – nunca foi dita nem escrita pelo santo, tornando-se assim a visão oficial e com o tempo, mitológica, do sonho. O primeiro a morder a isca foi Israel Pinheiro e, depois dele, todos nós.

Parabéns à elite política goiana que, pelas mãos de Sigismundo, driblou os mineiros, levando a nova capital para o Planalto Goiano e, ao mesmo tempo, criou um dos maiores mitos no imaginário brasiliense e, por que não dizer, brasileiro!

<williamcarvalho@terra.com.br>

Texto da Contribuição

Ontem (9/3/2016) foi declamado o poema "À Minha Loja Mãe da Versailles do Cerrado", de dom William Carvalho, inspirado no belíssimo poema do Ir∴ Rudyard Kipling, intitulado "À Minha Loja Mãe de Lahore", em première mundial.

O poema brasileiro foi elaborado como um poema aberto e será apresentado na versão 1.0, que é a seguinte:

À Minha Loja Mãe da Versailles do Cerrado

Versão 1.0

William Almeida de Carvalho*

(Apud Rudyard Kipling)

E havia Fontes, o nosso farmacêutico de Uberaba;
Ivan, o policial federal que sabia das coisas;
Gusmão, o sargento comensal do Figueiredo,
Que foi nosso Venerável em tempos de antanho.
E ainda o velho Bebiano,
Ícone da SOF.**

E então, fora da Loja, dizíamos:
Ministro, Sargento, Procurador, Doutor, Coronel, Eminência,

Magnífico...
mas, cá dentro, todos eram "Meus Irmãos",
E não se fazia mal a ninguém,
Nós nos encontrávamos sobre o nível,
E nos despedíamos sob o esquadro.
Eu era o deputado dessa Loja.

Mas me lembro como se fosse hoje...
Havia ainda Ronaldo Poletti, o jurista, paulista dos Arquitetos de Hormuz;
Miltinho, alma dos jogos maçônicos; Xico Humberto, nosso médico sacerdote de Uberlândia; Regner, com sua voz de locutor radiofônico; Jean, a jovem mente política; Herval, o malhete de Thor; Sargeant Kremer, a simpatia em pessoa; Régio, o gaudério do Planalto Central; Zborowski, nosso polaco de plantão;
O juiz Ademar, com seu senso de humor refinado; Aurimar, que intervinha com suas sábias ponderações; nosso político dom Tarquino; Benjamim, com suas gozações mal-humoradas; Soares, com sua cabeleira Black Power na juventude, implicando com o Whattsup; Gladston, com seu semblante esfingético; Hamilton, nosso tesoureiro das Arábias;
Aristensir Portela, o eterno guarda do Templo,
E Sassá, nosso causídico do SERPRO.***
Um verdadeiro católico romano.

A decoração do nosso templo não era rica,
– chiquitito pero cumpridoro –,
Ele era até um pouco velho e simples,
Mas nós conhecíamos os Landmarks,
E os tínhamos de cor, principalmente os de intervisitação.
Quando eu me lembro deste tempo,
Com as retinas já cansadas,
O coração palpita mais forte.

Uma vez por semana, após os trabalhos
Reuníamo-nos para o terceiro tempo
Pois só fazíamos ágapes

Após as grandes sessões solenes.
E de coração aberto falávamos de tudo, menos de religião
e política partidária
Entre outras coisas, cada um referindo-se ao seu tempo de E&J.

Um após outro, os Irmãos pediam a palavra,
E ninguém brigava até que o Guarda da Lei nos alertava sobre
o adiantado da hora,
Ou quando o rapaz da portaria nos interrompia por ter um carro
impedindo a passagem de outro lá fora.
E voltávamos para casa, com as baterias recarregadas,
Com o GADU,
Brincando estranhamente com nossos pensamentos.

E antes de dormir, já em casa, vinha em nossa mente:
Estranha Loja Mãe Equidade e Justiça...

*Obreiro da Loja Equidade & Justiça #2336, GOB/GODF.

**Secretaria de Orçamento e Finanças do Ministério do Planejamento.

***Serviço Federal de Processamento de Dados do Ministério da Fazenda.

À Minha Loja Mãe de Lahore

Rudyard Kipling

E havia Hundle, o chefe da estação;
Baseley, o das estradas e dos trabalhadores;
Black, o sargento da turma de conservação,
Que foi nosso Venerável por duas vezes.
E ainda o velho Frank Eduljee,
Proprietário da casa As Miudezas da Europa.

E então, ao chegar, dizíamos:
Sargento, Senhor, Salut, Salam...
todos eram "Meus Irmãos",
E não se fazia mal a ninguém,
Nós nos encontrávamos sobre o nível,
E nos despedíamos sob o esquadro.
Eu era o Segundo Experto dessa Loja.
Lá embaixo...
Havia ainda Bola Nath, o contador;
Saul, judeu de Áden;
Din Mohamed, da seção de cadastro;
O senhor Babu Chuckerbutty,
Amir Singh, o sique,
E Castro, o da oficina de reparos,
Um verdadeiro católico romano.

A decoração do nosso templo não era rica,
Ele era até um pouco velho e simples,
Mas nós conhecíamos os Deveres Antigos,
E os tínhamos de cor.
Quando eu me lembro deste tempo,
Percebo a inexistência dos chamados infiéis,
Salvo alguns de nós próprios.

Uma vez por mês, após os trabalhos,
Reuníamo-nos para conversar e fumar,
Pois não fazíamos ágapes,
Para não constranger os Irmãos de outras crenças.
E de coração aberto falávamos de religião,
Entre outras coisas, cada um referindo-se à sua.

Um após outro, os Irmãos pediam a palavra,
E ninguém brigava até que a aurora nos separasse,
Ou quando os pássaros acordavam cantando.
E voltávamos para casa, a pé ou a cavalo,

Com Maomé, Deus e Shiva,
Brincando estranhamente em nossos pensamentos.

Dentro de uns 15 dias apresentaremos a versão 2.0, que será complementada com outros IIr∴ da velha guarda da Loja Equidade & Justiça, finalizando assim os IIr∴ vivos da velha guarda.

Daqui uns dois meses apresentaremos, por sugestão dos IIr∴ da Loja, a versão 3.0 com uns cinco IIr∴ falecidos.

Daqui a um ano ou dois surgirá uma versão 4.0, com os IIr∴ mais jovens da Loja.

MADRAS® Editora
CADASTRO/MALA DIRETA

Envie este cadastro preenchido e passará a receber informações dos nossos lançamentos, nas áreas que determinar.

Nome _____
RG _____ CPF _____
Endereço Residencial _____
Bairro _____ Cidade _____ Estado ____
CEP _____ Fone _____
E-mail _____
Sexo ❏ Fem. ❏ Masc.   Nascimento _____
Profissão _____ Escolaridade (Nível/Curso) ____

Você compra livros:
❏ livrarias   ❏ feiras   ❏ telefone   ❏ Sedex livro (reembolso postal mais rápido)
❏ outros: _____

Quais os tipos de literatura que você lê:
❏ Jurídicos   ❏ Pedagogia   ❏ Business   ❏ Romances/espíritas
❏ Esoterismo ❏ Psicologia ❏ Saúde   ❏ Espíritas/doutrinas
❏ Bruxaria   ❏ Autoajuda   ❏ Maçonaria ❏ Outros:

Qual a sua opinião a respeito desta obra? _____
_____

Indique amigos que gostariam de receber MALA DIRETA:
Nome _____
Endereço Residencial _____
Bairro _____ Cidade _____ CEP _____

Nome do livro adquirido: **Ascensão e Queda da Maçonaria no Mundo**

Para receber catálogos, lista de preços e outras informações, escreva para:

MADRAS EDITORA LTDA.
Rua Paulo Gonçalves, 88 – Santana – 02403-020 – São Paulo/SP
Caixa Postal 12183 – CEP 02013-970 – SP
Tel.: (11) 2281-5555 – Fax.:(11) 2959-3090
www.madras.com.br

MADRAS® Editora

Para mais informações sobre a Madras Editora,
sua história no mercado editorial
e seu catálogo de títulos publicados:

Entre e cadastre-se no site:

www.madras.com.br

Para mensagens, parcerias, sugestões e dúvidas, mande-nos um e-mail:

marketing@madras.com.br

SAIBA MAIS

Saiba mais sobre nossos lançamentos,
autores e eventos seguindo-nos no facebook e twitter:

@madrased

/madraseditora